Gabriel Looser

Die Seele ins Licht begleiten

Sterbebegleitung über den Tod des Körpers hinaus

Kösel

Die CD zum Buch:
Bitte beachten Sie, dass Gabriel Looser parallel zu diesem Buch auf der CD »Die Seele ins Licht begleiten. Meditationen an der Schwelle des Todes« die grundlegenden Meditationen gesprochen hat. Eine hilfreiche, einübende Unterstützung!
Best.-Nr. 3-466-45734-3

ISBN 3-466-36566-X

Druck und Bindung: Kösel, Kempten
Umschlag: Elisabeth Petersen, München
Umschlagmotiv: The Stock Market, Düsseldorf. Fotograf Jean Miele

Gedruckt auf umweltfreundlich hergestelltem Werkdruckpapier (säurefrei und chlorfrei gebleicht)

Inhalt

8. Kapitel

Einleitung

Gelegentlich werde ich gefragt, ob ich an ein Weiterleben nach dem Tode glaube. Ehrlicherweise muss ich heute auf diese Frage antworten: »Nein, das glaube ich nicht; das weiß ich.« Dabei bin ich mir bewusst, dass dies nicht ein Wissen im Sinne einer naturwissenschaftlich überprüfbaren Tatsache ist. Aber nach allem, was ich erlebt und erfahren habe – davon wird dieses Buch erzählen –, ist die Unsterblichkeit des Menschen für mich zu mehr geworden als einem »Glauben«. Der Glaube muss immer damit rechnen, dass es nicht so sein könnte, wie ich glaube. Das Weiterleben des Menschen über den körperlichen Tod hinaus ist für mich zu einer festen Gewissheit geworden, die den Anfechtungen des Zweifels weitestgehend enthoben ist.

»Was ist Wahrheit?«

Diese Frage soll Pontius Pilatus an Jesus gestellt haben. Nach dem Bericht des Johannes (18,38, das heißt: Kapitel 18, Vers 38) verließ jener jedoch den Raum, bevor Jesus eine Antwort geben konnte. Pilatus war nicht der Erste, der diese Frage stellte, und ebenso wenig der Letzte. Sie ist wohl so alt wie die Menschheit, die Frage: Was ist Wahrheit?

Es gibt verschiedene Ebenen von Wahrheit. Die eine ist zum Beispiel die der Mathematik. Da ist alles so klar definiert und objektiviert, dass Zweifel keinen Platz mehr haben. Anzweifeln, dass zwei plus zwei vier ergibt, ist schlichtweg sinnlos.

Aber es gibt sensiblere Bereiche von Wahrheit, Bereiche, in denen die Subjektivität durchaus Raum hat. In unserer Frage nach der Unsterblichkeit des Menschen hat die Subjektivität sogar Priorität. Das heißt, *die* Wahrheit im Sinne einer allgemein verbindlichen Vorgabe gibt es hier nicht. Verbindlich ist einzig *die Frage*: Gibt es ein Leben nach dem Tod? Die Antworten sind so vielfältig wie die Menschen, die sie geben – und jede dieser Antworten ist eine subjektive Wahrheit.

Wenn wir in meinen Seminaren im Halbkreis sitzen und in der Mitte ein bunter Blumenstrauß steht, benutze ich diesen gerne als Bild für die Wahrheit: Die Wahrheit gleicht dem Blumenstrauß. Auf meiner Seite des Blumenstraußes leuchtet eine rote Rose. Ich schwärme von diesem Rot. Der Blick der Dame, die mir im Kreis gegenübersitzt, fällt als Erstes auf eine blaue Lilie. Sie schwärmt von diesem Blau. – Was ist nun die Wahrheit?

Traditionellerweise wird auf solche Meinungsverschiedenheiten – die im wahrsten Sinne des Wortes »Ansichts«-Sachen sind – nach folgendem Muster reagiert: Ich versuche, die Frau zu überzeugen, dass es doch rot sei, was da zu sehen ist; während sie darauf beharrt und mich ebenso überzeugen will, dass es eben blau sei. Je nach Charakter ereifern wir uns, unsere Stimmen werden lauter und die Köpfe röter. Wenn es um mehr geht als um einen Blumenstrauß, wird wegen der Wahrheitsfrage auch schon einmal zu den Waffen gegriffen.

Dies ist nach meinem Verständnis Hintergrund der Religionskriege. Jerusalem aus den Händen der Heiden zu befreien, das war die Absicht unzähliger europäischer Christen, als sie in den so genannten Kreuzzügen schwer bewaffnet gegen Osten zogen – und damit des Hauptanliegens dessen spotteten, der einst an diesem Kreuze starb ... (Es gäbe durchaus aktuellere Beispiele!)

Aufgeschlossenere Menschen werden viel eher hellhörig. In unserem Bild des Blumenstraußes bitte ich die Frau mir gegenüber, mir von ihrem Blau zu erzählen, weil mir bewusst wird, dass die Wahrheit vielfältiger ist als mein Rot. Je mehr Perspektiven ich mir schildern lasse, desto differenzierter und umfassender wird mein Verständnis von Wahrheit.

Bei voneinander abweichenden Standpunkten zu ein und derselben Frage handelt es sich also sehr oft ganz einfach um verschiedene Blickwinkel auf den Blumenstrauß. Und jeder Blickwinkel offenbart einen Aspekt der Wahrheit, aber keiner *die gesamte Wahrheit*.

Wenn also, wie es in kirchlichen und religiösen Hierarchien bis heute geschieht – Päpste greifen ebenso wie Ayatollahs zu dieser Maßnahme –, einer dem anderen verbietet zu lehren und zu schreiben, weil er nicht die Wahrheit sage, dann hat derjenige, der das Verbot ausspricht, wesentlich nicht verstanden, was Wahrheit ist.

In unserer Zeit haben die leicht und schnell gewordene Kommunikation und das einfache Reisen rund um die Welt einen Austausch unter den Kulturen möglich gemacht, der mich begeistert und mit tiefer Dankbarkeit erfüllt; haben mich doch Inspirationen aus ursprünglich fremden geistigen Traditionen ungeheuer bereichert; das Wissen um mir abgewandte Seiten des Blumenstraußes ist heute so groß wie noch nie in der Geschichte. Das ist eine riesige Chance für unsere Generation.

Allerdings, wie viele Bilder ist auch dieses nur bedingt gültig. Es trägt einem wesentlichen Aspekt der Wahrheit zu wenig Rechnung, nämlich ihrer Dynamik. Wahrheit – in den für uns wichtigen Bereichen – ist nichts Statisches, sondern entwickelt sich ständig. Vor fünf Jahren habe ich meine Wahrheit noch anders formuliert, als ich es heute tue, und ich hoffe und rechne damit, dass es in weiteren fünf Jahren wieder anders sein wird.

Trotzdem ist dieses Bild des Blumenstraußes hilfreich; es wird uns durch unsere Überlegungen begleiten. Es macht mich in meinem Streben nach immer größerer und umfassenderer Wahrheit einerseits stark und andererseits bescheiden: stark, weil ich darauf vertrauen kann, dass ich tatsächlich einen Aspekt der Wahrheit erkannt habe; bescheiden, weil ich weiß, dass es noch unzählige andere Aspekte gibt, die ebenso Teile der Wahrheit sind wie meiner.

Bewusstseinswandel in der Sterbebegleitung

Palliative Pflege – mehr und mehr setzt sich die Erkenntnis durch, dass es das ist, was Sterbende brauchen. Gemeint ist damit eine Pflege, die keine Heilung mehr anstrebt, ja häufig nicht einmal mehr eine Besserung des Krankheitszustandes, weil offensichtlich die Krankheit so weit fortgeschritten ist, dass derartige therapeutische Maßnahmen wohl noch Mühsal und Beschwerden bedeuten für die Kranken, dass ihre Ziele aber realistischerweise nicht mehr erreichbar sind. So richtet denn die palliative Pflege ihre Aufmerksamkeit auf das, was jetzt noch möglich ist, und das ist sehr wichtig und bedeutsam: die Lebensqualität der Sterbenden so optimal zu erhalten und zu gestalten, wie es unter den gegebenen Umständen noch geht – eine sorgfältige Körperpflege, die vielleicht auch Elemente wie eine Massage oder etwas Ähnliches beinhaltet, wenn nötig wirksame Schmerztherapie, Erleichterung der Atmung, Flüssigkeit und Nahrung, wie die Kranken es wollen. Daneben ist menschliche Zuwendung ein zentrales Anliegen der palliativen Pflege. Da sein, vielleicht eine stille Berührung, vielleicht ein aufbauendes Gespräch: Kurz, das Bewusstsein liegt zugrunde, dass da nicht einfach ein Körper ist, der bald tot sein wird, sondern dass ein Mensch im Sterben liegt und dass Sterbende Gefühle und Empfindungen haben, die für eine bewusste Begleitung ebenso wichtig sind wie die körperlichen Bedürfnisse.

Dieses Bewusstsein ist noch nicht sehr alt. Werfen wir einen kurzen Blick in die jüngste Geschichte. Wie alle Kriege hat auch der Zweite Weltkrieg einen enormen Schub in der technischen Entwicklung ausgelöst; zuerst ging es um die Herstellung neuen und besseren Kriegsgerätes. Nach Kriegsende beflügelten diese Errungenschaften auch die zivile Technik. So ergriff denn in den 50er- und 60er-Jahren des 20. Jahrhunderts ein Optimismus, ja bisweilen eine Euphorie die westliche Welt. Autos wurden immer schneller und bequemer, Flugzeuge größer; der Computer eroberte die Welt und die Menschen den Mond ..., der Entwicklung schienen keine Grenzen gesetzt.

Außer: Sterben und Tod! Während die Bekämpfung der Krankheiten als Herausforderung an die ebenso rasend sich entwickelnde medizinische Technik verstanden wurde, blieben Sterben und Tod die unüberwindliche Grenze – ein Gedanke, der schwer ausgehalten wurde, weshalb Sterben und Tod aus dem Blickfeld und im Gefolge davon bald auch mehr und mehr aus dem Bewusstsein verdrängt wurden – selbst in Institutionen, denen eigentlich die Betreuung der Sterbenden aufgetragen gewesen wäre. Noch in den 80er-Jahren, als ich als Krankenhausseelsorger tätig war, erhielt ich kaum je die Auskunft, dass jemand im Sterben liege. »AZ (= Allgemeinzustand)-Verschlechterung«, »Kräfte-Verlust« und ähnlich hießen die Fachausdrücke in der Geheimsprache von Medizin und Pflege für den Zustand, den man nicht wahrhaben wollte und daher nicht benennen durfte.

Wie jedes Extrem rief auch diese Situation nach einer Gegenbewegung. Diese erstand in den 60er-Jahren in Gestalt von zwei beherzten Frauen, die unabhängig voneinander und entsprechend ihrer unterschiedlichen Charaktere auf verschiedene Weisen sich anschickten, Abhilfe zu schaffen. Ihr Anliegen war es, den »hoffnungslosen Fällen«, den für die technische Medizin »Uninteressanten« ihre Menschenwürde zurückzugeben, damit ein Sterben in Ruhe und Würde möglich würde. Sie weckten wieder das Bewusstsein, dass ein Mensch Mensch bleibt, solange ein Funke Leben in ihm ist, und dass gerade die Phase des Sterbens von intensiven Gefühlen und wichtigen inneren Prozessen geprägt ist, sodass die Menschen in dieser Lebensphase besonderer Zuwendung bedürfen. Was wir heute palliative Pflege nennen, verdankt diesen beiden Damen wesentliche Impulse.

In England war es Cicely Saunders, zunächst Krankenschwester, später Ärztin, die auf die schwierige Lage von Sterbenden aufmerksam wurde. Sie kam zur Erkenntnis, dass unsere modernen Krankenhäuser offensichtlich zu wenig auf die speziellen Bedürfnisse von Sterbenden ausgerichtet sind. Aus dieser Einsicht zog sie eine folgenreiche Konsequenz. Sie initiierte eine Bewegung zur Schaffung geeigneter Häuser und eröffnete 1967 in London das erste moderne Hospiz, das St. Christopher Hospice. Damit griff sie auf eine alte Tradition aus dem europäischen Mittelalter zurück, als es auch Hospize gab, Häuser, oftmals von religiösen Orden getragen, welche Pilgern und Bedürftigen Obdach und Nahrung gewährten. Von diesem St. Christopher Hospice ging eine Entwicklung aus, die heute die ganze Welt umspannt. Auf allen fünf Kontinenten gibt es solche Hospize, die sich auf Cicely Saunders berufen und sich speziell der Aufgabe widmen, für Sterbende den menschlichen und pflegerischen Rahmen zu schaffen, den sie brauchen (vgl. Saunders, 1993).

Das Werk von Cicely Saunders steht vor einem klar ausgeprägten religiösen Hintergrund. Sie ist fest im christlichen

Glauben verankert. Ihr Dienst an den Sterbenden ist für sie eine Form der Umsetzung der Weisung Jesu: »Wahrlich ich sage euch, was immer ihr einem dieser meiner geringsten Brüder getan habt, das habt ihr mir getan« (Matthäus 25,40).

Zur gleichen Zeit wirkte in den USA die Schweizer Psychiaterin Elisabeth Kübler-Ross. Auch sie ließ sich auf die Bedürfnisse von Sterbenden ein. Ihre Erkenntnisse fasste sie ein erstes Mal in Buchform zusammen in ihrem bahnbrechenden Werk »Interviews mit Sterbenden«, welches ebenfalls in den späten 60er-Jahren erschien und zu einem Welt-Bestseller wurde (vgl. Kübler-Ross, 1973). Ihre zahlreichen Publikationen trugen wesentlich dazu bei, dass unsere abendländische Kultur das Sterben wieder besser und tiefer zu verstehen vermag. Solange ihre Gesundheit es erlaubte, reiste sie durch die Welt, prangerte unerbittlich Missstände an im Umgang mit Sterbenden und startete zahllose Initiativen, die sich zu segensreichen Institutionen einer humanen Sterbebegleitung entwickelten. Ihr Ethos ist weniger religiös-spirituell; sie ist erfüllt und beflügelt von einem tiefen Humanismus.

Unsere westliche Welt brachte den beiden energiegeladenen Damen keineswegs nur Hochachtung und Respekt entgegen. Wer derart schonungslos den Finger auf wunde Punkte legt, erfährt meistens als erstes Kritik und Ablehnung. Im Laufe langer Jahre setzten sich ihre Erkenntnisse aber mehr und mehr durch – ein Prozess der heute noch im Gange ist. Die Pionierinnen erhielten später sehr wohl noch ihre verdiente Anerkennung: Dame Cicely Saunders wurde von der englischen Königin in den Adelsstand erhoben, und Elisabeth Kübler-Ross erhielt so viele Ehren-Doktorate wie keine Frau vor ihr.

Die spirituelle Dimension in der Begleitung – auch über den Tod hinaus

Heute sind wir Zeugen davon, wie die Entwicklung weitergeht und das Bewusstsein zunehmend geschärft wird für die spirituelle Dimension in der Sterbebegleitung. Die Frage nach einem unsterblichen Teil im Menschen – in den Zeiten der überbordenden technischen Euphorie in Vergessenheit geraten – drängt sich wieder ins Bewusstsein. In diesem Punkt weist unsere moderne westliche Zivilisation ganz klar schwere Mängel auf. Deren Behebung erfordert einerseits eine Rückbesinnung auf unsere eigenen geistigen Wurzeln, die im Christentum begründet sind. Dazu muss die christliche Frohbotschaft in manchen Fällen allerdings vom moralischen Ballast befreit werden, der sich im Laufe der Jahrhunderte auf ihr abgelagert hat. Vielerorts und bis hinauf in höchste hierarchische Stufen ist das Evangelium zu moralischer Ermahnung verkümmert. Da müssen die ursprünglich menschenfreundlichen, liebevollen und beflügelnden Impulse oft erst wieder frei gelegt werden. Andererseits erweist sich im Wiedereinholen dieser spirituellen Bewusstheit die Begegnung mit fremden Kulturen, welche weniger todesvergessen sind als die unsere, in gewissen Fällen als äußerst fruchtbar. Auch davon wird die Rede sein.

Aus dieser erneuten Zuwendung zur spirituellen Dimension resultiert die Erkenntnis, dass unsere Begleitung von Sterbenden unter Umständen noch nicht erfüllt ist, wenn die Begleiteten ihren letzten Atemzug getan haben. Für sie beginnt jetzt ein neuer Abschnitt in ihrem Dasein, dessen erste Schritte wir sehr wohl hilfreich begleiten können. Dies ist das eigentliche Ziel unserer Ausführungen.

Vor einigen Jahren erschien mein erstes Buch zum Themenkreis Sterbebegleitung unter dem Titel »Im Sterben die Fülle des Lebens erfahren« (vgl. Looser, 1994, 6. Auflage

1999). Die vorliegende Studie stellt eine eigenständige und in sich geschlossene Abhandlung dar und ist nicht einfach eine Fortsetzung des Vorläufer-Buches. Gleichwohl klingen hier Themen wieder an, die auch dort schon zur Sprache kamen. Um ermüdende Wiederholungen zu vermeiden, begnüge ich mich gelegentlich mit dem bloßen Hinweis auf diese frühere Publikation.

Zum Aufbau dieses Buches

Als Erstes wenden wir uns der neu aufgebrochenen Diskussion zu, ob es denn überhaupt einen unsterblichen Teil im Menschen gebe, werfen einen Blick auf die aktuelle Kontroverse und zeigen die Wahrheitsgehalte, aber auch Einseitigkeiten und Verkürzungen der gegensätzlichen Positionen auf – verschiedene Blickwinkel auf den Blumenstrauß.

Anschließend gehen wir auf den Vorgang des Sterbens ein, sozusagen von innen: Was erlebt der Mensch, wenn der Körper stirbt? Damit begeben wir uns auf ein schwieriges Feld, weil wir an Fragen rühren, die wir letztlich und endgültig nicht beantworten können, solange wir in dieser Welt leben. Aber völlig ahnungslos sind wir gleichwohl nicht. Es gibt Menschen, die einen Blick hinter den Schleier werfen durften, unter anderem in den so genannten Nahtod-Erfahrungen.

Diese sind mit ihren aufbauenden und tröstenden Inhalten inzwischen recht gut bekannt, sodass ich mich eher kurz fassen und auf Wesentliches beschränken kann. Weit weniger verbreitet ist jedoch das Wissen, dass es auch erschreckende Nahtod-Erfahrungen gibt. Ihnen wird daher mehr Raum gegeben.

Dunkel, Hölle und Unterwelt sind aber nicht nur Gegenstand solch ängstigender Nahtod-Erfahrungen. Vielmehr sind sie archetypische Inhalte der menschlichen Seele, welche in Mythos und Märchen, ganz besonders auch in der Mystik, Ausdruck und Niederschlag gefunden haben. Wer seine Aufmerksamkeit darauf richtet, wird gewahr, dass auch in diesen Schattenseiten der Seele ein enormes und konstruktives Potenzial für den Menschen liegt.

Es wird ein vorsichtiges Herantasten sein, ein aufmerksames Hinhören und schließlich die Bescheidenheit der Einsicht, dass viele Fragen – mindestens bis heute – offen sind, vielleicht offen bleiben müssen. Ein herausragendes Zeugnis menschlichen Wissens über diese uns so schwer zugänglichen Bewusstseins-Bereiche gibt es allerdings in der Weltliteratur: das tibetische Totenbuch. Mindestens ein Teil unserer Fragen findet hier eine Antwort. Ihm gilt daher unsere weitere Aufmerksamkeit.

Zum Abschluss der Erörterung dieser grundsätzlichen Fragen folgt ein Hinweis, der mir sehr am Herzen liegt: Sterben geht uns alle an! Sterben ist ein Thema keineswegs nur für Alte und Kranke sowie deren Betreuerinnen und Begleiter. Ich lasse daher eine meditative Besinnung auf das eigene Sterben folgen, die wohl für Sterbende hilfreich ist, die ich aber ursprünglich für meine Kurse, mithin für sehr lebendige Menschen, entwickelt habe. Das heißt, alle, die offen und interessiert sind, können daraus Nutzen ziehen.

Damit sind wir gerüstet, uns dem eigentlichen Thema unseres Nachdenkens zuzuwenden: der Begleitung der Seele über den körperlichen Tod hinaus. Nach einer kurzen Erörterung von Fragen wie nach dem besten Zeitpunkt oder dem geeignetesten Ort für unser Verweilen bei Verstorbenen werden die im ersten Teil gewonnenen Einsichten und Erkenntnisse auf ihre Konsequenzen bezüglich der Inhalte dieser Seelenbegleitung zusammengetragen. Anschließend wird anhand von konkreten Beispielen und Erfahrungen aufgezeigt, wie dieses Begleiten an und jenseits der Todesschwelle aussehen kann. Da sowohl in den Berichten von den Nahtod-Erfahrungen wie auch im tibetischen Totenbuch dem Licht eine überaus wichtige Bedeutung zukommt, wird die Dimension des Lichtes in unserer Begleitung eine zentrale Rolle spielen. Man kann in diesem Zusammenhang recht eigentlich von »Lichtarbeit« sprechen.

Solche Erkenntnisse können auch Rückwirkungen haben auf die Sterbebegleitung, also das Begleiten vor dem Tod. Auch da wird von Beispielen berichtet, wie diese Lichtarbeit hilfreich eingesetzt werden kann. Schließlich wird empfohlen, den Gedanken an das Licht auch in Abschieds- und Beerdigungsfeiern zu integrieren, ein Bereich, in dem für das Empfinden vieler Menschen heute vieles im Argen liegt, sodass wir nach neuen Formen suchen müssen.

Am Schluss zeigt ein Text, wie eine solche meditative Lichtarbeit aussehen kann. Auch hier richtet sich der Blick nicht ausschließlich auf Sterbende oder Verstorbene, die wir begleiten und unterstützen möchten, wenn sie sich aus der Welt der Materie loslösen, um sich befreit der Lichtwelt zuwenden zu können. Die Führung durch die Besinnung ist so gestaltet, dass sie auch für Menschen gehalten werden kann, deren Lebensweg in dieser Welt noch weitergeht.

Dieser Text ist, ebenso wie die Meditation über das eigene Sterben, gesondert vom Buch auch gesprochen auf einer CD erhältlich: unter dem gleichen Titel und im gleichen Verlag wie das Buch.

Teil 1

Wenn der Körper stirbt

■ *Die Formulierung ist bewusst so gewählt. In unserer heutigen Welt würden wohl viele spontan sagen: »Wenn der Mensch stirbt«. Hinter diesen beiden unterschiedlichen Aussagen steht der alte Streit um einen unsterblichen Teil im Menschen, ob es einen solchen überhaupt gebe oder nicht, und wenn ja, welchen Wesens oder welcher Art er sei – ein Streit, der in seiner heutigen Form erst durch die naturwissenschaftlich-technische Entwicklung der Neuzeit – das heißt seit dem frühen 17. Jahrhundert – im Abendland möglich geworden ist, der aber grundsätzlich uralt ist, so alt wie das Nachdenken des Menschen über sich selbst.* ■

1. Kapitel

Einseitige Verkürzungen des Todes-Verständnisses

Die unsterbliche Seele wird infrage gestellt

Die Diskussion um die unsterbliche menschliche Seele ist Jahrtausende alt. Es soll gar nicht erst versucht werden, diese Geschichte hier auch nur in groben Zügen nachzuzeichnen – ein solcher Versuch müsste in jedem Fall äußerst lückenhaft und damit unbefriedigend ausfallen. Es kann nur darum gehen, ein paar Gedanken aufzugreifen, die zum Verständnis unseres heutigen Standes der Dinge beziehungsweise der Fragen und Infragestellungen hilfreich und für unsere weiteren Überlegungen wichtig sind. Vereinfachungen und Verkürzungen werden unvermeidbar sein.

Das alte Verständnis des Menschen als Leib und Seele

Frühere Jahrhunderte verstanden den Menschen als Einheit von Leib und Seele. Damit wurde klar und präzise das vom religiösen Glauben und von philosophischen Lehren vermittelte Menschenbild zum Ausdruck gebracht, welches den Menschen als Einheit sah aus einem materiellen und damit sterblichen Teil – dem Leib – und einem geistig-immateriellen und damit unsterblichen Teil – der Seele. Im Menschen gehen diese beiden Teile eine innige Verbindung ein.

Das biblische Bild dafür ist die Erschaffung Adams durch Gott (Genesis 2). Da formt Gott aus Lehm eine menschliche Gestalt, die aber leblos ist. Erst als Gott dieser Gestalt seinen Geist einhaucht, das heißt, ihm eine Seele in den materiellen Leib legt, lebt der Mensch.

Der Tod wird verstanden als der Moment, in dem diese Einheit wieder aufgelöst wird, was für das geschilderte Menschenverständnis bedeutet, dass der materielle Teil wieder in die Materie zurückkehrt und verfällt, während der unsterbliche Teil in die geistige Welt, die Religionen sprechen von der Welt Gottes, zurückkehrt.

Heute bezeichnen wir den Menschen als Einheit von Körper, Seele und Geist. Wir haben also unser Menschenbild weiter differenziert, was eine direkte Folge der gleich zu beschreibenden Entwicklung des modernen naturwissenschaftlichen Denkens und seiner Erkenntnisse ist.

In meiner Arbeit fällt mir immer wieder auf, dass der Begriff »Seele« in der modernen Dreiheit des Menschenverständnisses Probleme schafft. Ist denn die Seele, so wird etwa gefragt, dasselbe wie der Geist – und wieso verwendet man dann beide Begriffe? Oder bezeichnen sie etwas Verschiedenes – und worin besteht der Unterschied? Zur Beantwortung dieser Fragen müssen wir etwas ausholen.

Ein Blick in die Entstehungsgeschichte der modernen Psychologie

Das griechische Wort für Seele heißt psyché; Psychologie ist demnach die Lehre von der Seele. Die Wissenschafts-Disziplin, die sich heute als Psychologie bezeichnet, erhielt wesentliche Impulse seit dem 19. Jahrhundert. In ihren Denk- und

Argumentationsstrukturen geht sie aber letztlich auf den Philosophen Descartes (1596–1650) zurück, der am Beginn der Neuzeit lebte und als Begründer des neuzeitlichen wissenschaftlichen Denkens überhaupt gilt.

Dieses neuzeitliche Denken musste sich als Erstes aus der kirchlichen Bevormundung befreien. 1633, also zu Lebzeiten von Descartes, erzwang die kirchliche Inquisition, dass Galileo Galilei (1564–1642) seine Entdeckung als unwahr widerrief, dass sich die Erde um die Sonne drehe und nicht umgekehrt, wie es seit Jahrtausenden gelehrt und geglaubt wurde. Mit anderen Worten verhinderte die Kirche dank ihrer (weltlichen!) Macht, dass alte, dogmatische Glaubenssätze durch Resultate der neuen wissenschaftlichen Erkenntnis-Methoden außer Kraft gesetzt wurden. Diese Auseinandersetzungen erstreckten sich über lange Zeit und beschränkten sich keineswegs auf Galilei und Descartes. Sie können hier nicht weiter verfolgt werden – ihre Auswirkungen aber dauern bis heute an. Die neu entstehenden Naturwissenschaften suchten größtmögliche Distanz zum kirchlichen Einflussbereich und verstanden sich deshalb als atheistisch. Noch heute kann man gelegentlich etwa einem alten Arzt begegnen, für den es Teil seines Selbstverständnisses als Arzt und damit als Wissenschaftler ist, Atheist zu sein.

Der Einfluss von Descartes auf die sich entwickelnde Psychologie reicht aber über die Methoden ihrer Forschung hinaus. Auch inhaltlich gingen von ihm Impulse aus, die nachhaltige Wirkung haben sollten. Er verstand den menschlichen Körper als eine Art Maschine, die nach bestimmten Gesetzmäßigkeiten funktioniert, und anerkannte daneben eine Geistseele, die er in der Zirbeldrüse des Gehirns lokalisierte, die diese Körper-Maschine steuert. Descartes anerkannte also die klassische, seit Jahrhunderten geltende Dualität im Menschen: Leib und Seele, gab ihr aber eine wissenschaftliche Basis.

In der Folge wurde das Verständnis des Körpers als Maschine vertieft und die Erkenntnisse über die Gesetzmäßigkeiten seiner Funktionsweisen bis heute ins fast Uferlose erweitert. Die Geistseele als Steuerungsorgan aber geriet ihrerseits mehr und mehr in Vergessenheit. Wo man sich überhaupt noch mit ihr auseinander setzte, wurde sie als Relikt aus einer unaufgeklärten Zeit verstanden. Bewusstseinsinhalte und die Erfahrungen von Gefühlen im Menschen, also die Bereiche menschlichen Lebens, die Descartes der Geistseele zuordnete, wurden zunehmend als Produkte des menschlichen Nervensystems gedeutet beziehungsweise als Ereignis in einem Regelkreis im Gehirn verstanden. Bewusstsein wurde mithin zu einer Angelegenheit der Nerven. Das Nervensystem wurde zur Antwort auf die Frage nach der Seele – und damit gleichzeitig zur Liquidierung dieser Frage überhaupt. Die Seele, wie die alten Religionen und Philosophien sie verstanden, und wie auch Descartes sie noch postuliert hatte, wurde als überkommenes Scheinproblem gesehen, als eine philosophische Hypothese, die der fortschreitenden naturwissenschaftlichen Erkenntnis hat weichen müssen.

Dies war das geistige Umfeld, in dem sich vor allem im 19. Jahrhundert die klassische moderne Psychologie etablierte und Gestalt annahm. Sie erforschte die Befindlichkeiten des Menschen, maß diese und verrechnete sie zu Statistiken – sie wurde zu einer reinen Erfahrungswissenschaft. So vermied Sigmund Freud (1856–1939), der als Begründer der Psychoanalyse gilt und streng dem atheistischen Welt- und Menschenbild seiner Zeit verpflichtet war, den Ausdruck »Seele« überhaupt, da dieser zu sehr als religiös und philosophisch belastet galt, und bezeichnete stattdessen seinen Forschungs-Gegenstand als »psychischen Apparat«; er äußerte die Überzeugung, dass alle »Seelenkunde« dereinst als aufruhend auf einem organischen Unterbau nachgewiesen werde, mit anderen Worten, dass es gelingen werde, Emotionen, Erinnerungen und Bewusstseinsinhalte des Menschen, die diesen »psychischen Apparat« ausmachen, mit den Erkenntnismitteln von Biologie, Chemie und Physik zu verstehen und zu erklären. Aus dem geistigen Steuerungsorgan für die Körper-Maschine, als welches die Seele von Descartes noch verstanden worden war, wurde diese Seele im Laufe des 18. und 19. Jahrhunderts zu einem *Produkt und Erzeugnis* dieser Körper-Maschine!

Die zunehmende Dominanz des materialistischen Weltbildes

Dieses Welt- und Menschenbild wird als materialistisch bezeichnet, da es nur materiell beobachtbare und erklärbare Gegebenheiten und Vorgänge als Realität anerkennt. Dabei wurden für den Nachweis der tatsächlichen Realität – den naturwissenschaftlichen Beweis – strenge Kriterien aufgestellt. Als bewiesen gilt einzig ein Vorgang, bei dem mit den gleichen Voraussetzungen überall auf der Welt und unabhängig vom Beobachter das gleiche Resultat erfolgt. Ein einfaches Beispiel dazu aus der Chemie: Wenn ich Sauerstoff, chemisch O, nehme und Wasserstoff, chemisch H, dazugebe, erhalte ich Wasser, H_2O. Das ist so in Paris, New York und Tokio, in der Sahara und auf dem Kilimandscharo; und es ist ganz egal, wer die beiden Substanzen zusammengibt. Einzig solche Gesetzmäßigkeiten werden von einem materialistisch-naturwissenschaftlich geprägten Denken als bewiesen akzeptiert. Dies ist also die Ebene, auf der Freud glaubte, dereinst die menschlichen Gefühle und Erinnerungen verstehen zu können.

Dieses extrem materialistische Weltbild ist heute wohl auf dem Rückzug zugunsten eines ganzheitlicheren Verständnisses, aber es prägt weiterhin das Denken vieler Menschen.

So kann man der Formulierung »mit dem Tod ist alles aus« allenthalben begegnen – und damit der Überzeugung, dass eben »der Mensch stirbt«, und zwar ganz.

Der Streit um die menschliche Seele beziehungsweise die Versuche ihrer Nachweisbarkeit nach streng naturwissenschaftlichen Kriterien nahmen zeitweise Formen an, die uns heute belustigen mögen. Zur Auflockerung folgt daher die Schilderung eines solchen Versuches, der aber seinerzeit durchaus ernst gemeint war: Aus dem späten 18. oder frühen 19. Jahrhundert wird von solchem Bemühen berichtet, die Existenz der Seele irgendwie materiell nachzuweisen. Chirurgen gaben seit langem kund, sie hätten den menschlichen Körper schon in alle Richtungen durchschnitten, aber noch nie eine solche Seele gefunden – hinter diesem Argument steht klar erkennbar die Vorstellung, dass die Seele sichtbar und in ihrer Funktion überprüfbar sein müsse wie etwa die Leber oder der Magen. Die Unmöglichkeit, auf diesem Weg eine Seele zu finden, erhärtete die materialistische These, dass es eine solche eben gar nicht gäbe.

Etwas subtiler wirkt dagegen ein Versuch, der auf der Idee basierte, dass, sollte es eine Seele geben, die beim Tod den Körper verlässt, dieser Vorgang auf dem Wege eines Gewichtsverlustes dieses Körpers nachweisbar sein müsste – da doch etwas aus ihm entweicht. So legte man eine sterbende Person auf die Waage und maß ihr Gewicht und wiederholte diesen Messvorgang nach eingetretenem Tode. Als aber bei dieser Wiederholung kein signifikanter Gewichtsverlust nachgewiesen werden konnte, wurde zur Kenntnis genommen, dass die Existenz einer Seele auch auf diesem Wege nicht beweisbar sei, was natürlich als weitere Bestätigung der These gewertet wurde, dass es eine solche Seele gar nicht gäbe.

Das neue Verständnis des Menschen als Körper, Seele und Geist

Damit haben wir den Schlüssel gefunden, um das angesprochene Problem zu verstehen, ob bei der Aufteilung des Menschen in Körper, Seele und Geist die Begriffe Seele und Geist identisch seien beziehungsweise inwiefern sie sich unterscheiden. Wenn ich die Größe »Seele« verwende, muss ich präzisieren, ob ich sie im klassischen Sinne der Religionen und Philosophien verstehe und damit den unsterblichen Teil des Menschen meine. Dann wird der Begriff Seele weitgehend identisch mit dem Begriff Geist. Wenn ich aber »Seele« im Sinne der modernen Psychologie meine, dann bezeichne ich die Ebene der Gefühle, der Erinnerungen und der Bewusstseinsinhalte des Menschen. Statt Körper, *Seele* und Geist wäre es vielleicht angesichts des Bedeutungswandels, den der Begriff Seele durchgemacht hat, weniger missverständlich, wenn zum Beispiel von Körper, *Gefühlen* und Geist gesprochen würde.

Damit habe ich die Sprachregelung definiert, wie sie für mich Gültigkeit hat. Wenn ich mit Menschen in vertieftere Gespräche komme, stelle ich immer wieder fest, wie unterschiedlich jeder und jede Einzelne für sich die Begriffe von Seele und Geist versteht. Bevor man anfängt sich zu streiten, lohnt es sich also, dass alle am Gespräch Beteiligten klären, welche spezifische Bedeutung sie den einzelnen Begriffen geben.

Unser Überblick über die Diskussion einer unsterblichen Seele muss noch um einen Aspekt erweitert werden:

Die theologische Ganz-Tod-Lehre

Die Infrage-Stellung einer unsterblichen Seele, die beim Tode den Körper verlässt, begegnet uns nämlich heute auch von Seiten einer christlich-theologischen Strömung, anzutreffen mehr im evangelischen als im katholischen Raum: die so genannte Ganz-Tod-Lehre. Diese beruft sich auf biblische Texte wie zum Beispiel das spät-alttestamentliche Buch Daniel, wo es über die Endzeit heißt: »Viele von denen, die im Staub der Erde schlafen, werden aufwachen, die einen zum ewigen Leben, die anderen zur Schmach, zu ewiger Schande« (12.2). Ähnliches ist etwa auch beim Propheten Jesaja (26,19) zu lesen.

Aus solchen Texten wird der Schluss gezogen, dass der Mensch eine unauflösliche Ganzheit sei; und wenn dieser Mensch sterbe, dann sei er eben ganz tot, dann gebe es nichts, was diesen Tod überleben könne, bis irgendwann einmal in ferner Zukunft, bei der Wiederkunft Christi, dem Jüngsten Gericht oder wie die Chiffren für diesen letzten Zeitpunkt heißen, bei dem die Zeit als solche aufgehoben wird und in die Ewigkeit eingeht, Gott diese ganz toten Menschen zu neuem Leben erwecke – einem verwandelten Leben allerdings, das nicht mehr wie das unsere an die Materie und ihre Gesetze gebunden ist.

Ich persönlich kann mich dieser Lehre nicht anschließen. Zum einen überzeugt sie mich nach allem, was ich erfahren und miterlebt habe (wovon noch die Rede sein wird) inhaltlich nicht; und zum Zweiten gibt es auch gewichtige Argumente aus der Bibel selbst, die dagegen sprechen. So kehrt in den alttestamentlichen Gesetzestexten mehrmals das Verbot der Totenbeschwörung wieder (Levitikus 19,31 und 20,6; Deuteronomium 18,11) Dieses Verbot wäre sinnlos, wenn der Glaube unterstellt wird, dass gar nichts im Menschen den körperlichen Tod überlebt – dann gibt es auch nichts, was beschworen werden könnte. Entschieden gegen diese Auffassung spricht auch die Zusage Jesu am Kreuz an den reumütigen Schächer (Lukas 23,43): »Noch heute wirst du mit mir im Paradiese sein«. Auf Jesus kann sich diese Ganz-Tod-Lehre offensichtlich nicht berufen.

Exkurs: Gibt es ein Leben nach der Geburt?

Irgendeine liebe Teilnehmerin an einem Seminar hat mir einmal einen Zettel in die Hand gedrückt, damit ich ihn in einer ruhigen Minute lesen könne. Ich weiß leider nicht mehr, wer es war, noch viel weniger, woher der Text stammt. Aber die Geschichte, die ich da las, hat mich so amüsiert, dass ich sie, erneut zur Auflockerung, gerne an den Abschluss dieser Erörterungen, ob es denn eine Seele überhaupt gibt und ob diese den Tod des Körpers überlebt, stelle:

Es geschah einmal, dass in einem Schoß Zwillingsbrüder empfangen wurden. Die Wochen vergingen und die Knaben wuchsen heran. Sie begannen, ihre Welt zu entdecken und die Nabelschnur, die sie mit der Mutter verband.

Als aber schon Monate vergangen waren, bemerkten sie plötzlich, wie sehr sie sich verändert hatten. »Was soll das heißen?«, fragte der eine. »Das heißt«, sagte der andere, »dass unser Aufenthalt in dieser Welt bald zu Ende geht.« – »Aber ich will gar nicht gehen«, sagte wieder der Erste. »Wir haben keine Wahl«, entgegnete der andere, »aber vielleicht gibt es ja ein Leben nach der Geburt.« – »Aber wie soll das gehen«, fragte wieder der Zweifelnde, »wenn wir unsere Lebensschnur verlieren? Und außerdem hat nie jemand diesen Mutterschoß verlassen und ist wieder zurückgekommen, um zu sagen, dass es weiterginge. Nein, die Geburt ist das Ende!«

Und er fiel in tiefen Kummer und sagte: »Wenn die Empfängnis mit der Geburt endet, welchen Sinn hat dann das Leben im Schoß? Womöglich gibt es gar keine Mutter hinter allem!« – »Aber sie muss existieren«, protestierte der andere, »wie sollten wir sonst hierher gekommen sein?« – »Hast du je unsere Mutter gesehen?«, fragte wieder der Zweifelnde, »vielleicht haben wir sie nur erdacht, um unser Leben besser zu verstehen!« Und so waren die letzten Tage im Schoß der Mutter voller Angst und Fragen. Schließlich kam der Moment der Geburt. Als die Zwillinge ihre Welt verlassen hatten, öffneten sie ihre Augen. Sie schrien vor Freude. Was sie sahen, übertraf ihre kühnsten Träume.

Die Radikalität des Todes wird verharmlost

Elisabeth Kübler-Ross war zeitlebens eine engagierte Kämpferin für eine humane Sterbebegleitung. Überdeutlich spricht dies aus zahlreichen ihrer Publikationen und Vorträgen; deutlich wurde es auch im Gespräch unter vier Augen, das ich im Sommer 1998 in Arizona mit ihr führen durfte.

Wir, die wir uns für eine humane Sterbebegleitung einsetzen, schulden ihr viel Dank. Sie liebte es aber auch, zu provozieren und gegen manchen Stachel zu löcken, was ihr nicht nur Freunde bescherte.

So verunsicherte sie die medizinische, aber auch eine weitere Öffentlichkeit bereits in den 80er-Jahren, als sie immer wieder bei ihren Auftritten die Meinung äußerte, ein Weiterleben der Seele (hier im religiösen Sinne) nach dem Tod sei »bewiesen«.

Wenn auch die Humanmedizin nicht bloß Naturwissenschaft ist, spielen in ihrem Rahmen naturwissenschaftliche Denk- und Argumentationsmuster gleichwohl eine zentrale Rolle. Über die Bedingungen und Inhalte des naturwissenschaftlichen Beweises wurde bereits gesprochen. Nun kommt eine Ärztin und behauptet, das Weiterleben der Seele nach dem Tod sei bewiesen. Dabei ist klar, dass dieses Weiterleben der Seele im naturwissenschaftlich strengen Sinne nicht beweisbar ist. Es ist wohl dieser, sagen wir einmal, unvorsichtige Umgang mit dem Wort Beweis, der mit dazu beigetragen hat, dass Kübler-Ross in ihren eigenen Fachkreisen lange Zeit so wenig Anerkennung gefunden hat.

Ein Jahrzehnt später vertiefte sie diese Verunsicherung noch, als sie anfing, ihrer erstaunten Zuhörerinnen- und Leserschaft zu verkünden: »Der Tod existiert nicht« – nachzulesen unter anderem in ihrer Autobiografie »Das Rad des Lebens« (Kübler-Ross, 1997, 255). Damit verschärfte und verabsolutierte sie ihre eigene frühere Aussage, »dass der Tod nicht existiere, auf jeden Fall nicht so, wie er bisher definiert wurde« (Kübler-Ross, 1997, 230). Während man dieser eingeschränkten Formulierung durchaus zustimmen konnte, machte sich Elisabeth Kübler-Ross mit dem Weglassen dieser Präzisierung zur Wortführerin einer Bewegung, der man da und dort begegnen kann, die den Tod an sich verharmlost und bagatellisiert.

Grundsätzlich kann das Aufkommen dieser Tendenz nicht verwundern. Das extrem materialistische Verständnis des Menschen und seines Sterbens (»mit dem Tod ist alles aus«) hat heute in so vielen Kreisen stillschweigende oder ausdrückliche Zustimmung gefunden, dass das Ausschlagen des Pendels in die Gegenrichtung nur eine logische Folge ist.

Da wird nun – und damit gehen viele Vertreter und Verfechterinnen dieser Haltung über Kübler-Ross hinaus – alles Körperliche als bedeutungslos hingestellt; was zählt, ist einzig die seelisch-geistige Dimension des Menschen. Oft verstehen sich Menschen, die solche Positionen vertreten, selber als religiös oder spirituell besonders weit fortgeschritten und sind sich gar nicht bewusst und bestreiten auch vehement, dass da vielfach ganz einfach jahrhundertealte leibfeindliche Tendenzen, nicht zuletzt aus der kirchlichen Verkündigung, fortgeschrieben werden. Der Tod sei, wird in diesem Rahmen argumentiert, nichts anderes als die Befreiung der Seele aus dem Gefängnis des Körpers, und das sei etwas Wunderbares, Anlass einzig zur Freude; für Angst sei weder Grund noch Raum.

Auch Elisabeth Kübler-Ross wurde in den letzten Jahren ihrer intensiven Lehr- und Vortragstätigkeit nicht müde zu betonen, welch wunderbares Erlebnis der Tod sei und dass wir uns darauf nur freuen könnten. In ihrer Autobiografie spricht sie von einer »wunderbaren und positiven Erfahrung«, von »einer der großartigsten Erfahrungen des Lebens« (Kübler-Ross, 1997, 340/342), bis eben hin zur Verabsolutierung in der Aussage, dass es den Tod gar nicht gäbe.

Der Tod hat Teil an der Polarität der menschlichen Existenz

Dazu muss als Erstes festgehalten werden: *All dies ist wahr.* Das sind letzte und tiefste Wahrheiten und Erkenntnisse über den Menschen und seinen Tod. Aber ergänzt muss werden: Das ist *nicht die ganze Wahrheit.* Wir Menschen leben in einer Welt der Polaritäten: Es gibt keinen Tag ohne Nacht, kein Licht ohne Dunkel, keine Freude ohne Trauer, ... kein Leben ohne Tod. Das ist die Wahrheit unserer polaren Existenz in dieser Welt. Und wie so oft berühren sich auch hier die Extreme: Sowohl die einseitigen Materialisten wie auch die ebenso einseitigen (pseudo-)spirituellen Schwärmer verkennen und leugnen die Wahrheit der Polarität unseres Daseins und unseres Sterbens in dieser Welt.

Wenn nun ausgerechnet eine weltberühmte Ärztin die Tatsächlichkeit des Todes verneint, fühlen sich viele Menschen in ihrer Erfahrung nicht mehr verstanden und ernst genommen, in ihrer Erfahrung von schmerzlichen Verlusten durch den Tod im Familien- und Freundeskreis.

Elisabeth Kübler-Ross ist seit ihrem 70. Lebensjahr nach einer Reihe von Schlaganfällen – auch darüber schreibt sie ausführlich in ihrer Autobiografie – an den Rollstuhl und damit weitgehend an das Haus gefesselt. In ihren Interviews, die sie weiterhin zahlreich gibt, äußert sie selber, dass sie mit zunehmender Ungeduld auf ihren Tod warte. »Der Tod selbst ist eine wunderbare und positive Erfahrung, aber wenn der Vorgang des Sterbens sich so sehr in die Länge zieht wie bei mir, wird er zum Albtraum« (Kübler-Ross, 1997, 340). Ist es etwa so, dass der verdrängte Aspekt der Polarität des menschlichen Sterbens sich so in Erinnerung ruft und Ausdruck verschafft?

Zwanzig Jahre vor Kübler-Ross lebte und lehrte die große schamanische Ärztin deutscher Herkunft, Dina Rees. Ich habe sie als junger Krankenhaus-Seelsorger in ihren reifen Jahren einmal in einem Vortrag erlebt; auch liegt mir ein Tonband-Protokoll eines ihrer zahlreichen Workshops zum Thema Sterbebegleitung vor – sie selber verwendete konsequent den Ausdruck »Sterbehilfe«. Sie hat tief in die Wahrheit des Sterbens hineingeschaut und Wesentliches dazu lehrend vermittelt. Auch sie versuchte, den Menschen der zweiten Hälfte des 20. Jahrhunderts die Angst vor dem Sterben zu nehmen, indem sie das Geheimnis Sterben nach seinen erhabenen Seiten ausleuchtete. Sie verstand Sterben als »das Fest des Lichtes« oder als »die Lichtbrücke der ewigen Liebe beschreiten«, als »Aufsteigen in die Heimat« (alles wörtliche Zitate aus ihrem Workshop anfang der 70er-Jahre) oder »das große Fest der Lichtgeburt«.

Dina Rees suchte und fand nicht die große Publizität und Prominenz einer Elisabeth Kübler-Ross. In ihren Lehren aber verkündete sie tiefste Wahrheiten über das menschliche Sterben. Doch auch hier fragt man sich beim Hinhören immer dringlicher: Und wo bleiben die schmerzhaften Seiten des Sterbens, die Angst, das Dunkel, die vielen Menschen ihr Sterben so schwer machen? Einigermaßen erstaunt vernimmt man aus dem Munde von Dina Rees: »Der Körper ist für den Sterbehelfer ganz uninteressant; uns interessiert nur die Seele.« – Dina Rees starb mit ungefähr Mitte 70 leidvoll an einem schmerzhaften Krebsleiden ... Ob uns, die wir uns in der Sterbebegleitung engagieren, der Körper in all seinen Leiden und Schmerzen wirklich nicht interessieren soll? Die Wahrheit der Polarität unserer Existenz lässt sich nicht so leicht verdrängen!

Im tibetischen Buddhismus gibt es ein Bild zur Veranschaulichung des Vorganges von Sterben, Tod und Wiedergeburt, das auch der Dalai Lama in seinen Belehrungen gerne verwendet: Tod und Wiedergeburt sind wie das Auswechseln des Kleides. Man legt das alte, verbrauchte Kleid ab und zieht ein neues und frisches an. Kübler-Ross griff dieses Bild wiederholt auf und sagte. »Sterben ist nur das Austauschen des alten Kleides gegen ein neues.« Es ist einzig das Wörtchen »nur«, das mich stört. Die Tibeter sagen dieses Wörtchen übrigens in ihren Belehrungen nicht. Es ist von Elisabeth eingefügt worden ...

*

Ziel all dieser Erörterungen ist, die Wahrheit des menschlichen Sterbens möglichst umfassend zu erkennen und zu verstehen. Sterben ist nicht das Schlimmste, was einem Menschen widerfahren kann und das es deshalb so lange als möglich und mit allen verfügbaren Mitteln zu verhindern gilt. So verstand es der Schweizer Schriftsteller Elias Canetti (1905–1994), der in seinem literarischen Werk »ein Leben lang gegen den Tod anschrieb«, wie es in einem Nachruf hieß. Canetti war Träger des Nobelpreises für Literatur, was wohl auch bedeutet, dass er das schrieb, was Leute ansprach und sie lesen mochten, weil sie es selber auch so sahen: Tod einzig als Ende und Zerstörung und absoluten Niedergang des Menschen. Sterben ist aber ebenso wenig »nur« das Ablegen des alten körperlichen Kleides und Befreiung der Seele aus dem Gefängnis eben dieses Körpers.

Erst das Anerkennen der polaren Wirklichkeit ermöglicht es uns, die ganze Wahrheit des menschlichen Sterbens zu verstehen. Der Tod *ist* die Zerstörung des Körpers; und diese Zerstörung bedeutet oft Leid und Schmerz und Trauer und Angst. Die Ausblendung dieses Teiles der Wahrheit im Rahmen eines pseudospirituellen Menschenbildes ist ebenso wenig hilfreich wie die Reduktion des Sterbens auf eben nur gerade diese Zerstörung in der materialistisch reduzierten Todesperspektive.

Andererseits stimmt es aber auch: Sterben *ist* tatsächlich die Loslösung des menschlichen Bewusstseins aus den Beschränkungen des Körpers, was eine enorme Erweiterung dieses Bewusstseins bedeutet und Erfahrungen ermöglicht, die in unseren gewöhnlichen Daseinsformen kaum vorstellbar sind – davon wird ausführlich zu sprechen sein.

Es gibt einen weiteren Aspekt, der mich im Zusammenhang mit der Bagatellisierung des Sterbens des Körpers beschäftigt. Das sind eigene Bedenken, die weder mit Elisabeth Kübler-Ross noch mit Dina Rees zu tun haben; diese beiden großen Philanthropinnen (Freundinnen der Menschen) stehen weit über dem Verdacht, der mich andernorts gelegentlich beschleicht: Daraus könnte doch auch eine Bagatellisierung von so schrecklichen Vorkommnissen wie dem Holocaust oder der Pogrome abgeleitet werden, deren Zeugen wir in Europa im letzten Jahrhundert geworden sind. Schließlich wurde, so könnte man schlussfolgern, nur der Körper dieser Menschen zerstört, ihre Seele aber ist ja unsterblich. Das wäre die schrecklichste Konsequenz jenes an sich schon problematischen Menschen- und Todesverständnisses.

Kapitel 2

Erlebnisse im Sterben – Nahtod-Erfahrungen

Nach diesen grundsätzlichen Überlegungen und Auseinandersetzungen wenden wir unsere Aufmerksamkeit einem Erfahrungsbereich ganz besonderer Art zu: den Berichten von Menschen über ihre Erfahrungen, die sie machten, als sie dem Tode nahe waren, näher als wir es in unseren gewohnten Bewusstseinszuständen sind, in medizinischer Sprache ausgedrückt: als sie klinisch tot waren.

Der klinische Tod ist heute in manchen Fällen reversibel, das heißt, der modernen Medizin stehen viele Methoden zur Verfügung, klinisch Tote erfolgreich zu reanimieren, sie wieder ins Leben zurückzuführen. Der absolute, unumkehrbare, der endgültige Tod ist der so genannte biologische Tod. Klinisch Tote sind also nicht absolut tot, aber sie sind dieser Schwelle deutlich näher. Daher spricht man nicht von Todeserlebnis, sondern von Nahtod-Erfahrung (oft wird dafür nur das Kürzel verwendet: NTE, in der englischen Literatur NDE für Near-Death Experience).

Von außen betrachtet wirken Menschen zum Zeitpunkt ihres klinischen Todes als »tief bewusstlos«, als »nicht ansprechbar« oder eben »wie tot«. Oft sind äußerlich keine Lebenszeichen wie Herzschlag oder Atmung mehr festzustellen, ganz zu schweigen von irgendwelchen bewussten Lebensäußerungen. Dieser Zustand des klinischen Todes darf nur einige Minuten lang andauern, weil sonst wegen mangelnder Durchblutung, in erster Linie des Gehirns, bleibende Schädigungen die Folge sein können. Menschen kommen bei Unfällen ganz plötzlich und unvorbereitet in den klinischen Tod, andere während Operationen, im Verlaufe schwerer Erkrankungen oder auch bei Geburten mit irgendwelchen Komplikationen und schließlich bei Versuchen zur Selbsttötung. Immer kommt es darauf an, dass rechtzeitig eine kompetente Fachperson zur Stelle ist, welche die nötigen Vorkehrungen trifft, um das Leben der klinisch Toten zu retten.

Solche Vorkommnisse und die damit verbundenen Erfahrungen gab es schon immer. Die enormen Fortschritte der Medizin in den letzten Jahrzehnten haben aber ihre Zahl rasch ansteigen lassen.

Von all den Menschen, die je in den klinischen Tod gefallen sind, haben ungefähr die Hälfte keinerlei Erinnerung an diesen kurzen Abschnitt ihres Lebens; sie haben da eine Erinnerungslücke. Die andere Hälfte aber – bei Kindern geht der geschätzte Anteil bis zu 75% (Atwater, 1996) – erzählt von erstaunlichen Erlebnissen und Erfahrungen, über die sich heute niemand mehr hinwegsetzen kann, wenn es um die Frage geht, was geschieht, wenn der Körper stirbt.

Schätzungen gehen davon aus, dass heute in den USA ungefähr dreizehn Millionen Menschen eine Nahtod-Erfahrung gemacht haben, was einem Bevölkerungsanteil von fünf Prozent entspricht (Walker/Serdahely, 1990), in Deutschland etwa 3,3 Millionen (Knoblauch, 1999).

Bis heute haben Menschen, die eine Nahtod-Erfahrung machten – oft werden sie in der einschlägigen Fachliteratur einfach »Erlebende« genannt –, Hemmungen, über ihre Erfahrungen zu berichten, aus Furcht, nicht ernst genommen oder ausgelacht oder sogar für Spinner, Verrückte und Fantasten gehalten zu werden. Hier ist noch viel Aufklärungsarbeit nötig. Dabei ist es für viele von ihnen ein großes Bedürfnis, über ihre Erlebnisse zu berichten, erweisen sich diese doch in vielen Fällen als einschneidende Erfahrungen, die ihr weiteres Leben entscheidend prägen. So kommt es immer wieder vor, dass Menschen im Gespräch mit mir unter vier Augen oder im geschützten Raum meiner Seminare zu erzählen anfangen – und oft bestätigen, was heute in der Literatur in vielfachen Variationen berichtet wird. Die Zahl der veröffentlichten Bücher und Artikel zu diesem Thema wächst seit einiger Zeit rasch an und ein Überblick ist kaum noch möglich.

Wie so oft in unserer Zeit, wenn es um Fragestellungen geht, die aufwändige Forschungsarbeiten erfordern, richtet sich der Blick bald einmal nach den USA. Hier liegen die Anfänge der modernen Nahtod-Forschung; von hier aus wurden die großen Befragungen und interkulturellen Nachforschungen durchgeführt, hier wurden erste und bis heute aktuelle – wenn auch in letzter Zeit nicht mehr unbestrittene – Theorien aufgestellt. Stimmen aus Europa, die es seit der Mitte der 70er-Jahre auch gibt (Hampe, 1975; Wiesenhütter, 1974), gingen im großen Chor der amerikanischen Forscher unter, zumal sie inhaltlich kaum von jenen abwichen. In den USA, genauer in Connecticut, wurde 1981 auch die IANDS gegründet, die »International Association of Near-Death-Studies« (Internationale Vereinigung für Nahtod-Studien), so etwas wie eine Dachorganisation für die weltweiten Bemühungen zur Erforschung dieses Gebietes. Viele Publikationen erfolgen in ihrem Rahmen und gelten in aller Regel als seriös, da gut recherchiert und ohne eine bestimmte religiöse oder ideologische Voreinstellung abgefasst. IANDS veröffentlicht ihre eigene Zeitschrift, das »Journal of Near-Death Studies« (Zeitschrift für Nahtod-Studien), welche viermal jährlich erscheint und einige der prominentesten Forscher zu ihren Autoren zählen darf. Auch veranstaltet sie jährlich einen Kongress an wechselnden Orten in den USA zu jeweils verschiedenen Schwerpunkten der aktuellen Forschung. Mir liegen sowohl mehrere Nummern dieser Zeitschrift vor wie auch Tonband-Protokolle von Kongress-Vorträgen.

Da das Wissen um diese Erfahrungen heute recht weit verbreitet ist, zumal sich auch die Medien des Themas schon wiederholt angenommen haben, setze ich ein einfaches Grundwissen voraus, verzichte auf ausführliche Schilderungen und beschränke mich auf einige für unseren Zusammenhang bedeutsame Aspekte, nicht zuletzt, um Wissen zu ergänzen und Missverständnisse zu klären.

Das Bewusstsein existiert außerhalb des Körpers

Für unsere Fragestellung, was geschieht, wenn der Körper stirbt, beziehungsweise für die Auseinandersetzung mit der Frage, ob es eine unsterbliche Seele gibt, ist schon der Anfang dieser Erfahrungen überaus bedeutsam: Viele dieser Menschen berichten übereinstimmend, dass sie mit ihrem Bewusstsein den Körper verlassen. Dieses Verweilen des Ich-Bewusstseins außerhalb des Körpers ist eine Grundvoraussetzung, um von einer Nahtod-Erfahrung im strengen Sinn des Wortes überhaupt zu sprechen. In diesem Punkt sind allerdings nicht alle Forscher konsequent; viele beziehen andere Formen von Visionen und Erfahrungen – teilweise sogar Träume – mit ein, die das Element des Verlassens des Körpers nicht enthalten. Diese Uneinheitlichkeit dürfte mit ein Grund sein für die zum Teil tiefen Meinungsverschiedenheiten und heftigen Kontroversen unter den Fachleuten. Für mich ist das Erlebnis des Ich-Bewusstseins außerhalb des Körpers konstitutiv, vor allem im Blick auf die spirituelle Dimension des Todes-Geschehens, die für uns ja immer mit im Vordergrund stehen soll.

Der Teil des Menschen also, der »ich« sagen kann, der sich seiner selbst bewusst ist, erlebt, dass er sich plötzlich außerhalb des Körpers befindet – und *dass er lebt!* – was für materialistisch denkende und körperfixierte Erlebende oft an sich schon eine Überraschung ist. Dieses Ich-Bewusstsein lebt nicht nur irgendwie außerhalb des Körpers, sondern es lebt *höchst intensiv*. Manche berichten hinterher, sie hätten sich in all den Jahren und Jahrzehnten des Lebens in ihrem Körper kaum je so intensiv lebendig gefühlt wie in jenen Augenblicken, als sie außerhalb des Körpers waren. (In der englischsprachigen Literatur hat sich für diesen Zustand das Kürzel OBE – Out of Body Experience – eingebürgert, das teilweise auch in deutschsprachige Werke Eingang gefunden hat.)

Ein Konsens unter den amerikanischen und vielen europäischen Nahtod-Forschern besteht darin, dass bezüglich der grundlegenden Inhalte dieser Nahtod-Erfahrungen weltweit eine erstaunlich hohe Übereinstimmung feststellbar ist. Die Sozialpsychologie spricht von »demografischen Variablen« und meint damit Faktoren wie Alter, Geschlecht, Bildungsstand, soziale Schicht, Volks-, Stammes- oder Religionszugehörigkeit, Beruf etc. der Erlebenden. Alle diese Faktoren, so haben Forschungen ergeben, die sich auf alle fünf Kontinente erstreckten, sind letztlich weitgehend irrelevant für die inhaltlichen Elemente der Nahtod-Erfahrungen. Ebenso bedeutungslos ist der Umstand, ob die Erlebenden vor ihrer eigenen Erfahrung gewusst haben oder nicht, dass es solche Nahtod-Erfahrungen überhaupt gibt; unerheblich ist des Weiteren, ob sie an ein Weiterleben eines unsterblichen Teiles des Menschen nach dem Tod des Körpers glauben oder nicht, mit anderen Worten, ob sie erwartet haben oder wenigstens darauf gefasst waren oder nicht, eine solche Erfahrung zu machen.

Wer sich allerdings unvoreingenommen auf das Studium solcher Erfahrungsberichte einlässt, merkt bald, dass ihre konkreten Inhalte sich erheblich voneinander unterscheiden, was dieses Pathos der Einheitlichkeit der Erlebnisse relativiert. Oder anders gesagt: In der abstrakten Grundstruktur ihrer einzelnen Elemente lässt sich eine Übereinstimmung in vielen Fällen – natürlich niemals in allen – wohl feststellen, in der konkreten Ausgestaltung dieser wiederkehrenden Grundelemente herrscht aber eine ungeheure Vielfalt – das wird uns zu beschäftigen haben.

Zum besseren Verständnis und zur Erleichterung des Austausches unter den Forschenden wurde auf verschiedene Arten versucht, diese Nahtod-Erfahrungen sozusagen zu standardisieren; das heißt, ähnlich wie beim Sterben, also beim Erleben vor dem Tod, auch jenes im Tod in Phasen aufzuteilen. Allerdings konnte sich bis heute kein solches Phasenmodell als allgemein anerkannt durchsetzen, was bei der eben erwähnten Vielgestaltigkeit der Erlebnisse nicht weiter verwundert. Von einem Modell mit fünf Phasen (van Eersel, 1981) bis zu einem solchen mit 15 (Moody, 1977) und noch mehr reicht das Spektrum, Letzteres ist der Übersichtlichkeit nicht mehr förderlich. Kübler-Ross schlägt ein Modell von vier Phasen vor, das mir praktikabel erscheint und an welches ich mich im Folgenden – mit der erforderlichen Flexibilität – anlehne (vgl. Kübler-Ross, 1997, 232–234). Denn auch hier muss der Vorbehalt angebracht werden – wie schon bei ihrem Fünf-Phasen-Modell des Sterbens (Kübler-Ross, 1973) –, dass diese Phasen nicht als starre Reihenfolge im Sinne eines zeitlichen Nacheinanders verstanden werden dürfen, sondern eher als die vier hauptsächlichen Elemente oder Merkmale, die Menschen in einer Nahtod-Erfahrung erleben oder besser noch: erleben können. Reihenfolge aber, Bedeutung und individuelle Ausgestaltung können weit variieren und keineswegs werden immer all diese vier Stufen erlebt. Zudem ist die Nahtod-Erfahrung eine sehr intime Erfahrung, die tief ins Wesen der Erlebenden eingreift, sodass es natürlich auch in der Deutung tief greifende Unterschiede gibt.

Einige der Forschenden halten zudem dafür, dass es weniger die konkreten Inhalte und ihre Abfolge sind, denen die größte Bedeutung zukommt, sondern dass wir vielmehr der Gefühlslage der Erlebenden unsere hauptsächliche Beachtung schenken sollten (vgl. Jambor, 1997, 165; Irwin/Bramwell, 1988, 39); denn diese ist, was wir ausführlich sehen werden, keineswegs immer gleich.

Phasen der Nahtod-Erfahrung

1. Phase: Austritt aus dem Körper

Als Erstes wird der Körper von außen, in der Regel von oben wahrgenommen, oft mit großer Distanziertheit, mit Gefühlen von Fremdsein bis hin zu regelrechtem Widerwillen. Auch was mit diesem Körper und um ihn herum geschieht – Reanimations-Maßnahmen von Pflegenden, Ärzten oder Rettungsteams, Reaktionen und Aussagen von Angehörigen –, all das wird sehr deutlich wahrgenommen und hinterher korrekt berichtet. Einige erkennen sogar, was die Umstehenden denken. Gelegentlich entfernt sich das Bewusstsein vom Körper und nimmt die weitere Umgebung des Geschehens wahr, sodass etwa jemand, der nach einem Verkehrsunfall in einer ihm völlig unbekannten Gegend »tief bewusstlos« in ein fremdes Krankenhaus gebracht und dort reanimiert wird, hinterher zum Beispiel präzise den Dachgarten dieses Krankenhauses schildern kann. Besonders eindrücklich ist, dass klinisch tote Blinde etwa die Kleidung der Umstehenden zutreffend beschreiben (vgl. Greyson/Cooper, 1997), oder dass ein Erlebender, der seit seiner Geburt Quadraplegiker war (alle vier Extremitäten gelähmt), während seiner Nahtod-Erfahrung seine Arme und Hände völlig normal bewegen konnte (Serdahely/Walker, 1990).

2. Phase: Körperloses Dasein

Erlebende berichten, dass sie sich ohne die Schwere ihres Körpers wunderbar leicht bewegen können; oft empfinden sie sich selber als Geist oder Energie, die sich in Gedankenschnelle fortbewegen kann. Wenn sie zum Beispiel im Rahmen eines Unfalles, der ja in der Regel plötzlich und unerwartet eintritt, an ihre Familie denken, sind sie augenblicklich dort, mit der Geschwindigkeit von Gedanken, auch über große Distanzen.

Viele Erlebende begegnen jetzt geistigen Wesen, die sie als ihre Geistführer oder Schutzengel identifizieren; Kinder erzählen oft von Spielkameraden. Auch Begegnungen mit verstorbenen Angehörigen und Freunden sind möglich, vor allem mit solchen, zu denen liebevolle Beziehungen bestanden hatten, Begegnungen, die meist mit viel Herzlichkeit und Freude auf beiden Seiten erlebt werden.

3. Phase: Dunkler Durchgang in ein helles Licht

Allmählich wendet sich das Bewusstsein von der Szene um den klinisch toten Körper ab. Viele fühlen sich durch einen dunklen Tunnel oder Gang gezogen, manche sagen sogar gesogen, mit großer Geschwindigkeit, der sie sich nicht widersetzen können, sondern ihr absolut ausgeliefert sind. Immer wieder wird aber betont, dass dieses Geschehen sie überhaupt nicht ängstige. Denn am Ende dieses Tunnels erwartet sie ein wunderbares Licht, ein Licht von einer Intensität, wie wir sie in unserer gewohnten Lebensdimension überhaupt nicht kennen, sodass etwa das Sonnenlicht hinterher als »erbärmlich« bezeichnet wird. Auch dieses Licht hat nichts Erschreckendes an sich; ganz im Gegenteil vermittelt es tiefe Eindrücke von Geborgenheit, von Angenommensein, von Willkommensein. Jemand berichtete: »Ich sage jetzt Licht; ich könnte genauso gut Liebe sagen.« Dies ist ein weiterer Fixpunkt in den Schilderungen: die bedingungslose Liebe, von der die Berichtenden sich in Empfang genommen und in der sie sich absolut geborgen fühlen. Gefühle wie »endlich daheim« entstehen oft.

Die Deutung dieses Lichtes hängt nun aber von der erlebenden Person ab. Die einen erkennen einfach »das Licht« in all seiner liebevollen Ausstrahlung; oft hat dieses Licht auch eine Stimme und wird als persönliches Gegenüber erfahren. Für andere ist es ein Schein des Glanzes Gottes. Wieder andere werden konkreter und identifizieren dieses Licht als Jesus oder Maria oder Mohammed oder als irgendeine Figur, die für ihren Glauben zentral ist.

Immer wieder stößt man auf den Hinweis, wie sehr das Bewusstsein, wenn es den Körper erst einmal verlassen hat, sich ausdehnt und weit wird, wie Zusammenhänge erkannt werden, die im normalen Leben bisher als sehr schwierig oder unverständlich galten, etwa Gesetze des weiten Kosmos oder des Mikrokosmos, über fremde Kulturen usw.

Die Erlebenden erhalten solche Informationen im Austausch mit diesem Licht oder den Lichtwesen. Sie können Fragen stellen und bekommen klare und informative Antworten. Dabei ist eindrücklich, dass diese Kommunikation wortlos stattfindet, telepathisch, wie sie oft sagen, direkt von Geist zu Geist.

4. Phase: Lebensrückblick in Gegenwart des höchsten Wesens

Dieses höchste Wesen, dieses Licht, wird meist so erlebt, dass es alles weiß, dass es über der Begrenzung der Zeit steht, dass ihm Vergangenheit, Gegenwart und Zukunft gleich unmittelbar präsent sind, dass es unendlich liebevoll und gütig ist – und dass es nicht urteilt! Viele berichten, dass sie recht eigentlich eingegangen sind in dieses Licht. Sie erfahren ein Verbundensein mit allem, eine kosmische Verbundenheit.

An dieser Stelle erfahren Erlebende oft eine Form von Lebensrückblick. Da wird erzählt, dass das eigene Leben »wie ein Film« noch einmal vor ihnen abgerollt ist, zum Teil chronologisch vorwärts, andere sagen rückwärts. Oder das Leben liegt offen ausgebreitet vor einem; oder es tauchen wichtige Augenblicke und Ereignisse des Lebens noch einmal auf. Betont wird die absolut präzise Wahrnehmung etwa von Farben und Düften, aber auch von Stimmungen und Gefühlen.

In diesem Zustand des erweiterten Bewusstseins werden tiefe Zusammenhänge des eigenen Lebens in bisher ungewohnter Klarheit erkannt. Viele betonen, dass ihnen in diesem Moment bewusst geworden sei, dass nichts in ihrem Leben sinnlos war – selbst Geschehnisse, die sie damals, als sie sich ereigneten, als sinnlos oder ungerecht oder wie auch immer negativ qualifiziert empfunden hatten –, alles erweist sich als sinnhafter Teil im Rahmen des jetzt erkannten Lebensganzen.

Dieser Lebensrückblick erfolgt allerdings nicht in der Form eines Gerichtes, wie es in der kirchlichen Verkündigung bis vor kurzer Zeit noch so Angst einflößend angedroht wurde (vgl. mehr dazu in Looser, 1999). Nein, es ist gar nicht dieses höchste Wesen, das die einzelnen Lebensphasen beurteilt. Dieses wohnt dem Lebensrückblick mit großem Gleichmut, aber mit sehr viel Liebe für die Erlebenden bei. Vielmehr sind es diese selbst, die jetzt, im Zustand ihrer Bewusstseins-Erweiterung nach dem Verlassen des Körpers, erkennen, in welchen Momenten und Situationen ihres Lebens sie sich richtig verhalten hatten und in welchen nicht. Dabei geht es nicht so sehr um die konkreten Taten selbst, die sie in ihrem Leben begangen hatten, als vielmehr um die jeweilige Motivation, aus der heraus sie gehandelt hatten.

Besonders wichtig und eindrücklich ist, dass die Kriterien für richtig oder nicht richtig keineswegs unsere Normen sind, weder die gesellschaftlichen noch die kirchlichen noch sonst irgendwelche. *Der einzige Maßstab ist die Liebe.* In welchen Situationen meines Lebens habe ich mich von der Liebe leiten lassen und in welchen nicht. Einzig darum geht es. Dabei ist Liebe nicht in erster Linie als Gefühl zu verstehen; auf der Ebene der Gefühle kann und muss ich nicht alle und alles lieben. Mit Liebe ist hier vielmehr eine grundsätzliche Lebenshaltung gemeint, nämlich die *Haltung eines bedingungslosen Ja.* In welchen Situationen meines Lebens habe ich mich aus einem bedingungslosen Ja zu meinen Mitmenschen – und zu meiner Mitschöpfung! – verhalten und in welchen nicht; in welchen Situationen habe ich beurteilt, verurteilt, bewertet, abgewertet, verglichen usw.

Oder doch die Hölle?

Gewiss kommt bei dieser Rückschau auf das vergangene Leben nicht nur Schönes und von bedingungsloser Liebe Erfülltes zu Tage. In diesem Zusammenhang erhalten vielleicht die alten und zur Erzeugung von Angst und Schrecken oft missbrauchten Begriffe von Fegefeuer und Hölle neue Bedeutung und Aktualität – allerdings in einem anderen als dem herkömmlichen Sinne: Wenn ich jetzt, in Gegenwart der bedingungslosen Liebe und mit der Erkenntnis, dass es auch in meinem Leben eigentlich um nichts anderes als um diese Liebe hätte gehen sollen, wenn ich jetzt in mein Leben schaue, entdecke ich wohl Vorkommnisse, die diesem hohen Anspruch nicht genügen. Viele Erlebende berichten, dass sie von Scham erfüllt wurden, als sie erkannten, wie sehr sie dieses Ziel der Liebe immer wieder verfehlt hatten. Andere erzählen, sie hätten die Auswirkungen ihrer Taten und ihres Verhaltens auf ihre Mitmenschen jetzt an sich selber erfahren müssen. Ein Mann bezeichnete genau dieses eigene Erleben der Auswirkungen all dessen, was er anderen angetan hatte, als Hölle (Bailey, 1996).

Wenn wir, um ein extremes Beispiel zu wählen, an einen Menschen wie Adolf Hitler denken und uns vergegenwärtigen, dass auch er in diesem Moment erkennt, dass es eigentlich um die Liebe hätte gehen sollen und er jetzt zur Einsicht kommt, wieweit er dieses Ziel verfehlt, wieweit er an diesem Lebenssinn vorbeigelebt habe – ein solcher Erkenntnisprozess wäre »höllisch«. Aber erinnern wir uns daran, es ist nie das Lichtwesen, das ein Urteil spricht; es sind immer die Empfindungen der Erlebenden selber.

Ich verstehe also »Hölle« in diesem Zusammenhang nicht als ein ewiges Feuer zur endlosen Peinigung – bei diesem Bild stimmt schon die Symbolik nicht, da Feuer ein archetypisches Symbol für einen Prozess und nicht für einen ewigen Zustand ist –, sondern als Chiffre für den unter Umständen schmerzlichen Prozess der Erkenntnis, am Lebenssinn der bedingungslosen Liebe vorbeigelebt zu haben.

Botschaft für das Leben

Diese Erfahrungen von Erlebenden aus dem Nahtod-Bereich müssten unser Leben und Zusammenleben revolutionieren! Wir sind noch weit davon entfernt, ihre Bedeutung überhaupt verstanden, geschweige denn, sie in unser Leben integriert zu haben. Erstens und letztens und eigentlich geht es um die Liebe! Doch wir leben in einer Gesellschaft und Kultur, die sich extrem moralisierend verhält; es existieren hunderte von Maßstäben und Rastern, an denen alles, was uns begegnet, sogleich gemessen und beurteilt – und sehr oft eben verurteilt – wird. Wir verfallen diesem Muster, meist ohne es überhaupt zu realisieren. Normen, Wertmaßstäbe und Verbote ... und dabei ginge es einzig und allein um die bedingungslose Liebe. Doch all unser Vergleichen, Bewerten und Verurteilen ist immer gegen die Liebe!

Betroffen, erstaunt und manchmal auch etwas erschrocken bemerken gelegentlich Teilnehmende in meinen Seminaren: »Das ist aber gar nicht so einfach!« Natürlich ist es das nicht! Das behaupte ich auch nicht. Gleichwohl ist es wahr.

Um den hohen Anspruch bedingungsloser Liebe also ginge es in unserem Leben. Dabei wäre es natürlich ein naives Missverständnis zu glauben, das hieße zu allem Ja und Amen zu sagen. Es geschieht tatsächlich Unrecht auf dieser Welt, und dieses muss benannt werden.

Was aber könnte das konkret heißen, sich um bedingungslose Liebe zu bemühen?

In Gesprächen erweist sich als eine Art Nagelprobe immer wieder das Beispiel der Kinderschändung, von der in den letzten Jahren mehrere Fälle aufgedeckt worden sind. Natürlich kann bedingungslose Liebe nicht bedeuten, solches Tun einfach gutzuheißen und zur Tagesordnung überzugehen. Denn da geschieht tatsächlich schweres Unrecht und wir reagieren spontan mit Abscheu, Entsetzen, Wut ... Noch bedrängender wird, wenn ich mir vorstelle, dass mein eigenes Kind das Opfer einer solchen Tat werden könnte ...

Bedingungslose Liebe versucht nicht, die Schrecklichkeit solchen Geschehens zu überspielen. Aber sie überlegt sich vielleicht, wenn sie an die Täter solcher Verbrechen denkt: Kein Mensch wird als Kinderschänder geboren. Wie viel also muss im Herzen eines Menschen zerstört worden sein, damit er zu solch schrecklicher Tat überhaupt fähig wird? So nehme ich dem Verbrechen nichts von seiner Scheußlichkeit und finde vielleicht trotzdem einen von Liebe, das heißt von einer Haltung des Ja geprägten Zugang zu diesem Menschen.

*

Doch kehren wir zurück zu unserem eigentlichen Thema, der Nahtod-Erfahrung. Diese eben angestellten Überlegungen zeigen einmal mehr, wie rasch man auf wesentliche Fragen unseres Lebens stößt, wenn man sich auf die Themenkreise von Sterben und Tod einlässt.

Bei ihrer Begegnung mit dem höchsten Wesen oder beim Eingehen in dieses Licht bedingungsloser Liebe stoßen die Erlebenden oft an irgendeine Grenze – eine Mauer, einen Fluss, oder sie wissen ganz einfach: Dies ist der äußerste Punkt. Wenn ich da weitergehe, kann ich nicht mehr zurück. Zum Teil sind sie es selber, die sich bewusst entscheiden, zurückzukehren in ihr bisheriges Leben, vielleicht weil sie im Lebensrückblick erkannt haben, dass sie noch nicht alle Aufgaben und Pflichten erfüllt haben; zum Teil wird ihnen auch liebevoll, aber mit großer Bestimmtheit gesagt, dass sie noch einmal zurück müssen, nicht selten mit einer klaren Aufgabe für ihr weiteres Leben. Und dann finden sich diese Menschen – meist plötzlich und abrupt – wieder in ihrem Körper.

Dies soll an Nahtod-Erfahrungen im Moment genügen. Es sei noch einmal betont, dass jene vier Elemente weniger als Phasen im Sinne einer zeitlichen Abfolge zu verstehen sind, sondern eher als Merkmale, die viele Erlebende, teilweise in sehr unterschiedlicher konkreter Ausgestaltung und Reihenfolge, erfahren und von denen sie hinterher berichten.

Einheitliche oder variable Inhalte der Nahtod-Erfahrungen?

Es wurde darauf hingewiesen, dass das hier etwas schematisch dargestellte Modell einer Nahtod-Erfahrung sich vor allem auf die Forschungen der amerikanischen Pioniere abstützt, in erster Linie sind die Namen von Raymond Moody, Kenneth Ring und Elisabeth Kübler-Ross zu nennen.

Mit gut 20-jähriger Verzögerung ist 1999 die erste europäische Studie größeren Umfanges veröffentlicht worden, jene des Konstanzer Soziologen, Philosophen und Historikers Hubert Knoblauch. Nachdrücklich setzt er sich von amerikanischen Verstehens-Modellen ab, die er laut Klappentext als »herkömmliche Mythen, die die Wirklichkeit nur verstellen« bezeichnet (Knoblauch, 1999).

So ist es denn sein Hauptanliegen, die Thesen von US-Autoren, welche eine weitgehende Einheitlichkeit bezüglich der Inhalte der Nahtod-Erfahrungen behaupten, zu widerlegen. Er selber arbeitet eine große Verschiedenheit dieser Inhalte heraus, die er mit den höchst unterschiedlichen individuellen und kulturellen Voraussetzungen der Erlebenden erklärt. Zunächst hebt er die oben erwähnte Vielzahl von vorgeschlagenen Modellen für ein einheitliches Verständnis der Nahtod-Erfahrungen hervor (fünf bis fünfzehn Elemente oder

Phasen); er meint, schon diese Uneinigkeit entlarve die Behauptung der Einheitlichkeit als Mythos. Er prangert die genannten amerikanischen Pioniere an, dass sie diese Erfahrungen mystisch deuteten, sie nicht bloß als wissenschaftlichen Gegenstand, sondern als religiöse Wirklichkeit verstünden (vgl. Knoblauch, 1999, 20–24). Mit dieser Zurückweisung der mystischen und religiösen, mithin der spirituellen Dimension, nimmt Knoblauch eine bedeutsame Weichenstellung vor, wie sich zeigen wird. Auch europäische Medien brächten, fährt er fort, in letzter Zeit solche Berichte, die aber alle dem gängigen Muster folgten; »alleinige Voraussetzung ist, so hat es den Anschein, dass die Geschichten schön brav erzählt sein müssen« (Knoblauch, 1999, 26), meint er nicht frei von einem spöttischen Unterton. Dabei trägt er jedoch der geschichtlichen Entwicklung zu wenig Rechnung. Es war ja nicht dieser »Mythos«, der am Anfang stand. Vielmehr entwickelte dieser sich allmählich aus der – zunächst auch für die Forscher selber überraschenden – Entdeckung, dass viele und verschiedenartige Nahtod-Erfahrungen in ihren Inhalten durchaus tief gehende Parallelen aufwiesen.

Um seine eigene These der Vielgestaltigkeit der Nahtod-Erfahrungen zu belegen, holt Knoblauch geschichtlich weit aus. Er fängt an bei der historisch vielleicht ältesten Erfahrung, von der wir überhaupt Kenntnis haben, nämlich jener eines Soldaten der griechischen Antike namens Er, dessen Bericht der Philosoph Platon (427–347 v.Chr.) erzählt. Während seines Ich-Austrittes soll Er eine Gerichtssituation erlebt haben, die für schlechte Taten als Strafe einen Aufenthalt in einer Art Hölle verfügte. Dieses Thema der Höllen-Visionen bleibt ein wesentliches Element der Nahtod-Erfahrungen durch das ganze europäische Mittelalter bis hin zur Reformation, wenngleich immer wieder ergänzend auch vom Glanz der Dreifaltigkeit oder des himmlischen Jerusalem berichtet wird (vgl. Knoblauch, 1999, 40–53).

Das erste Erlebnis eines klassischen Lebensfilmes, bei dem nicht mehr eine höhere Instanz urteilt, sondern der Erlebende selber einsieht, wann er sich richtig beziehungsweise falsch verhalten habe, wird aus dem Jahre 1795 gemeldet (vgl. Knoblauch, 1999, 53f.). Da habe also, folgert Knoblauch, eine wesentliche inhaltliche Verschiebung stattgefunden, die durchaus der geistesgeschichtlichen Entwicklung jener Epochen entspreche. Dies bekräftigt seine These, dass die Inhalte der Nahtod-Erfahrungen sehr wohl vom kulturellen Umfeld der Erlebenden abhängen und immer individuell geprägt seien.

Im Laufe des 19. Jahrhunderts würden diese Erfahrungen mehr und mehr zur Idylle verklärt. Berichte von abstürzenden Bergsteigern in der Schweiz zu Ende des Jahrhunderts fielen auf durch zunehmende Einheitlichkeit, geprägt von einem »durchwegs positiven, ja euphorischen Charakter«, der sogar »Elemente der Entrückung« enthalte (Knoblauch, 1999, 60f.) – Vorläufer des amerikanischen Deutungsmusters. Erneut erhebt Knoblauch an dieser Stelle den Vorwurf, diesmal an die Adresse der Parapsychologie, dass sie diese Erfahrungen als Belege für ihre These verstehe, dass der Mensch seinen körperlichen Tod überlebt (vgl. Knoblauch, 1999, 63f.).

Seine eigene Theorie belegt er des Weiteren mit einem – allerdings sehr knappen und daher unbefriedigenden – Einblick in verschiedene Kulturen. Dabei erzählt er, dass ein Hopi-Indianer seinen verstorbenen Eltern in einer Wigwam-Siedlung begegnet sei; dass eine Inderin auf einer Kuh ins Jenseits geführt worden sei, ein New Yorker dagegen in einem gelben Taxi, während ein Schweizer einen hohen Berg bestiegen habe (vgl. Knoblauch, 1999, 72f./89/108). Wie könne man da noch von Einheitlichkeit sprechen, fragt er wiederholt und nachdrücklich, wenn etwa die Lichtgestalt im einen Fall Jesus sei, bei einem Mozart-Liebhaber aber Sarastro, der Hohepriester aus der »Zauberflöte« (vgl. Knoblauch, 1999, 107).

Seine eigene Erhebung führte Knoblauch in Deutschland und der Schweiz durch. Tief gehende Interviews hat er mit »knapp 20« Personen geführt, ergänzt durch »einige Interviews«, die eine Kollegin in der ehemaligen DDR machte (vgl. Knoblauch, 1999, 95, Anm. 2). Daneben erfasste er etwas über 2000 Personen mit einem Fragebogen, welcher weniger nach den Inhalten als nach der Art der Erfahrung fragte: echte Nahtod-Erfahrungen, Visionen, Träume etc. Aufgrund dieser Erhebung errechnete er die schon erwähnte Zahl von 3,3 Millionen Menschen in Deutschland, die eine Nahtod-Erfahrung hatten (vgl. Knoblauch, 1999, 124–127).

Diese Zahlen mögen für europäische Verhältnisse beeindruckend sein, im Vergleich zu den amerikanischen Untersuchungen nehmen sie sich natürlich bescheiden aus. Knoblauch referiert Schilderungen von Erlebnissen, die ihm bei seinen Recherchen begegnet sind. Dabei entsteht bei Lesern, die mit der Materie einigermaßen vertraut sind, bald einmal der Eindruck von »nichts Neues« oder »déjà vu«, und man fragt sich, was denn an diesen europäischen Berichten so besonders sein soll.

Seine eigenen Bemühungen, sich dem Phänomen der Nahtod-Erfahrungen verstehend zu nähern, gehen über erkenntnistheoretische, philosophische bis hin zu kulturphilosophischen Erwägungen. Das ist alles sehr gescheit und anspruchsvoll, hinterlässt aber einen merkwürdig schalen Geschmack. Wenn nach all diesen weitreichenden Spekulationen, welche auch Kant und Heidegger einschließen, zuletzt als wesentliche Erkenntnisse Aussagen resultieren wie »die heutigen Nahtod-Erfahrungen tragen das Sprachkleid ihrer Zeit, ihrer Kultur und der Menschen, mit denen die Betroffenen zusammenleben ... die heutigen Todesnähe-Erfahrungen halten uns einen Spiegel vor, in dem unsere Vorstellungen von Tod, Sterben und Jenseits erscheinen« (Knoblauch, 1999, 195), wirkt das doch reichlich banal. Die Frage stellt sich, ob es diesen ungeheuren Aufwand brauchte, um zu dieser Einsicht zu kommen, welche keiner der wiederholt und heftig attackierten amerikanischen Forscher bestreiten würde. Zudem vernachlässigt diese Aussage die Tatsache – es wurde schon kurz darauf hingewiesen –, dass umgekehrt auch die Nahtod-Erfahrungen unser zeitgenössisches Todes-Verständnis erheblich mitgeprägt haben. Eine weitere Aussage Knoblauchs: »In den heutigen Erfahrungen taucht etwas, das einer Hölle auch nur annähernd ähnelt, überhaupt nicht mehr auf« (Knoblauch, 1999, 196), mit der er erneut die kulturelle Abhängigkeit der Nahtod-Erfahrungen belegen will; diese Aussage entlarvt ihn zudem eines für einen Fachmann erstaunlichen Unwissens – davon werden wir ausführlich zu sprechen haben.

Weder Beweis noch Spekulation, sondern erlebte Wahrheit

Eine kritische Würdigung der Studie von Hubert Knoblauch wird als Erstes dankbar zur Kenntnis nehmen, dass der Frage nun auch in Europa die ihr gebührende Beachtung geschenkt wird. Mit seinem Blick in die Geschichte bringt er zudem ein wesentliches Element in die Diskussion ein – Amerikaner sind oft für die historische Dimension eines Problems nicht besonders sensibilisiert. Auch legt er den Finger tatsächlich auf einen wunden Punkt: Das Pathos für die inhaltliche Einheitlichkeit der Erfahrungen steht in der Tat da und dort in Gefahr, individuelle Eigenheiten zu wenig ernst zu nehmen und zu nivellieren. Doch muss dagegen betont werden, dass »die Amerikaner« keineswegs so unbeweglich und stur mit ihrem Einheits-Schema umgehen, wie Knoblauch glauben macht (vgl. Kellehear/Irwin, 1990 u.a.).

Zudem trägt Knoblauch seine eigene These der tief gehenden inhaltlichen Verschiedenheit der Erfahrungen mit nicht weniger Pathos vor. Da beschleicht einen allmählich ein ungutes Gefühl, wenn er unermüdlich, aber bis zur Ermüdung der Leser, betont, dass die kulturell und individuell bedingten Eigenheiten das Gemeinsame an Bedeutung bei weitem übertreffen. »Ich behaupte sogar: die Nahtod-Erfahrungen leben mehr von den Besonderheiten als den Gemeinsamkeiten« (Knoblauch, 1999, 107). Die Frage stellt sich immer gebieterischer: Worauf richtet er sein Augenmerk? Was ist das Entscheidende? Ist es wichtig, ob eine Kuh oder ein gelbes Taxi die Erlebenden ins Jenseits führt oder ist es nicht viel wichtiger, dass diese mit der Gewissheit aus der Erfahrung zurückkommen, einen Blick in die jenseitige, in die geistige, die transzendente Welt getan zu haben? Geht es mehr um das Wigwam oder um die Tatsache, dass Erlebende ihren verstorbenen Lieben begegnen? Ist nicht auch der Glanz des himmlischen Jerusalem eine tief beeindruckende Lichterfahrung aus der geistigen Welt? Ist die Frage »Gericht oder Lebensfilm?« entscheidend oder nicht vielmehr die Tasache, dass das Leben, das jemand in dieser Welt gelebt hat, auch in der jenseitigen Dimension noch präsent und bedeutungsvoll ist?

Der Verdacht wird immer dringlicher, dass Knoblauch allzu sehr am Oberflächlichen, an der konkreten Ausgestaltung der Bilder hängen bleibt, deren tiefe Bedeutung jedoch und damit ihre Gemeinsamkeiten gar nicht erkennt. Was er so nachdrücklich als wesentliche Unterschiede versteht, wird im Rahmen der so heftig attackierten amerikanischen Studien nämlich durchaus akzeptiert. Wo aber Knoblauch entscheidende Abweichungen wahrnimmt, deuten die US-Forscher mit individuellen Variationen der gleich bleibenden Grund-Themen der Nahtod-Erfahrungen. Letztlich wird man den Eindruck nicht los, dass Knoblauch den großen Unterschied seiner Ergebnisse zu den amerikanischen selber konstruiert und hochstilisiert.

Ausführlich beschäftigt er sich des Weiteren mit der Frage der Beweiskraft der in den Nahtod-Erfahrungen gesehenen Bildern. Lässt sich aus ihnen ein Weiterleben nach dem Tode beweisen (vgl. Knoblauch, 1999, 156ff.)? Zu Recht wirft er etwa Kübler-Ross vor, sie habe voreilig von »bewiesen« gesprochen und damit die entscheidende Frage als erledigt betrachtet.

Genau hier wird aber auch der Blick frei auf die grundlegende Schwachstelle in Knoblauchs Argumentation. Das eigentliche Problem erkenne ich darin, dass er nur das naturwissenschaftliche Denken einerseits und das abstrakte philosophische Reflektieren andererseits als Erkenntniswege anerkennt.

Alles, was diesen Rahmen sprengt, wird als religiös oder mystisch und damit als unzulässige Spekulation zurückgewiesen – darin erkennt er letztlich das, was er als »Mythos« entlarven will. Inhaltlich und subjektiv gesteht er zwar den Erlebenden Spiritualität und Erfahrung von Transzendenz zu (vgl. Knoblauch, 1999, 199). Bei seiner Bearbeitung des Themas aber bleibt er streng im traditionellen wissenschaftlichen Rahmen und dessen Anforderungen an Beweisbarkeit und Objektivität. Die Nahtod-Erfahrungen jedoch führen die Erlebenden in einen Bereich, der seine eigene Realität hat, eine eigene Wirklichkeit ist, eine Wirklichkeit, die sich dem traditionell naturwissenschaftlichen Denken und seinen Erkenntnis-Methoden radikal entzieht. Mit dieser Deklassierung der Transzendenz-Dimension des Menschen als zu widerlegenden Mythos beraubt sich Knoblauch der Mittel, die Nahtod-Erfahrung in ihren tiefsten Dimensionen zu erfassen und zu verstehen.

Gerade der Umstand, dass Knoblauch den Rahmen des klassischen Argumentierens nicht überwindet, offenbart die

Grenzen dieses Denkens überhaupt: Was als objektive Ergebnisse formuliert wurde, kam uns etwas gar oberflächlich und banal vor. Aber zu mehr ist diese Art, den Menschen zu verstehen, gar nicht in der Lage! Was Knoblauch erkennt und anerkennt, ist tatsächlich das Äußerste, was im traditionellen, um Objektivität bemühten Denken über die Nahtod-Erfahrungen gesagt werden kann.

Der Vorbehalt gegen diese Art zu denken und den Menschen zu verstehen, liegt auf der Hand: *Das ist zu wenig!* Dabei wird zwar viel Kluges gedacht und gesagt. Aber es genügt bei weitem nicht. Denn wahre Weisheit denkt nicht nur, sondern nimmt auch Regungen des Herzens wahr und ernst; mit anderen Worten: *sie lässt sich betreffen.* Die Erlebenden sind von ihren Erfahrungen zutiefst betroffen. Viele amerikanische Forscher lassen sich von den Ergebnissen ihrer Studien ebenfalls betreffen – zugegebenermaßen bis hin zu Exzessen, wenn plötzlich beispielsweise von einem bewiesenen Weiterleben nach dem Tode geredet wird. Knoblauch aber lässt sich nicht betreffen. Er bleibt streng auf wissenschaftlicher Distanz, daher kann er nicht *verstehen*, und so entgeht ihm das Wesentliche; so werden für ihn Details wie weiße Kuh und gelbes Taxi zu Hauptsachen. So muss er und mit ihm alle, die streng in diesem Denkmuster verbleiben, sich ausgerechnet von einem Amerikaner, nämlich Timothy West (West, 1996), der selber eine tiefe Nahtod-Erfahrung gehabt hat, sagen lassen, dass diese Begegnung mit dem Göttlichen etwas derart Intimes und Persönliches sei, dass es sich gar nicht objektivieren lasse.

Die Jenseits-Visionen in den Nahtod-Erfahrungen sind weder bewiesene Tasachen, wie Kübler-Ross behauptet, noch ein Mythos, wie Knoblauch abwertend meint, sie sind Wahrheit. Sie sind Wahrheit weder im Sinne des naturwissenschaftlichen Beweises noch im Sinne der abstrakten philosophischen Reflexion, sondern sie sind *spirituelle Wahrheit.*

Wer die Transzendenz-Verwiesenheit des Menschen als unwissenschaftlichen Mythos aus seiner Erkenntnis-Methode ausklammert, wird nie in der Lage sein, die Wahrheit der Nahtod-Erfahrungen zu verstehen und zu akzeptieren. Eine Nahtod-Erfahrung ist nicht bloß ein Blick auf den Blumenstrauß. Sie ist eine Blume im Strauß, ist Teil der Wahrheit über den Menschen.

Wissenschaftliche Erklärungsversuche der Nahtod-Erfahrungen

Zum Stichwort Naturwissenschaften: Auch andere Disziplinen haben sich unseres Themas angenommen. Sowohl in der Psychologie und Psychoanalyse wie auch in der Biologie und Humanmedizin sind viele und verschiedenste Versuche unternommen worden, diese Nahtod-Erfahrungen zu erklären und zu verstehen. Michael Schröter-Kunhardt, seinerzeit Assistenzarzt in einer psychiatrischen Klinik in Deutschland und Leiter von IANDS-BRD, hat sich die Mühe genommen, verschiedenste solcher Erklärungs-Versuche zusammenzutragen und dazu Stellung zu nehmen; 1997 wurde sein Artikel publiziert. Ich beschränke mich auf ein paar für uns relevante Punkte.

Im Rahmen psychologischer Forschungen wurden Nahtod-Erfahrungen als ein Wiedererleben der Geburt zu deuten versucht. Schröter-Kunhardt lehnt dies ab, da die Geburt in aller Regel als Trauma erfahren wird, die Nahtod-Erfahrung aber genau als das Gegenteil, als etwas Erhebendes und Beglückendes. Auch die Deutung als Todes-Abwehr vermag einem kritischen Blick nicht standzuhalten, weil hier das Sterben ja gerade nicht verdrängt, sondern im Gegenteil höchst intensiv durchlebt wird. Von einer halluzinatorischen Wunscherfüllung zu sprechen, greift ebenso daneben, da sehr oft Menschen eine Nahtod-Erfahrung haben, die sich bisher überhaupt nie mit solchen Fragen beschäftigt haben und bei denen logischerweise gar keine Wünsche formuliert sind, die halluzinatorisch erfüllt werden könnten.

Von Seiten der Psychoanalyse wurde die Nahtod-Erfahrung als Regression gedeutet. Dagegen ist zu sagen, dass Regression immer von individuellen Elementen in der Biografie der Betroffenen geprägt ist, während die Nahtod-Erfahrung sich gerade durch eine hohe Konstanz, das heißt durch überindividuelle Gültigkeit ihrer inhaltlichen Hauptelemente auszeichnet. Die ebenfalls psychoanalytische Deutung der Nahtod-Erfahrung als Depersonalisation (Ich-Auflösung) weist Schröter-Kunhardt entschieden zurück mit dem Hinweis, dass die Erlebenden genau das Gegenteil erfahren: Das Ich tritt als völlig intakt auf, »ja, das Selbst- und Realitätsgefühl ... sind oft deutlich gesteigert« (Schröter-Kunhardt, 1997, 872). Generell warnt er vor Deutungen mithilfe von Begriffen aus der Diagnostik von psychotischen Erkrankungen. Denn es gibt mittlerweile auch psychisch Kranke, die eine Nahtod-Erfahrung gemacht haben. Diese Nahtod-Erfahrungen gleichen einerseits stark den Nahtod-Erfahrungen von Gesunden, unterscheiden sich aber andererseits sehr deutlich von psychotischen Erfahrungen derselben Kranken.

Auch die Neurobiologie versuchte, die Nahtod-Erfahrung zu erklären, unter anderm mit Hinweisen auf Sauerstoffmangel im Gehirn während des klinischen Todes oder auf körpereigene Halluzinogene (Stoffe, die Halluzinationen hervorrufen können) oder schließlich auf den Umstand, dass durch chemische beziehungsweise elektrische (Strahlen) Stimulation bestimmter Partien des Gehirns Erfahrungen provoziert werden können, die der Nahtod-Erfahrung ähnlich sind. All das kann aber höchstens zum besseren Verstehen der Nahtod-Erfahrung auf physiologischer Ebene etwas beitragen; das Phänomen an sich, die Bedeutung für die Erlebenden oder das »Woher?« kann auf diese Weise keinesfalls erklärt und verstanden werden.

Ergänzend könnte man darauf hinweisen, dass auch Erfahrungen wie hungrig oder verliebt sein irgendwelche chemischen Reaktionen im Körper auslösen. Trotzdem kommt niemand auf die Idee, ein Phänomen wie etwa die Liebe als rein chemischen Vorgang erklären zu wollen.

Schröter-Kunhardt bedient sich einer sehr nüchternen, emotionslosen und streng wissenschaftlichen Sprache. Umso eindrücklicher ist es, wenn er abschließend gegen die Psychoanalyse gerichtet ausführt, die Nahtod-Erfahrungen stellten »Visionen einer der gewöhnlichen Psychoanalyse nicht zugänglichen tieferen Schicht der menschlichen Seele dar« (Schröter-Kunhardt, 1997, 872). Generell meint er, dass alle eindimensionalen Erklärungsversuche zu kurz greifen; »alle Perspektiven müssen vielmehr in einer Art Synopsis (Zusammenschau) zusammen gesehen werden, um das so komplexe, letztlich religiöse Phänomen der Nahtod-Erfahrung richtig zu beurteilen« (Schröter-Kunhardt, 1997, 875).

Damit tut Schröter-Kunhardt genau den Schritt, den Knoblauch verweigert. Er relativiert den Objektivitätsanspruch für Realität der naturwissenschaftlichen Argumentation und anerkennt ausdrücklich eine Wirklichkeit, die ihre eigenen Gesetzmäßigkeiten hat, Gesetzmäßigkeiten, die sich den naturwissenschaftlichen Erkenntnismethoden entziehen. Trotz aller Nüchternheit der wissenschaftlichen Sprache wird hier ein Raum eröffnet für die eigene Wahrheit der Nahtod-Erfahrungen: Sie sind ein religiöses Phänomen. Hier anerkennt der Wissenschaftler, dass auch dort noch Wirklichkeit ist, wo seine traditionellen Erkenntnismittel versagen müssen. Eine solche Bescheidenheit – gerade in ihr aber liegt die

Größe! – wünschte man sich vermehrt von naturwissenschaftlichen Gesprächspartnern.

Denn all die wissenschaftlichen Erklärungsversuche, die wir eben diskutiert haben, weisen für mich, neben allem ehrlichen Bestreben nach Verstehen, oft auch Elemente von Arroganz auf: Alles, was als »wahr« und »real« anerkannt werden soll, muss auf der Ebene der naturwissenschaftlichen Erkenntnis- und Verstehensmöglichkeiten erklärbar sein – damit wird es beherrsch- und manipulierbar! Der Tod hat sich diesem menschlichen Allmachtsstreben schon immer entzogen. Er entzieht sich ihm auch hier.

Bewusstseins-Erweiterung unabhängig von Nahtod-Erfahrungen

Die Erfahrung einer Bewusstseins-Erweiterung ist nicht an die Nahtod-Situation gebunden. Diese ist dank der Erschließung immer neuer Therapie-Methoden in der modernen Medizin bloß zur häufigsten und mittlerweile bekanntesten geworden. Es gibt aber durchaus andere Situationen und Möglichkeiten zur Bewusstseins-Erweiterung über die Grenzen des menschlichen Körpers hinaus.

Die Bewusstseinsforschung unterscheidet grundsätzlich zwei verschiedene Formen solcher Erfahrungen. Bei der einen tritt das Bewusstsein tatsächlich aus dem Körper aus; das Ich verlässt den Körper und nimmt zeitweise die Vorgänge im Körper nicht mehr direkt wahr, sondern als Beobachter (zum Beispiel werden während des Ich-Austrittes keine körperlichen Schmerzen verspürt). Dies geschieht bei der Nahtod-Erfahrung im strengen Sinne, aber etwa auch bei Astralreisen. Das Bewusstsein kann sich dabei räumlich sehr weit vom

Körper entfernen. Immer aber bleibt die so genannte »Silberschnur«, die das Bewusstsein mit dem Körper verbindet, erhalten. Nur so ist die Rückkehr des Bewusstseins in den Körper möglich. Der Ausdruck »Silberschnur« leitet sich von einer Stelle im Alten Testament der Bibel her, wo es im Buch Prediger (in unterschiedlichen Bibelübersetzungen wird dieses Buch auch Kohelet oder Ecclesiastes genannt, 12,6) heißt, dass das Leben zu Ende geht »wie eine silberne Schnur zerreißt«, was das endgültige und unumkehrbare Ende des Lebens bedeutet, medizinisch gesprochen den biologischen Tod. Diese Silberschnur also bleibt bei diesen Außerkörper-Erfahrungen erhalten; hellsichtige Menschen sind in der Lage, sie zu sehen.

Daneben gibt es eine zweite Form der Bewusstseins-Erweiterung. Für sie wird das Bild einer Beule verwendet: Das Bewusstsein »beult sich aus«. Hier bleibt die Wahrnehmung des Körpers bis zu einem gewissen Grad erhalten. Gleichzeitig dehnt sich das Bewusstsein weit über die Grenzen des Körpers hinaus aus und kann unendliche, kosmische Erfahrungs-Räume erreichen, die uns normalerweise verschlossen sind. Diese zweite Form von Bewusstseins-Erweiterung ist von Fantasie-Reisen und anderen manipulierten Vorgängen deutlich zu unterscheiden.

Mir selber war es zweimal vergönnt, solche Bewusstseins-Erweiterung der zweiten Art zu erfahren. Das erste Mal war ich in eine tiefe, entspannte Meditation geführt worden und eingeladen, einen Blick über die Grenzen des Körpers hinaus zu tun. Dabei änderte sich plötzlich die Bewusstseinslage und ich befand mich in dieser Lichtwelt der bedingungslosen Liebe, der absoluten Geborgenheit. Als ich aufgefordert wurde, in mein Leben zurückzublicken, war mir völlig bewusst: Jetzt darf aus meinem Leben zu Tage treten, was will, ich könnte Mörder oder was immer sein, es ist niemand da, der mich verurteilt. Dass ich selber beschämt sein würde über gewisse Situationen, die mir wieder begegneten, ist eine andere Sache; davon war die Rede. Aber der Rahmen, in dem diese Lebensrückschau stattfand, war Liebe und bedingungsloses Angenommensein. Entsprechend gering war denn auch später meine Lust, wieder in die Beschränktheit des Körpers zurückzukehren, obwohl mir die Aufgabe für meinen weiteren Weg in dieser Welt klar gezeigt worden war.

Meine zweite Erfahrung ging tiefer. Sie ereignete sich spontan und unvorbereitet im Rahmen eines Wochenseminars in Trance-Tanz bei meinem Sufi-Lehrer Jabrane Sebnat. (Sufismus ist, kurz gesagt, die mystische Tradition im Islam.) Dieser Tanz, bei uns als Derwisch-Tanz bekannt, dient der Bewusstseins-Veränderung ohne Drogen oder andere künstliche Hilfsmittel.

In der zweitletzten Nacht dieser Woche tanzten wir – nach entsprechender Vorbereitung – die Nacht durch, fast pausenlos. Und plötzlich war mir, als ob sich meine Schädeldecke auflöste, Wände und Dach des Hauses, in dem ich mich befand, existierten nicht mehr als Begrenzungen, und urplötzlich war ich mit meinem Bewusstsein in der Unendlichkeit des Kosmos.

Wie vielen anderen Menschen mit Außer-Körper-Erfahrungen fehlen auch mir die Worte, um das weitere Geschehen adäquat zu beschreiben; man gerät bald in Dimensionen, die unserem Alltags-Bewusstsein und damit auch unserer Sprache, welche aus diesem und für dieses Alltagsbewusstsein geschaffen ist, entzogen sind. Im Grunde ereignete sich gar nichts Dramatisches. Es war ein Strömen und Fallen – oder Steigen? – und Getragensein, erneut ein Gefühl absoluter Geborgenheit. Ich war erfüllt vom Wissen, dass mir in meinem eigentlichen und tiefsten Kern nichts passieren kann, dass ich absolut geborgen bin, getragen bin, dass in meinem Innersten ein Kern lebt, der göttlich und damit unzerstörbar ist.

Wenn mich jemand fragt, ob ich nicht fantasiert oder geträumt hätte, muss ich mit den vielen Menschen, die solche Erfahrungen gemacht haben, sagen: Nein, das war für mich so wirklich wie irgendetwas. Und kein Naturwissenschaftler der Welt kann mir mit einer noch so gescheiten Erklärung diese Gewissheit nehmen.

Einen Hinweis auf die Echtheit meiner Erfahrung gibt es für mich; aber auch er hat nur subjektive Gültigkeit. Wir wurden bei der Anmeldung zu diesem Seminar angehalten, verschiedene farbige Tücher mit zu bringen. Wir waren an die fünfzig Personen, die insgesamt wohl 200 bis 250 Tücher in allen Farben mitgebracht hatten. Am ersten Tag mussten wir diese zu einem Haufen zusammentragen und Jabrane erklärte uns, sie gehörten jetzt nicht mehr einem Einzelnen, sondern der ganzen Gruppe.

Beim Derwisch-Tanz spielen Farben eine wichtige Rolle – ich kann darauf hier nicht weiter eingehen. Wir tanzten in jener Nacht zu verschiedenen Farben und Jabrane und seine Helfer nahmen, wenn sie erkannten, dass jemand in einer tiefen Erfahrung war, ein Tuch der entsprechenden Farbe aus dem großen Haufen und banden es dieser Person um – um den Kopf, die Brust, die Hüften, wie es gerade als richtig erschien.

Ich hatte meine Erfahrung der Bewusstseins-Erweiterung in der roten Phase. Und da ich die ganze Zeit meinen Körper irgendwie am Rande wahrnahm, spürte ich wohl, dass jemand mir ein Tuch umband. Da uns dies aber angekündigt worden war, wusste ich, was es zu bedeuten hatte und schenkte ihm im Moment keine weitere Beachtung.

Später, als der Tanz zu Ende und ich wieder im Alltags-Bewusstsein war, betrachtete ich das Tuch. Natürlich war es rot. Ich hatte selber unter anderen ein rotes Tuch zum Haufen gelegt, das eine ganz spezielle Farbgebung und Musterung hatte, sodass ich es jederzeit im großen Haufen wieder erkannt hätte. Außer mir wusste natürlich niemand davon, das war ja völlig bedeutungslos. Jetzt aber staunte ich doch gewaltig, als ich feststellte, dass ich genau dieses, mein rotes Tuch umgebunden bekommen hatte. Der Jemand, der mir diese Unterstützung gegeben hatte, griff also in den Haufen, um irgendein rotes Tuch für mich zu nehmen – und ergriff ausgerechnet das meine ... Ich deute diese Begebenheit so, dass ich, wenn ich *in dieser Bewusstheit der absoluten Geborgenheit* bin, dass ich dann *wirklich bei mir* bin. Aber auch diese Deutung ist natürlich subjektiv und vermag keinen Zweifler zu überzeugen. Das muss sie auch nicht. Sie ist mein Blick auf den Blumenstrauß.

Ich habe übrigens keine Ahnung, wie lange dieses Erlebnis dauerte, ob fünf Minuten oder dreißig – ich weiß es schlichtweg nicht.

Solche Erfahrungen prägen mein Verständnis des Todes wesentlich mit. So wird vielleicht nachvollziehbar, dass die Formulierung, dass ich an ein Weiterleben der Seele nach dem körperlichen Tod glaube, für mich nicht mehr richtig zutrifft; es ist mehr, es ist ein Wissen, eine Gewissheit. Und wenn jemand einwendet, dass ich nicht wirklich tot, ja nicht einmal klinisch tot war, so stimmt das, ist für mich aber unerheblich. Ich habe die Wirklichkeit des Lebens in der Dimension jenseits der körperlichen Ebene erfahren, und das ist das Entscheidende.

Nach einer solchen Erfahrung kann man auch nicht weiterleben, als ob nichts gewesen wäre. Natürlich tritt diese damals geschaute Geborgenheit und absolute Sicherheit im Alltags-Bewusstsein – leider – oft wieder in den Hintergrund. Aber sie ist da, sie gehört zu meinem Schatz. Und wenn Krisen und Ängste einmal wieder aufkommen wollen, gibt es tief in mir eine Stimme, die sagt: In meinem innersten Kern kann mir nichts zustoßen. Da bin ich geborgen und grenzenlos geliebt.

Kapitel 3

Erschreckende Nahtod-Erfahrungen

Seit Jahren schon stellte sich mir die Frage nach erschreckenden Nahtod-Erfahrungen. Schließlich leben wir in unserer Welt unter den Gesetzmäßigkeiten der Polarität. Sterben und Tod gehören zum Leben in dieser Welt, also müssen auch sie in diese Polarität eingebunden sein. Wenn man aber die Schriften der großen Pioniere der Nahtod-Forschung liest, begegnen einem da nur schöne, lichtvolle und erhebende Erfahrungen – mit ein paar zugestandenen Ausnahmen, denen jedoch jede tiefere Bedeutung abgesprochen wird.

In seinem 1984 in deutscher Sprache erschienenen Buch »Den Tod erfahren – das Leben gewinnen« schrieb etwa Kenneth Ring: »Gelegentlich hört man Berichte von Nahtod-Erfahrungen, die dem allgemeinen Muster nicht entsprechen, sondern außerordentlich unangenehm, geradezu entsetzlich sind. Von diesen schlimmen Nahtod-Erfahrungen gibt es in der Literatur ein paar Beispiele, aber sie sind absolut untypisch.« Die Forscher seien sich einig, fährt Ring fort, dass diese unangenehmen Nahtod-Erfahrungen allerhöchstens ein Prozent aller Erfahrungen ausmachten (Ring, 1984, 43f.). Damit hält er sie offensichtlich für keiner weiteren Beachtung wert.

Auch die inzwischen recht zahlreichen Berichte von Nahtod-Erfahrungen, die mir persönlich zu Ohren gekommen sind, sind fast ausnahmslos wunderschön und ermutigend. Im Herbst 1999 habe ich in »Para; Schweizer Zeitschrift für Parapsychologie und Esoterik« einen Aufruf erlassen, in dem ich Menschen, die eine schreckliche Nahtod-Erfahrung gemacht hatten und bereit waren, darüber zu sprechen, bat, sich mit mir in Verbindung zu setzen. Es hat sich keine einzige Person gemeldet! Schließlich fügen sich auch meine eignen Erfahrungen, wenngleich diese nicht Nahtod-Erfahrungen im strengen Sinne sind, nahtlos in diese Tendenz lichterfüllter Erlebnisse ein.

Hubert Knoblauch bringt in seiner Untersuchung Hinweise darauf, dass aus Altertum und Mittelalter sehr wohl von Höllen-Visionen im Rahmen von Nahtod-Erfahrungen berichtet wird; für die heutige Forschung sind diese aber unerheblich und den meisten Autoren vermutlich überhaupt unbekannt.

Lange Zeit also suchte ich vergeblich nach Menschen, denen im Rahmen einer Nahtod-Erfahrung Erschreckendes widerfahren war, oder wenigstens nach entsprechenden Berichten in der Literatur. Wie mochte eine solche Erfahrung aussehen? Wie gehen die Erlebenden damit um? Wie ist so etwas zu verstehen und zu deuten? Wer sind die Menschen, die solche Erfahrungen machten? Wie sieht ihr weiteres Leben aus? – Fragen über Fragen.

Erst in neuerer Zeit tauchen da und dort Hinweise auf, dass es ängstigende Erfahrungen tatsächlich gibt. Aber die Informationen darüber sind dürftig, und ein Überblick über solche Publikationen – mehr als kurze Artikel in Zeitschriften sind es üblicherweise nicht – ergibt, dass da oft die gleichen Aussagen und Beispiele wiederkehren, weil die Verfasserinnen und Autoren sich gegenseitig zitieren. Noch im Sommer 1999 fand man auf der Homepage von IANDS-USA beim Stichwort »Frightening NDE« (erschreckende Nahtod-Erfahrungen) den Hinweis, dass die Literatur zu Nahtod-Erfahrungen allgemein immens sei, zu den erschreckenden aber nach wie vor äußerst spärlich.

So weit ich sehe, gibt es im deutschen Sprachraum – und der dürfte diesbezüglich durchaus repräsentativ sein – nur zwei Monographien, das heißt ganze Bücher, die sich ausdrücklich diesem Thema widmen, beide aus dem Amerikanischen übersetzt und beide von demselben Autor (!), dem Arzt Maurice S. Rawlings. Von ihm und seinem Werk wird gleich ausführlicher die Rede sein.

Des Weiteren erschien 1992 in der amerikanischen Zeitschrift »Psychiatry« ein Artikel unter dem Titel »Distressing Near-Death-Experiences« (quälende Nahtod-Erfahrungen) von den beiden Autoren Bruce Greyson, Psychologie-Professor an der Universität von Connecticut und lange Jahre Präsident von IANDS-USA, und der Theologin Nancy Evans Bush, auch sie jahrelange Präsidentin von IANDS-USA und in dieser Funktion Vorgängerin von Greyson.

Im deutschen Sprachraum erschien 1998 in der Zeitschrift »Esotera« ein zweiteiliger Bericht (Nr. 5 und 7) von Anne Niemeyer unter dem Titel »Einmal Hölle und zurück«. Neben anderen zitiert sie viel aus dem Artikel von Greyson/Bush, daneben aus Schröter-Kunhardt sowie ein paar weiteren, weit verstreuten Quellen.

Erst als ich beim Zusammentragen von Literatur für die vorliegende Studie von einer Kurs-Teilnehmerin auf die amerikanische Zeitschrift von IANDS aufmerksam gemacht wurde, fand ich dort, verteilt über die inzwischen zahlreichen Jahrgänge, ein paar Artikel, die sich ausdrücklich diesem Aspekt der Nahtod-Forschung widmeten. Aber gemessen an der Gesamtzahl der Beiträge in diesen Heften sind auch sie äußerst gering an der Zahl; und von einem einheitlichen Verstehen oder Deuten dieser erschreckenden Erfahrungen kann schon gar keine Rede sein. Die Kontroverse ist hier weit größer als bei jener um die lichtvollen Erlebnisse.

Wieso also finden diese erschreckenden Nahtod-Erfahrungen so wenig Beachtung? Niemeyer zitiert Bruce Greyson, der in den USA ebenfalls zu den prominenteren Nahtod-Forschern zählt, mit der Aussage: »Wir haben nicht versucht, erschreckende Berichte über Nahtod-Erlebnisse zu finden, weil wir nichts davon wissen wollten« (Niemeyer, 5/18). In seinem eigenen Artikel (mit Bush) zitiert Greyson eigene frühere Studien und die zahlreicher anderer amerikanischer Forscher, welche wohl gelegentlich von »erschreckenden Elementen« im Verlauf einer Nahtod-Erfahrung erfuhren, »Momente ... vorübergehender Angst«, gibt dann aber, sozusagen als Fazit, Kenneth Ring das Wort und zitiert diesen: »In meiner eigenen (Rings) Forschung habe ich mit vielen hunderten von Nahtod-Erfahrenen gesprochen oder von ihnen gehört, doch bin ich persönlich nie einer tatsächlichen, vorwiegend negativen Nahtod-Erfahrung begegnet.« Greyson erwähnt auch, dass sowohl er selber wie auch viele andere in ihrer Skala von Kriterien, die erfüllt sein müssen, damit ein Erlebnis überhaupt als Nahtod-Erfahrung anerkannt werde, Elemente aufgeführt hätten »wie Friede, Freude, ein Gefühl von kosmischer Einheit« (alle Zitate: Greyson/Bush, 1992, 96). Bewusst oder unbewusst wurden also die ängstigenden Erfahrungen ausgeklammert. Hier trifft der Vorwurf von Knoblauch an die amerikanische Forschung tatsächlich zu: Das Bestreben, die Inhalte der Nahtod-Erfahrungen als kulturübergreifend einheitlich darzustellen, hat zur Verdrängung von abweichenden Erlebnissen geführt, zum Beispiel der ängstigenden.

Maurice Rawlings, der bisher weit und breit einzige Autor, der sich dieses Themas ausführlich angenommen hat, geht, wie wir noch sehen werden, mit diesen einseitig optimistischen Autoren scharf ins Gericht. Er erzählt, dass er mehreren von den Bekanntesten unter ihnen seine eigenen Forschungsergebnisse mit dominant erschreckenden Erfahrungen zur Verfügung stellen wollte, »aber alle lehnten ab. Einer ... mit dem Argument, dass solche negativen Aussagen mit den bereits gesammelten positiven Ergebnissen kollidieren würden. Ein anderer machte geltend, diese Informationen würden die bereits veröffentlichten Ergebnisse verändern« (Rawlings, 1998, 39). Die Frage, warum diese erschreckenden Nahtod-Erfahrungen in derart großem Stil über Jahrzehnte systematisch ausgeblendet wurden, muss, wie so viele andere Fragen in diesem Zusammenhang, vorläufig offen bleiben.

Eine mögliche Antwort liegt im Hinweis, auf den man gelegentlich stößt, dass diese Erfahrungen als sehr intim und oft auch als beschämend empfunden werden, sodass die Erlebenden nicht gerne darüber sprechen, sondern sie für sich behalten würden, nicht zuletzt aus Angst, deswegen verurteilt oder als moralisch nicht integre Person angesehen zu werden. Das erklärt aber nicht, wieso die Forscher nicht einmal danach fragen.

Inhalte der erscheckenden Nahtod-Erfahrungen

Doch schauen wir uns diese wenigen zugänglichen Erfahrungen und Berichte genauer an. Da solche ängstigenden Nahtod-Erfahrungen noch kaum bekannt sind, wird ihnen an dieser Stelle etwas mehr Platz eingeräumt.

Als Erstes wenden wir uns dem amerikanischen Arzt Maurice Rawlings zu, der zweifellos die Rolle eines – bisher – einsamen Vorreiters innehat. Sein Buch mit dem deutschen Titel »Jenseits der Todeslinie; neue klare Hinweise auf die Existenz von Himmel und Hölle« ist in den USA bereits 1978 erschienen, in Europa erst später; mir liegt die fünfte deutsche Auflage aus dem Jahre 1992 vor.

Als Kardiologe (Spezialist für Herzerkrankungen) wurde Rawlings immer wieder Zeuge davon, wie Menschen in den klinischen Tod fielen; und er hat selber in zahlreichen Fällen die nötigen Reanimations-Bemühungen angeleitet, die die Patienten wieder in dieses Leben zurückbrachten. Aber auch in seinem Buch muss man zuerst über hundert Seiten lesen, bis man erstmals auf einen erschreckenden Bericht stößt. Erst nach vielen grundsätzlichen Erwägungen und medizinischen Erklärungen, in die sich zahlreiche Beispiele von aufbauenden Nahtod-Erfahrungen in der mittlerweile bekannten Form mischen, folgen ab Seite 130 für ungefähr 25 Seiten Berichte von erschreckenden Erlebnissen.

In seiner Position als Herzspezialist ist Rawlings in der vortrefflichen Lage, sich bei den Erlebenden sofort nach ihrer Rückkehr in den Körper, in mehreren Fällen sogar, während seine Reanimations-Maßnahmen noch andauern, nach ihrer seelischen Befindlichkeit und ihren Erfahrungen zu erkundigen. So betont er denn auch, man müsse die Patienten sofort beim Wiedererwachen nach ihren Erlebnissen befragen, weil diese bedrückenden Erinnerungen kurze Zeit später bereits wieder erloschen beziehungsweise, da so beschämend, verdrängt seien. Darin liegt für ihn eine mögliche Erklärung für den Umstand, dass die gesamte übrige Nahtod-Forschung nichts davon erwähnt: Weil diese Autoren eben mit den Erlebenden erst längere Zeit nach dem Ereignis, oft Jahre später, gesprochen hätten. Rawlings meint, dass es ungefähr gleich viele erschreckende wie erfreuliche Erfahrungen gäbe.

Im Laufe der Lektüre seines Buches wird immer offensichtlicher, dass ihm an diesen schrecklichen Erfahrungen effektiv weit mehr gelegen ist als an den aufbauenden. Dies hat seinen Grund darin, dass er mit seiner Studie erklärtermaßen ein ganz bestimmtes Ziel verfolgt.

Rawlings erzählt freimütig, wie er im Laufe der Jahre, nicht zuletzt dank der Begegnungen mit diesen Nahtod-Erfahrungen, vom religiösen Zweifler und Skeptiker zum bekennenden Christen geworden ist, was in seinem Fall konkret heißt, Mitglied einer der in den USA verbreiteten fundamentalistischen Freikirchen, wozu als konstituierendes Element gehört, dass er sich und sein Leben Christus übergeben hat. (Ich bemühe mich, den Begriff »fundamentalistisch« hier wertneutral zu verstehen, also nicht mit dem bei uns oft damit verbundenen abwertenden Unterton. Die Gläubigen, die sich selber als fundamentalistisch bezeichnen, meinen damit, dass die christliche Botschaft, wie sie in der Bibel ihren Niederschlag gefunden hat, die einzige und nicht hinterfragbare Grundlage, eben das Fundament, ihres Glaubens ist.)

Was Rawlings eigentlich interessiert, sind denn auch gar nicht diese erschreckenden Nahtod-Erfahrungen als solche; vielmehr will er mit ihrer Hilfe den Nachweis erbringen, dass die biblische Botschaft durchaus Wahrheit ist, nämlich: »Es gibt auch eine Hölle« (Rawlings, 1992, 25). Damit setzt er sich nachdrücklich von jenen modernen Theologen ab, die vor allem Gottes bedingungslose Liebe und sein Verzeihen predigen würden, und, mehr noch, von zeitgenössischen esoterischen Lehrern, die nur von Liebe und Licht redeten und in deren Gefolge dann auch renommierte Forscher wie Moody und Kübler-Ross betonen, dass die Menschen in der Nahtod-Situation nur »ein Gefühl universeller Vergebung ... oder unbeschreiblichen Friedens und Glückseligkeit« (Rawlings, 1998, 142) erführen, aber keinerlei Hinweise auf irgendein Gericht oder eine Bestrafung für ihre Verfehlungen in Betracht ziehen würden.

Gerade dieses Gericht aber ist ein Eckpfeiler in der Verkündigung fundamentalistischer Christen, zusammen mit der Hölle als dem Ort, an den jene Menschen gelangen, die sich nicht ausdrücklich für Christus entschieden und zu ihm bekannt haben und die somit im Gericht zur ewigen Strafe verurteilt werden.

Auch Rawlings referiert, dass viele Menschen, die eine aufbauende Nahtod-Erfahrung haben, einer Lichtgestalt begegnen, und er betont, dass diese Lichtgestalt nie sich selber benenne – zum Beispiel: »Ich bin Christus«–, sondern dass immer der erlebende Mensch diese Lichtgestalt deute beziehungsweise erkenne. Eher überraschend ist die Feststellung von Rawlings, dass es in den belastenden Erfahrungen keine entsprechende Anti-Lichtgestalt gebe; niemand von seinen Befragten habe je »den Teufel« oder »Satan« gesehen. Vielmehr sind es Umstände oder Landschaften, die so sehr erschrecken – eine Behauptung, die, wie wir sehen werden, von anderen Forschern widerlegt wird.

Zu Beginn einer solchen Höllen-Begegnung erfahren sich die Erlebenden oft auch in einer Art Tunnel, durch den sie sehr schnell und unkontrolliert fallen, in der Regel nach unten, sodass der Standort der Hölle in oder unter der Erde vermutet wird. Am Ende dieses Tunnels warten nicht das von Liebe erfüllte Licht, sondern höllenartige Situationen. So berichtet ein Mann, der einen Unfall erlitten hatte: »Das Nächste, was ich wusste, war, dass ich nahe am Strand eines großen Ozeans aus Feuer (also auch Licht! – d. Ref.) stand. Es war wohl gerade so, wie es die Bibel in der Offenbarung 21,8 beschreibt: ›der See, der mit Feuer und Schwefel brennt‹ ... Ich stand in einiger Entfernung von dieser brennenden, bewegten und schwappenden Masse aus blauem Feuer. So weit meine Augen sehen konnten, ein See aus Feuer und Schwefel! Es war niemand in dem See. Ich war auch nicht darin«. Auch er schildert dann, wie er Menschen begegnete, die er gekannt hatte, und die zum Zeitpunkt seiner Nahtod-Erfahrung schon verstorben waren. Aber hier hat diese Begegnung nichts Freudvolles: »Wir erkannten einander, aber wir sagten nichts ... Die Szene war so furchterregend, dass Worte fehlen. Man kann es nicht beschreiben, außer man würde sagen, dass wir jetzt schon Augenzeugen des Jüngsten Gerichtes waren.

Da gibt es keinen Fluchtweg, keinen Ausweg. Man versucht nicht einmal, einen zu suchen. Das ist das Gefängnis, aus dem niemand entfliehen kann – es sei denn durch das Eingreifen Gottes« (Rawlings, 1992, 130f.).

Als zweites Beispiel soll ein weiterer Patient von Rawlings zu Wort kommen, ein Mann, der einen Herzinfarkt erlitten hatte, in dessen Verlauf er in den klinischen Tod fiel. Hinterher erzählte er: »Alles, woran ich mich erinnere, ist, dass ich in eine Finsternis hineinfiel, und dann sah ich überall rote Schlangen über mich kriechen. Ich konnte sie nicht loswerden. Wenn ich eine von ihnen von mir warf, kam dafür eine andere. Es war schrecklich! Schließlich wurde ich von irgendetwas zu Boden gezerrt, und dann kamen noch andere krabbelnde Dinge auf meinen Körper. Manche sahen aus wie rotes Gelee. Ich schrie laut, aber niemand hörte mich. Ich hatte den Eindruck, dass noch viele andere Menschen um mich herum in der gleichen Zwangslage waren. Da war ein Geräusch wie von menschlichen Stimmen und einige von ihnen schrien. Es war dort rötlich-schwarz und dunstig, und man konnte kaum etwas sehen; aber Flammen habe ich keine gesehen. Da war auch kein Teufel – nur diese krabbelnden Dinger ... Ich bin sicher, das war der Eingang zur Hölle« (Rawlings, 1992, 150f.).

Gelegentlich taucht in dieser Hölle plötzlich eine Lichtgestalt auf, die dem schrecklichen Geschehen eine erlösende Wendung gibt. Der erste Mann, von dem hier berichtet wurde, der am Rande des »Sees, der mit Feuer und Schwefel brennt«, stand, fährt in seiner Schilderung fort – eben war ihm der Gedanke gekommen, dass einzig Gott ihn aus diesem Inferno retten könnte: »Als mir diese Gedanken blitzartig durch den Kopf gingen, sah ich plötzlich einen anderen Mann vor uns vorbeigehen. Ich wusste sofort, wer er war. Er hatte starke, freundliche Gesichtszüge, voller Mitgefühl – gefasst und furchtlos – Meister über alles, was er sah. Es war Jesus selbst. Große Hoffnung ergriff mich«. Aber Jesus schien ihn nicht zu bemerken und ging weiter. Doch dann, »gerade bevor er aus meinem Gesichtsfeld verschwand, wandte er seinen Kopf und schaute mich direkt an. Mehr brauchte es nicht; sein Blick war genug. In Sekundenschnelle war ich wieder zurück in meinem Körper« (Rawlings, 1992, 132). Selbstredend sind diese Menschen äußerst dankbar über ihre Rückkehr in den Körper, auch wenn sie dort große Schmerzen zu erleiden haben, die allemal weniger schlimm sind als das, was sie eben gesehen hatten. Dies im Gegensatz zu den Menschen, die harmonische Erfahrungen hatten, die ihre Rückkehr oft bedauerten.

Soweit fürs Erste die Schilderungen zweier schrecklicher Erfahrungen zur Veranschaulichung. Es fällt auf, dass auch diese Leute Mühe haben, für das Erlebte adäquate Worte zu finden. Dass christliche Gläubige in ihrer Sprachlosigkeit bei der Umschreibung ihrer Visionen Zitate und Bilder aus der Bibel zu Hilfe nehmen, liegt nahe.

Schlussfolgerung: »Es gibt die Hölle« – gibt es sie wirklich?

Die Deutung solcher Erlebnisse ergibt sich für Rawlings zwanglos aus der Anlage seiner Untersuchung: Diese Menschen haben einen Blick in die Hölle getan. Damit bestätigt sich für den Autor nicht nur, dass es diese Hölle tatsächlich gibt und jeden Menschen bedroht, sondern darüber hinaus auch, dass die einzige Errettung vor dieser Hölle die Gnade Jesu ist; nur von ihr kann der Mensch Heil erwarten.

Irritierend ist für Rawlings jedoch der Umstand, dass es unter den Menschen, die schöne Nahtod-Erfahrungen erleben, auch solche gibt, die in ihrem bisherigen Leben religiös völlig indifferent und uninteressiert waren, zum Teil sogar erklärte Atheisten. Und noch viel mehr irritiert ihn der Fall des Patienten, den er selber aus dem durch einen Herzinfarkt herbeigeführten klinischen Tod errettet hatte und welcher von Schlangen und »Dingern aus rotem Gelee« arg bedrängt und geängstigt worden war. Denn von diesem Mann betont Rawlings nachdrücklich: »Hier handelt sich um einen standhaften Christen, den Gründer einer Sonntagsschule, der die Kirche sein Leben lang unterstützte.« So spricht er denn recht ratlos von einem »Fall, den ich mir allerdings nicht erklären kann« (Rawlings, 1992, 150). Zur Glaubensüberzeugung dieser bekennenden Christen gehört ja, dass sie selber, die sie sich zu Christus bekehrt haben, zu den Geretteten, den Auserwählten gehören, zu jenen, die eben im Gericht nicht zu Höllenstrafen verurteilt werden.

Bis hierher kann ich Rawlings – aus seinen Denk- und Glaubensvoraussetzungen heraus – folgen und seine Schlussfolgerungen nachvollziehen, wenn ich diese auch nicht teile, da ich von anderen Denkvoraussetzungen ausgehe; wir blicken da aus verschiedenen Perspektiven auf den Blumenstrauß. Von seinen weiteren Mutmaßungen im Rahmen seiner Deutungen muss ich mich aber distanzieren, weil er in der Folge in seinem Bestreben, die Wahrheit der biblischen Botschaft vom Gericht nachzuweisen, diese Berichte überdeutet und Dinge in sie hineinliest, die ich ganz einfach in den Erzählungen als solche nicht erkennen kann.

So verweist er auf gesehene Schreckensbilder und spricht dabei von dem, »was eine Gerichtsstätte sein könnte« (Rawlings, 1992, 129) oder von »der Natur des mehr von Anklagecharakter gekennzeichneten Erlebnisses« (Rawlings, 1992, 175). Da muss ich zurückfragen, wo er denn in den von ihm beigebrachten Berichten, die ich hier getreulich wiedergegeben habe, eine Gerichtsstätte oder eine Anklage ausgemacht haben will. Weiter fragt Rawlings, warum in diesen Berichten das Gericht so selten erwähnt werde – und unterschlägt damit, dass ein solches Gericht auch in den von ihm rapportierten Fällen *nie* tatsächlich erlebt und geschildert wird. Höchstens wird das Bild des Gerichtes in der Sprachlosigkeit der Erlebenden als biblisch inspirierte Verstehenshilfe verwendet. Wir sahen es: »Man kann es nicht beschreiben, außer man würde sagen, dass wir schon jetzt Augenzeugen des Jüngsten Gerichtes waren.« Das Erlebnis selber wird *nicht als Gericht erfahren*, sondern in der Sprachlosigkeit der Erlebenden wird das *Bild des Gerichtes als Deutungshilfe* beigezogen. Diesen wesentlichen Unterschied einfach zu unterschlagen, ist unredlich.

Rawlings selber hilft sich über seine Ratlosigkeit hinweg mit der Vermutung, dass halt die Rückkehr zu früh kam. In diesem Zusammenhang referiert er eine Außerkörper-Erfahrung von C.G. Jung, die dieser in der vertrauten Art als lichterfüllte und erhebende Erfahrung schilderte. Rawlings' Kommentar: Er beschrieb »kein Gericht. Vielleicht blieb er dort nicht lange genug« (Rawlings, 1992, 88). Oder er deutet den Lebensfilm, die Rückschau auf das vergangene Leben, von der oft erzählt wird, »als erwarte ihn (den Erlebenden – d. Ref.) das Gericht« (Rawlings, 1992, 75). Es sei nicht klar, »ob diese Rückblende eine Vorbereitung für das Gericht ist« (Rawlings, 1992, 103f.). Andernorts mutmaßt er, dass, wenn jemand bis zum tatsächlichen Gericht käme, eine spätere Rückkehr in dieses Leben nicht mehr möglich wäre: »Vielleicht würde man diesen Menschen nicht gestatten, zurückzukehren, wenn über sie ein endgültiges Urteil ergangen wäre« (Rawlings, 1992, 175) – Deutungen und Spekulationen.

Es ist klar, dass wir in einem Erlebensbereich, der sich unseren gewohnten Verstehens- und Ausdrucks-Kategorien so radikal entzieht, auf Vertrautes zurückgreifen, um das Unfassbare doch irgend wie erfassen zu können. Das Ringen um das Gericht ist für einen fundamentalistischen Christen dabei ein zentraler Punkt. Aber irgendwo ist die Grenze, wo die Deutung in ein Hineininterpretieren umschlägt: »Grenzfälle, bei denen man beinahe vor einem ersten Gericht steht, sind nichts Ungewöhnliches« (Rawlings, 1992, 125). Nicht nur, dass die Berichte als solche nie von einem tatsächlichen Gericht erzählen; hier wird auch gleich von einem »ersten Gericht« gesprochen, was wohl bedeutet, dass mindestens ein weiteres (oder sogar mehrere?) folgen wird. Das hat mit Deutung nichts mehr zu tun; das ist theologische Spekulation, die im Dienste eines einzigen Zieles steht: die dogmatische Vorgabe des Gerichtes irgendwie aus diesen Berichten herauszupressen. Grundsätzlich hat Spekulation natürlich ihre Berechtigung; keine Theologie kommt ohne sie aus. Aber sie muss als solche bezeichnet und verstanden sein. Denn es ist unredlich, den Anschein zu erwecken, solches ergebe sich zwanglos und wie selbstverständlich aus den geschilderten Nahtod-Erfahrungen.

Der schwerwiegendste Widerspruch im Ringen von Rawlings um den Nachweis des Gerichtes scheint mir jedoch ein theologischer zu sein. Nach der christlichen Glaubenslehre erfolgt nach dem Tod zunächst das Gericht und erst danach, im Falle einer Verurteilung, der Eintritt in die Hölle. In den von Rawlings berichteten Fällen sahen sich die Erlebenden »am Eingang der Hölle«, was logischerweise bedeuten müsste, dass *das Gericht bereits vorbei* ist ... Offensichtlich lassen sich theologische Dogmen nicht bruchlos mit den Inhalten der erschreckenden Nahtod-Erfahrungen in eins setzen.

Vehementen Einspruch erhebe ich schließlich gegen Rawlings Umdeutung der Lichtgestalt, die in den aufbauenden Nahtod-Erfahrungen eine zentrale Rolle spielt mit der von ihr ausgehenden Atmosphäre von Liebe und Geborgenheit, um auch diese noch für seine Zwecke zu vereinnahmen. Er zieht diese Lichtgestalt ganz einfach in Zweifel. Dies mit der Begründung, dass sehr viele Erlebende einem solchen Lichtengel begegnen, »ohne Rücksicht darauf, ob sie einen entsprechenden Lebenswandel geführt hatten, und ob sie gläubig waren oder nicht« (Rawlings, 1992, 149). Das kann für Rawlings ganz einfach nicht sein. Als biblische Grundlage für diese Infragestellung dient ihm eine Aussage von Paulus im zweiten Korintherbrief (11,14): »Gibt sich doch der Satan selber das Aussehen eines Lichtengels«.

Um das, was für ihn ein Ärgernis ist, dass nämlich auch solche, die nach seinem Dafürhalten Ungläubige sind, dieser friedens- und liebevollen Lichtgestalt begegnen, wegzuerklären, deutet er in diesen Fällen den Lichtengel ganz einfach um in den sich verstellenden Satan. Das Interesse Satans an diesem Blendwerk liegt für Rawlings auf der Hand: So sollen die Ungläubigen in falscher Sicherheit gewiegt werden, es sei alles in Ordnung mit ihnen, »um das Verlangen oder Bedürfnis nach einem veränderten Leben (sprich: Hingabe an Christus – d. Ref.) nicht aufkommen zu lassen« (Rawlings, 1992, 109). In anderen Worten: Diese Ungläubigen sollen auf diese Weise ermutigt werden, ihr sündhaftes Leben fortzuführen, um einst, nach ihrem endgültigen Tod, eine sichere Beute Satans zu werden.

Mit dieser Umdeutung hat Rawlings in meinen Augen die Grenzen des Zulässigen bei Deutung und Interpretation definitiv überschritten. Das Moralisieren und Missionieren hat endgültig die Oberhand gewonnen.

Leider hat Rawlings ein paar Jahre später ein zweites Buch veröffentlicht, in den USA erstmals 1993, in Deutsch ist es unter dem Titel »Zur Hölle und zurück; Leben nach dem Tod – überraschende neue Beweise« in zweiter Auflage 1998 erschienen. »Leider« sage ich, weil erstens, entgegen der Ankündigung im Untertitel, er inhaltlich nichts Neues beibringt, was geeignet wäre, mehr Klarheit in die vielen noch offenen Fragen zu bringen; und zweitens, weil sein missionarischer

Eifer sich so sehr gesteigert hat, dass er letztlich die immer gleichen Hauptanliegen in mit der Zeit ermüdenden immer neuen Variationen bringt und darüber hinaus gegenüber Andersdenkenden einen zunehmend polemischen, teilweise recht eigentlich spöttischen Tonfall anschlägt.

Radikal verschärft hat er die These, dass Satan oft in Gestalt eines Lichtengels erscheint, um Ungläubige in ihrer Scheinsicherheit zu wiegen. Vorbei ist nunmehr die Irritation durch den Umstand, dass auch Atheisten Lichterfahrungen machen; vielmehr steht jetzt zweifelsfrei fest, dass dies eben die List Satans ist, der den Ungläubigen auf diese Weise suggeriert, »sie würden alle automatisch in den Himmel kommen – ohne Erlösung, ohne Buße, ohne irgendwelche Vorbedingungen« (Rawlings, 1998, 54f.). Das geht jetzt so weit, dass er echte Lichterfahrungen überhaupt nur noch bei »Gläubigen« in seiner strengen Definition anerkennt, alles andere sind die Ränkespiele Satans; die Autoren, die das Schwergewicht auf diese Erfahrungen von strahlendem Licht und bedingungsloser Liebe legen, versteht er als dessen Handlanger. Durch deren immer währendes Betonen der lichtvollen Erfahrungen »wird die selbstsichere Vermutung gefördert, die Tore des Himmels stünden weit offen für jeden, der stirbt, ungeachtet seiner Religion oder Glaubens-Überzeugung« (vgl. Rawlings, 1998, 9).

Dass die Seelen der Verstorbenen sofort ins Gericht kommen, ist für ihn klar. Begründung: »Ich habe noch nie einen Geist um einen toten Körper herumschweben sehen – Sie etwa?«, fragt er polemisch-suggestiv seine Leserschaft (Rawlings, 1998, 13). Freimütig bekennt er auch, dass er selber, obwohl er sich als bekehrten Christen versteht, vor dem Tod Angst hat, eine Angst, die er nicht näher umschreibt, die aber, aus seiner Argumentation zu schließen, keine andere als eine Angst vor eben diesem Gericht und der drohenden Hölle sein kann (vgl. Rawlings, 1998, 14).

Autoren, die ein anderes Schwergewicht setzen, die bekannten Namen wie Moody, Ring, Kübler-Ross – wiederholt nennt er sie abschätzig nur noch »Schreiber« –, wirft er vor, sie hätten nur »über euphorische Herrlichkeitserlebnisse geschrieben«; »einen Einheitsbrei so genannter Todeserlebnisse« verbreitet; sie würden eine neue Religion begründen, »bei der jeder angeblich automatisch in den Himmel kommt, ohne dass ihn das Gericht trifft«. Weiter spricht er von »den schillernden positiven Berichten, die zurzeit die Literaturszene beherrschen« (Rawlings, 1998, 34/69/40/95). Damit sind nicht nur die Grenzen ehrlichen Suchens und Forschens überschritten, sondern auch jene des Anstandes.

Selektiv und einseitig ist Rawlings jetzt auch in der Anerkennung der Echtheit der Lichterfahrungen. Denjenigen, die er als Gläubige anerkennt, glaubt er bedingungslos: »Manche Christen können nur bezeugen, sie wüssten genau, dass es Christus war, weil der Heilige Geist in ihnen dies bestätigt habe« (Rawlings, 1998, 70). Im Weiteren betont er, dass, wer in der Hölle gewesen war, sich dessen absolut sicher sei; da sei keine »satanische Täuschung« möglich (Rawlings, 1998, 113). Dabei unterschlägt er geflissentlich, dass auch die Menschen mit schönen Erfahrungen meist keinen Zweifel über die Wahrheit des Erlebten haben. Aber da gelten für Rawlings eben andere Maßstäbe.

Mit der bedingungslosen Liebe, die die oft gesehene Lichtgestalt ausstrahlt, hat Rawlings übrigens erklärtermaßen Probleme. Am Sterbebett einer alten Frau wurde ihm bewusst, »dass ich zwar eine ganze Menge über den Tod wusste, aber nicht sehr viel über die Liebe« (Rawlings, 1998, 121). Bedingungslose Liebe erfuhr er gemäß eigenem Bekunden von Seiten seines Vaters. Und zwar äußerte sie sich wie folgt: »Er hatte mich so lieb, dass er selber Tränen vergoss, wenn er mich einmal verhauen musste« (Rawlings, 1998, 76).

Ja, leider hat Rawlings dieses zweite Buch geschrieben. Nicht nur trägt es nichts zum Verstehen der erschreckenden Nahtod-Erfahrungen bei, sondern durch sein übereifriges, teilweise recht eigentlich fanatisches Polemisieren gegen alles und jedes, was nicht in sein Weltbild passt, untergräbt er seine Glaubwürdigkeit auch dort, wo er Anregungen bringt, die durchaus erwägenswerte Elemente enthalten und auf die wir in unseren weiteren Überlegungen zurückkommen wollen.

Wider Willen verhilft er uns gleichwohl zu einer wichtigen Einsicht: Auch die Nahtod-Erfahrungen stehen in Gefahr, missbraucht zu werden, dann nämlich, wenn sie in den Dienst ideologischer, hier engstirniger religiöser Zwecke gezwängt werden; wenn nicht auf ihre tatsächliche Botschaft gehört, sondern diese durch eine ideologische Brille wahrgenommen und damit umgedeutet wird. So werden die ersten beiden Bücher, die es zum Thema der erschreckenden Nahtod-Erfahrungen überhaupt gibt, leider zu einem Beispiel dafür, wie man mit solchen Erlebnissen keinesfalls umgehen darf.

Ein Blick in die Diskussion unter Forschenden, vor allem in mehreren Beiträgen im »Journal of Near-Death Studies«, zeigt denn auch, dass Rawlings wohl allgemein bekannt ist, aber selten ernst genommen wird. Überall begegnet man dem Vorbehalt, dass er allzu schnell und unvermittelt auf religiöse und biblische Kategorien zurückgreife und damit zum ernsthaften Bemühen, das Phänomen der erschreckenden Nahtod-Erfahrungen zu verstehen, wenig bis nichts beitrage (vgl. Atwater, 1992, 50ff.; Greyson, 1994, 3; Ring, 1994, 5ff.; Bache, 1994, 41f.). Darin liegt wohl auch der wahre Grund, warum die von ihm angeschriebenen Forscher von seinen Unterlagen keinen Gebrauch machen wollten.

Gleichwohl wurde ihm an dieser Stelle Platz eingeräumt, weil ihm das Verdienst trotz allem zukommt, ein Pionier in der Enttabuisierung der erschreckenden Nahtod-Erfahrungen zu sein, der Erste, der diesem Thema ausführliche Studien gewidmet hat.

Aber unser Suchen, unser Ringen um ein Verstehen der erschreckenden Nahtod-Erfahrungen ist damit natürlich keineswegs gestillt, sondern im Gegenteil intensiver angestachelt als zuvor.

Drei Typen erschreckender Nahtod-Erfahrungen

Auf der oben erwähnten Homepage von IANDS-USA im Sommer 1999 findet sich der Hinweis, dass IANDS sich seit dreißig Jahren mit diesen erschreckenden Nahtod-Erfahrungen befasse. Da ist man doch einigermaßen verblüfft, dass als Ergebnis so langer Forschungsarbeit nur derart wenige und dürftige Ergebnisse vorliegen. Ein Blick in diese Diskussions-Beiträge zeigt, dass dem Artikel von Greyson/Bush (1992) so etwas wie der Rang eines Standard-Werkes zukommt. Viele Autoren zitieren daraus oder setzen sich mit seinen Thesen auseinander.

Greyson/Bush unterscheiden drei verschiedene Typen von ängstigenden Erfahrungen. Den ersten Typus umschreiben sie mit »klassische (das heißt lichtvolle – d. Ref.) Nahtod-Erfahrung, beängstigend gedeutet« (Greyson/Bush, 1992, 99). Bei solchen Erlebnissen werden zu Beginn die gewohnten Elemente berichtet: Das Ich verlässt den Körper, durchquert einen Tunnel oder einen Gang; es folgen Licht-Erscheinungen und der Lebensrückblick – aber das alles wird als schrecklich erlebt. Der Umstand, der dabei erschreckt, ist der Verlust der Kontrolle durch das erlebende Ich. Während des Gleitens durch den Tunnel etwa schreien die Erlebenden:

»Nein, das will ich nicht!« oder »Gott, dazu bin ich nicht bereit!« (Greyson/Bush, 1992, 99f.). Einige der Erfahrungen stoppen sofort in diesem Moment, und die Menschen finden sich in ihrem Körper wieder.

In anderen Fällen gehen die Erfahrungen weiter – und wenden sich plötzlich zum Guten. Eine 27-jährige Frau, Sekretärin, Mitglied der Kongregationalisten-Kirche, die bei der Geburt ihres dritten Kindes in den klinischen Tod fiel, fand sich zuerst außerhalb ihres Körpers und beobachtete die lebensrettenden Aktivitäten des Arztes und der Schwester von »nahe der Decke aus«. Anschließend erlebte sie sich als durch einen Tunnel gleitend. »Da bekam ich Angst ... Die Geschwindigkeit wurde schneller, und ich nahm wahr, dass ich auf einen Punkt von Licht zusteuerte am Ende des Tunnels. Der Gedanke kam mir, dass dies wahrscheinlich Sterben ist. Ich entschied mich da, dass ich nicht weiter vorwärts gehen wollte und versuchte, zu bremsen, zu stoppen, zu wenden – aber zwecklos. Ich hatte nichts unter Kontrolle, und der Lichtpunkt wurde größer und größer. Und ganz plötzlich barst dieses Licht um mich herum. Ich muss sagen, dass ich völlig entsetzt war; ich wollte nicht hier sein. Und ich war, bei Gott, entschlossen, hier nicht zu bleiben. Es waren Wesen um mich, die meine Anwesenheit wahrnahmen. Sie machten sich über mich lustig. Sie akzeptierten mich völlig in ihrer Mitte und störten sich überhaupt nicht daran, dass ich mich wie eine Verrückte benahm. Ich fragte sie, wo ich war und wer sie überhaupt seien, mich derart aus dem Leben zu reißen. Bringt mich zurück! Verdammt, bringt mich zurück! Plötzlich glätteten sich meine verkrampften Züge, und ich empfand Ruhe und Frieden. Ich begann mitzumachen bei dieser unheimlichen Erfahrung und akzeptierte auch die Wesen um mich herum. Wir kamen ins Gespräch. Ich stellte Fragen, und anstelle gesprochener Worte *zeigten* sie mir die Antworten. Ohne Mühe bewegten wir uns von einem Ort zum anderen, und ich lernte eine Menge. Schließlich machten die Wesen mir klar, dass ich in den Gebärsaal zurück konnte«, und sehr schnell fand sie sich wieder in ihrem Körper (Greyson/Bush, 1992, 101).

Einen zweiten Typus beängstigender Nahtod-Erfahrungen nennen Greyson/Bush »Nicht-Existenz oder ewige Leere« (Greyson/Bush, 1992, 101). Hier gibt es keine Anklänge mehr an die schönen Erlebnisse und auch keine schließliche Wende zum Guten. Beherrschend ist »ein paradoxes Empfinden, ganz aufzuhören zu existieren, oder für ewig verdammt zu sein zu einer konturlosen Leere. Gelegentlich enthält dieser Typus von Erfahrung auch ein Gefühl von Verzweiflung, dass das Leben, so wie wir es kennen, nicht nur nicht mehr existiert, sondern in Wahrheit gar nie existiert hat, dass alles ein grausamer Scherz war« (Greyson/Bush, 1992, 101).

Eine 28-jährige Frau, Verwaltungsangestellte und Tochter eines Unitarier-Pastors, erzählte von der Geburt ihres zweiten Kindes, bei der sie sehr viel Blut verlor und in den klinischen Tod fiel. Einige Jahre nach Erscheinen dieses Artikels, aus dem ich referiere, offenbarte die Ko-Autorin, Nancy Bush, in einem Referat im Rahmen des IANDS-Jahres-Kongresses 1996, dass sie selber es war, der diese Erfahrung widerfuhr. Sie schildert, wie sie sich vom Körper weg rasch nach oben in die Dunkelheit bewegte. »Ich schoss durch den Weltraum wie ein Astronaut ohne Raumkapsel«. Zu ihrer Linken tauchten geheimnisvolle Kreise auf, die blinkten und von schwarz auf weiß und zurück klickten. »Sie verspotteten und quälten mich – nicht grausam, genau genommen, eher sich belustigend und mechanisch. Die Botschaft ihres Klickens war: Dein Leben hat es nie gegeben. Deine Familie hat es nie gegeben. Es war dir bloß erlaubt, dir das alles einzubilden ... Aber es gab all das nie. Es gibt überhaupt nichts. Es hat nie irgendetwas gegeben. Es ist ein Spaß – alles war ein Spaß.«

»Es gab viel Gelächter unter ihnen, feindselig. Ich erinnere mich, wie ich klug argumentierte, zu beweisen versuchte, dass die Welt – und ich – existierten. Ich argumentierte, dass ich Details aus dem Leben meiner Mutter wüsste, schon bevor ich geboren war, Dinge aus ihrer Kindheit in einem anderen Teil des Landes – wie sollte ich mir das eingebildet haben? Und mein erstes Kind ... Aber sie spotteten bloß.«

»›Dies ist die Ewigkeit‹, höhnten sie weiter. Das ist alles, was je war, und alles, was je sein wird, nur diese Verzweiflung. Es war leer, nur ich und sie, und dunkel ... Ich war bekümmert wegen meines ersten Kindes und wegen dieses Kindes, das nie geboren werden würde, und wegen meiner Mutter. Die völlige Dunkelheit hielt an, und sie fuhren fort zu klicken. Ich versuchte, eine klare Erinnerung an meinen Mann zu behalten, an unser Haus, Handgreifliches, um damit argumentieren zu können, weil ich dachte, ich könnte dies nicht eine Ewigkeit lang so aushalten ... Ich wusste, niemand konnte solch großen Kummer aushalten. Aber es schien kein Ende zu geben und keinen Ausweg. Alle, die ich liebte, waren fort«. Später, als sie ihre Erfahrung erzählte, fügte sie bei: »Die Erinnerung an Ereignisse in meinem Leben hatte nicht den Sinn eines Lebensrückblickes; sie war vielmehr der Versuch, die Existenz zu beweisen ... Ja, es war mehr als real, es war die absolute Realität. Es gibt einen kosmischen Terror, mit dem wir uns nie beschäftigt haben. Die Verzweiflung kam aus der absoluten Überzeugung, dass ich sah, was auf der anderen Seite ist« (Greyson/Bush, 1992, 102). Jahre später begegnete sie diesen von schwarz auf weiß klickenden Kreisen wieder und erfuhr, »dass sie das Yin/Yang-Symbol aus der östlichen Tradition waren« (Greyson/Bush, 1992, 103).

Die dritte Art von erschreckenden Visionen schließlich nennen Greyson/Bush »Erfahrungen mit Höllenbildern« (Greyson/Bush, 1992, 105). Laut ihren Forschungen sind diese nicht sehr häufig. Inhaltlich haben wir diese Art von Nahtod-Erfahrung schon bei Rawlings' Berichten kennen gelernt. Ein grundsätzlicher Unterschied liegt darin, dass die Erlebenden bei Greyson/Bush ohne besondere religiöse Bezüge im Leben stehen und daher kaum dazu neigen, ihre Erlebnisse mithilfe von biblischen Begriffen und Bildern zu deuten. Als weiteren Gegensatz zu den von Rawlings referierten Erlebnissen finden sich bei anderen Autoren sehr wohl Berichte, in denen eine Anti-Lichtgestalt auftritt, die von den Erlebenden spontan als »der Teufel« oder »Satan« erkannt und identifiziert wird (vgl. Atwater, 1992, 154f.; Bache, 1994, 29; Irwin/Bramwell,1988, 40–42).

Versuche der Deutung und des Verstehens

Wir müssen diese quälenden Erfahrungen ernst nehmen, ebenso ernst wie die erfreulichen – ganz einfach weil es sie gibt. In diesem Punkt ist Rawlings absolut zuzustimmen. Wir tun den Menschen keinen Dienst, wenn wir vor diesen erschreckenden Nahtod-Erfahrungen die Augen weiterhin verschließen.

Wenn wir nun im Folgenden nach ihrer Verbreitung und Bedeutung fragen, nach ihren Folgen im weiteren Leben der Erlebenden, auch nach ihren möglichen Voraussetzungen, müssen wir uns stets vor Augen halten, dass zu diesem Thema noch sehr wenig geforscht wurde und daher auch sehr wenig gesicherte Erkenntnisse vorliegen. Vieles ist vorläufig, ist Mutmaßung und Spekulation.

Die Verbreitung erschreckender Nahtod-Erfahrungen

Über den Anteil erschreckender Nahtod-Erfahrungen an deren Gesamtzahl gehen die Angaben beziehungsweise die Spekulationen weit auseinander. Von einem Null-Anteil scheint Kübler-Ross auszugehen, spricht sie doch einmal bei der Schilderung der schönen Erfahrungen von »allen Rückkehrern« (Kübler-Ross, 1997, 234). Von einer Anzahl weit unter zehn Prozent gehen Moody und Ring aus – Letzter spricht von höchstens einem Prozent, wir sahen es. Das andere Extrem stellt Rawlings dar mit fünfzig Prozent. Er schildert auch, unter welchen Umständen er seine Reanimationen durchführt: Herz-Lungen-Wiederbelebung, Atemgeräte, schockauslösende Medikamente, permanente Wiederherstellung des Herzschlages usw. – für medizinische Laien, was die Patienten in der Regel sind, wohl recht erschreckende und beängstigende Interventionen (damit wird ihre Berechtigung nicht in Zweifel gezogen, sondern lediglich versucht, auch ihre psychischen Auswirkungen mitzusehen!). Darf man fragen, ob nicht vielleicht auch diese bedrohlichen äußeren Umstände der Nahtod-Erfahrungen zu ihrem quälenden Inhalt beitragen?

Bezüglich des Anteils der erschreckenden Nahtod-Erfahrungen spricht Schröter-Kunhardt, der in seiner nüchternen Abhandlung jenseits jeden Ideologie-Verdachtes steht, von »bis zu 18%« (Schröter-Kunhardt, 1997, 869), Niemeyer von »fast jeder fünfte« (Niemeyer, 5/17), Atwater »ein Siebtel« (Atwater, 1992, 50f.).

Ausdrücklich in Abrede gestellt wird von Greyson/Bush die Behauptung von Rawlings, solch quälende Nahtod-Erfahrungen würden rasch wieder vergessen (vgl. Greyson/Bush, 1992, 97). Hierin werden sie von anderen Forschern unterstützt (vgl. Ring, 1994; Bache, 1994). Schröter-Kunhardt verweist im Gegenteil auf den Umstand, dass sich eine Nahtod-Erfahrung generell sehr tief in die Erinnerung einprägt – die Wissenschaft spricht von Hypermnesie –, sodass sie kaum vergessen werden kann; er macht dabei keinen Unterschied in der Qualität der Erfahrung (vgl. Schröter-Kunhardt, 1997, 870).

Zusammenfassend dürfen wir davon ausgehen, dass die überwiegende Mehrzahl der Erlebenden eine wunderbare und lichtvolle Erfahrung macht. Eine Minderheit aber erlebt das Gegenteil – die polare Ergänzung. Und die Wahrheit ist beides zusammen.

Nachwirkungen der Nahtod-Erfahrungen

Wer nach den Folgen der Nahtod-Erfahrungen im weiteren Leben der Erlebenden fragt, gerät als Erstes unweigerlich in den Sog der aufbauenden Erfahrungen. Denn wenn auch Glaube und Lebenseinstellung *vor* dem Erlebnis keinen Einfluss auf dessen Grundstruktur zu haben scheinen, so sind doch *die Folgen* für diese Lebensbereiche erheblich. Wer so tief in die Zusammenhänge des Lebens hineingesehen hat, wer so viel bedingungslose Liebe und Geborgenheit erfahren hat, wem der eigentliche Sinn des Lebens so klar gezeigt wurde, kann gar nicht mehr weiterleben wie bisher.

Wer gelegentlich oder beruflich mit Menschen mit Nahtod-Erfahrungen ins Gespräch kommt, merkt bald einmal, dass kaum noch jemand von ihnen an einem Weiterleben nach dem Tode zweifelt. Immer wieder begegnet einem die Überzeugung, dass man einen, zwar nur ersten und vorläufigen, aber eben doch einen Blick in diese jenseitige Dimension des Lebens tun durfte, in die wir nach dem Tod eingehen werden. Da bleibt für diesbezügliche Zweifel kein Platz mehr. Ebenfalls kein Raum bleibt für die Angst vor dem Tod. Menschen mit aufbauenden Nahtod-Erfahrungen sind in der Regel die Einzigen, denen ich spontan und rundweg glaube, wenn sie beteuern, dass sie vor dem Sterben keine Angst mehr haben.

Schröter-Kunhardt weist weiter darauf hin (vgl. Schröter-Kunhardt, 1997, 869), dass diese Erfahrung oft auch suizid-präventiv wirke. Menschen, die in diese Dimension geblickt haben, erkennen, dass es nicht an ihnen liegt, willkürlich selbst den Zeitpunkt ihres Todes festzulegen.

Man begegnet auch tief greifenden Wandlungen im Bewusstsein und damit in der Lebenseinstellung dieser Menschen. Einer der Ersten, der von einer solchen Erfahrung und den für ihn sich daraus ergebenden Konsequenzen erzählt hat, ist Stefan von Jankovich. Die Verwandlung seiner Persönlichkeit in der Folge ist ebenso eindrücklich wie typisch. 1920 in Budapest geboren, wurde er, eine Familien-Tradition mütterlicherseits aufnehmend, Architekt. »Der Umgang mit Realitäten wie Zahlen, geometrischen und physikalischen Gesetzen wurde mein Weg« (Jankovich, 1993, 19). 1956, nach der Niederschlagung des Aufstandes der Ungarn gegen die sowjetische Besatzung, floh er in die Schweiz, wo er seine Tätigkeit als Architekt erfolgreich fortführte. 1964 erlebte er bei einem Autounfall den klinischen Tod. Er selbst erzählt, »dass ich am 16.9.1964 gestorben bin und einige Minuten später als ein neuer Mensch, mit ganz anderen Idealen, Erfahrungen und Erkenntnissen wieder geboren wurde« (Jankovich, 1993, 9). Vorher war er »ein realistisch denkender Techniker, für den nur Tatsachen zählten und der nicht an Märchen glaubte ... Was nicht auf der irdisch-materiellen Realität basierte, galt mir nichts« (Jankovich, 1993, 20f.). Nach seiner Wandlung durch die Nahtod-Erfahrung spricht er plötzlich von einem »göttlichen Prinzip, das in jedem als Kernstück und Ursprung seines eigenen Ich-Bewusstseins verborgen ist« und nennt dieses Prinzip Gott, die Urenergiequelle; »sie ist absolut und hat um sich und in sich eine unendlich harmonische Schwingung, das heißt, sie ist vollendete Harmonie« (Jankovich, 1993, 74/83).

Es geht hier nicht um eine inhaltliche Diskussion dieser Kernsätze – sie sind sein Blick auf den Blumenstrauß. Es soll anhand dieser wenigen Zitate nur aufgezeigt werden, zu welch tief greifenden Um- und Aufbrüchen diese Erfahrung führen kann. Aus dem Materialisten ist ein spirituell Suchender und inzwischen auch ein gefragter spiritueller Lehrer geworden.

Als mögliche problematische Auswirkung auch erfreulicher Nahtod-Erfahrungen nennt Schröter-Kunhardt schließlich, dass Erlebende sich hinterher oft nicht mehr fraglos in das in ihrer Umgebung gültige Normen- und Wertesystem einfügen können, was durchaus zu Spannungen in Familien und Partnerschaften bis hin zur Trennung führen kann (vgl. Schröter-Kunhardt, 1997, 869).

Bezüglich der Folgen von quälenden Nahtod-Erfahrungen muss auch Schröter-Kunhardt das ewig gleiche Lied singen (Schröter-Kunhardt, 1997, 869): »Die Folgen negativer Nahtod-Erfahrungen sind bisher kaum untersucht worden.« Dass Menschen nach einer solchen Erfahrung mit beschädigtem Selbstbewusstsein, mit einer größeren Todesangst und mit generellen Gefühlen des Bedrohtseins zu kämpfen haben, liegt auf der Hand. Aus einem Hinweis von Niemeyer geht hervor (vgl. Niemeyer, 5/22), dass sie auch vermehrt psychologische Hilfe zur Verarbeitung in Anspruch nehmen.

Es gibt aber auch anders lautende, völlig gegenteilige Aussagen von Menschen mit erschreckenden Nahtod-Erfahrungen. Nancy Bush führte in ihrem Referat aus, dass sie durch das permanente Klicken der Kreise, welches ihr die Botschaft vermittelte, ihr ganzes Leben sei bloß eine Illusion gewesen, in eine »ontologische Verzweiflung« gestürzt wurde. Hinterher habe sie sich entschieden, zunächst einmal für ihre Kinder zu sorgen, ganz so, als ob diese real wären. Später bezeichnete sie ihre Erfahrung wohl als schrecklich, aber keineswegs als negativ. Vielmehr verstehe sie diese jetzt als kraftvolle Einladung, an sich zu arbeiten (»to do one's inner work« – Bush, 1996).

Andere erleben dieses Dunkel wohl als bedrückend, erfahren sich aber gleichwohl darin geborgen. Eine Frau empfand in diesem Dunkel die Präsenz Gottes, sie fühlte sich ausdrücklich »in Gottes Hand«; sie erlebte ihre Angst als »göttliche Angst« und wollte diese lieber als »Schauer« verstanden wissen (West, 1996). Ein Mann vergoss Tränen der Freude, als er von der »liebevollen Dunkelheit« berichtete (Atwater, 1992, 155). Auch auf der Homepage 1999 von IANDS-USA finden sich Aussagen, die darauf hinweisen, dass eine solche Erfahrung ein tiefes, konstruktives Potenzial in sich trägt, und dass es an den Erlebenden liegt, dieses zu nutzen und umzusetzen:

»Die Erfahrung erschreckte mich so sehr, dass ich vieles in meinem Leben umstellen musste. Es ist, als ob die Person, die ich vorher war, während der Erfahrung tatsächlich gestorben sei. Ich war kein schlechter Mensch vorher, halt irgendwie oberflächlich, auf den großen Erfolg aus, viel Geld verdienen – Sie wissen schon, so das Übliche. Aber in der Nahtod-Erfahrung geriet alles außer Kontrolle, ich war total hilflos. Das veränderte mich. Ich bin immer noch in der selben Firma tätig, aber es fühlt sich anders an. Ich bin eine andere geworden. Ich mag mich besser jetzt – irgendwie. Aber an diesen Punkt zu gelangen, war die schmerzlichste Zeit in meinem Leben.«

»Die Erfahrung war das Schrecklichste, das mir je widerfuhr. Aber Jahre später erkannte ich, dass ich durch diese Angst hindurch konnte, dass es auf der anderen Seite ein Licht gibt. Es war hart, da durchzugehen; und ich verstehe immer noch nicht, warum dies gerade mir widerfahren musste. Aber es ist etwas Bedeutsames an diesem Weg. Ich bin immer noch in Therapie; ich arbeite immer noch daran.«

Besonders eindrücklich ist in diesem Zusammenhang eine Schilderung von Kenneth Ring: Ein Mann, der sich als Atheist verstanden hatte und der Überzeugung gewesen war, dass mit dem Tod alles aus war, hörte in seiner schrecklichen Nahtod-Erfahrung plötzlich eine Stimme, die ihn aufforderte zu beten. Nach anfänglicher Weigerung rief er schließlich Jesus an – und kehrte so in seinen Körper zurück. Nach diesem Erlebnis war er völlig verstört und sah sein Weltbild total infrage gestellt. Schließlich krempelte er sein Leben gänzlich um, wurde Priester und ein gefragter Seelsorger (vgl. Ring, 1994, 11f.).

Da eröffnen sich auf einmal ganz neue Dimensionen auch dieser schrecklichen Erfahrungen. Phyllis Atwater, die sich als eine der wenigen, die bei IANDS mitarbeiten, vertieft mit den schrecklichen Nahtod-Erfahrungen beschäftigt hat, kommt zur Erkenntnis, dass es das Ziel auch solcher Erlebnisse sei, die Menschen weiterzubringen; dass auch hier gelte, dass die Menschen das erleben, was sie in ihrer Entwicklung fördere; dass es davon abhänge, was die Erlebenden aus ihren Erfahrungen machten. Eine schreckliche Erfahrung könne zu etwas sehr Positivem werden, wenn die Erlebenden sich zu Veränderungen in ihrem Leben bereit finden. Andererseits könne eine Licht-Erfahrung sich negativ auswirken, wenn die Menschen dadurch selbstgerecht und überheblich werden (vgl. Atwater, 1992, 7f.).

In ähnliche Richtung verweist Rawlings – natürlich im Rahmen seiner Glaubens-Überzeugung. Er findet schließlich doch Gründe, warum auch Gläubige eine schreckliche Nahtod-Erfahrung machen können, denn er stellt bei ihnen hinterher gelegentlich »eine tief greifende geistliche Erneuerung« fest. »Das Höllenerlebnis ist so stark, dass es der Sünde überführt, zur Bekehrung treibt und einen völlig neuen Lebensstil hervorbringt« (Rawlings, 1998, 98). Er veranschaulicht das an konkreten Beispielen, bei denen die Erlebenden im Umfeld von christlichen Glaubens-Gemeinschaften mit dem Auftrag von Jesus (der sie aus der Hölle gerettet hatte) zurück in diese Welt kamen, um den Menschen zu berichten, was sie erlebt hätten, was praktisch heißt, im Rahmen der Glaubens-Verkündigung missionarisch tätig zu werden. »Ich möchte, dass du der Welt verkündest, was du gesehen hast und wie du ins Leben zurückgekommen bist« (Rawlings, 1992, 34), erhielt eine Gerettete von Jesus als Aufgabe. Oder es wird jemandem gesagt, dass er trotz bereits erfolgter Bekehrung noch nicht ein wirklich gottesfürchtiges Leben führe. Ein Mann, »ich war noch sehr jung gewesen, als ich Jesus Christus als meinen Heiland annahm«, begegnete Jahre später im klinischen Tod dem Todesengel, und dieser »sagte, mein Leben sei nicht so gewesen, wie es hätte sein sollen, und dass er mich mitnehmen könnte; aber man würde mir noch einmal eine Chance geben« (Rawlings, 1992, 47f.). Ein moralischerer Lebenswandel, mehr als bisher von Gottesfurcht geprägt, ist also die Folge dieser Begegnungen.

Es ist beeindruckend und wird uns noch zu beschäftigen haben, dass auch schreckliche Nahtod-Erfahrungen durchaus aufbauende, die Persönlichkeit stärkende und bereichernde Folgen haben können.

Wer erlebt eine erschreckende Nahtod-Erfahrung?

Auch auf diese Frage, die in meinen Augen überaus aufschlussreich ist für ein tieferes Verständnis, gibt es erst wenige und vorläufige Antworten, die aber doch bedeutsam sind, die Frage nämlich, wer sind denn die Menschen, die solche schrecklichen Nahtod-Erfahrungen erleben? Welches ist vor dem Ereignis ihre Lebens-Einstellung?

Der diesbezügliche Hinweis, den man am häufigsten antrifft, geht in die Richtung, dass es unmöglich sei, vorher zu sagen, wer überhaupt dazu neige, eine Nahtod-Erfahrung zu erleben, und noch viel weniger, wer eine aufbauende und wer eine erschreckende. Man müsse eben bei allen Menschen auf alles gefasst sein (zum Beispiel Greyson/Bush, 1992, 107). Wer sich mit einer so schnellen Antwort nicht zufrieden geben mag, stößt gelegentlich doch auf Beobachtungen, die möglicherweise weiterhelfen.

Auch hier ist es Phyllis Atwater, die tiefer gehende Fragen gestellt hat. Dabei stellt sie einerseits fest, dass ihr niemals ein Kind begegnet ist mit einer schrecklichen Nahtod-Erfahrung. Wenn sie andererseits tiefer nach der psychischen Struktur der Erlebenden forscht, kommt sie zur Erkenntnis, dass Menschen mit einer fundamentalistischen Glaubenshaltung offenbar besonders dazu neigen, solch erschreckende oder schrecklich gedeutete Erfahrungen zu machen (vgl. Atwater, 1992, 155f.). Auch Anne Niemeyer zitiert Atwater: »Häufig – so hatte sich bei psychologischer Aufarbeitung der beängstigenden Erlebnisse ... gezeigt – schleppten die Betroffenen verdrängte, niederdrückende Schuldgefühle, Ängste und einen tief sitzenden Groll mit sich herum. Manche hatten geradezu erwartet, Rechenschaft ablegen zu müssen und rechneten mit Bestrafung« (Niemeyer, 5/22). Sollte diese Beobachtung sich erhärten, wäre sie sehr wohl ein bedeutungsvoller Hinweis.

Ähnliche Zusammenhänge finden sich bei Rawlings – dass er selber im Rahmen seiner Argumentation völlig andere Schlüsse daraus zieht, braucht uns nicht weiter zu beschäftigen. Auch er beruft sich auf Atwater, wie sie von einer Frau berichtet, die im Zusammenhang mit einem Herzinfarkt eine schreckliche Nahtod-Erfahrung gemacht hatte. Nachuntersuchungen bei dieser und auch bei weiteren Erlebenden ergaben: »Sie gaben zu, das erlebt zu haben, wovor sie sich hinsichtlich des Sterbens am meisten gefürchtet hatten; dadurch wurde ihre ohnehin feste Überzeugung, dass sie für ihre Sünden bestraft würden, zusätzlich gestärkt und bestätigt« (Rawlings, 1998, 140f.). Von seinen eigenen Begegnungen mit Erlebenden berichtet Rawlings wiederholt, dass keiner, der einen Blick in die Hölle tun musste, sich hinterher darüber beklagte. »Solche, die eine Begegnung mit der Hölle hatten, wussten immer ganz genau, dass sie am richtigen Ort waren« (Rawlings, 1998, 77/93).

Weiter fällt auf, dass bei den Berichten von erschreckenden Nahtod-Erfahrungen, die Greyson/Bush beibringen, welche beide Autoren auch jenseits jeden Ideologie-Verdachtes stehen, die Erlebenden oft irgendwelche Beziehungen (etwa ihre familiäre Herkunft) zu strengen christlichen Religions-Gemeinschaften haben, in deren Verkündigung die Angst vor Strafe und Hölle eine große Rolle spielt. Gilt mit anderen Worten etwa, dass Menschen, die in Schuldgefühlen leben und damit rechnen, für ihre (tatsächlichen oder vermeintlichen) Verfehlungen im Jenseits bestraft zu werden, eher geneigt sind, solche schrecklichen Erfahrungen zu machen? Verschiedene Beobachtungen scheinen jedenfalls in diese Richtung zu weisen.

Aufschlussreich ist auch eine Beobachtung von Knoblauch. Offenbar stellte er Teile seiner Forschungsergebnisse schon vor dem Erscheinen seines Buches der Öffentlichkeit vor. Denn bereits Niemeyer berichtet aus dieser Studie, dass unter den Menschen der ehemaligen DDR der Anteil an erschreckenden Nahtod-Erfahrungen deutlich höher liegt als bei Menschen in den alten Bundesländern. Niemeyer zitiert Knoblauch: »Wir vermuten, dass das Modell der positiven Erfahrung in Ostdeutschland weniger verbreitet ist als im Westen und deshalb weniger Menschen eine positive Erfahrung machen« (Niemeyer, 5/18; vgl. auch 7/27). Über Knoblauch hinaus ließe sich spekulieren, dass mehr Menschen in der ehemaligen DDR bis heute generell ein bedrückteres Lebensgefühl haben, mehr unter Existenzängsten leiden und weniger erfreuliche und aufrichtende Zukunfts-Perspektiven kennen als im westlichen Teil von Deutschland, und dass diese belastete allgemeine Befindlichkeit die Zukunft auch über die Schwelle des physischen Todes hinaus verdunkelt. Aber auch das ist zurzeit nicht mehr als Hypothese und Denkanstoß.

Schließlich sei der Vollständigkeit halber noch auf Kenneth Ring verwiesen. Auch er stellt zunächst fest, dass vor allem Menschen mit einer strengen religiösen Erziehung und entsprechend rigidem Charakter zu solch ängstigenden Erfahrungen neigen. Im Weiteren führt er aus, und dabei lässt er deutlich seine Inspiration durch östliche Lehren erkennen, dass es grundsätzlich das Ego des Menschen sei, das überhaupt in Angst fallen könne, und dass daher solche schrecklichen Erfahrungen vor allem von ego-fixierten Menschen erlebt werden (vgl. Ring, 1994, 10/16/21f.). Dagegen ist wohl nicht zu Unrecht geltend gemacht worden, dass erstens auch Menschen mit schönen Erfahrungen ego-verhaftet sind (vgl. Bache, 1994, 33) – das sind ja in unserer Kultur sozusagen alle Menschen –, und dass zweitens, und dieser Einwand scheint mir gewichtiger, mit dieser Klassifizierung das alte moralische Urteilsmuster wieder auflebt, nach welchem es schlechte Menschen gebe, hier die Ego-Verhafteten, die schreckliche Erfahrungen machten, und gute mit entsprechend schönen Erfahrungen (vgl. Bush, 1994, 50) – es sind einfach noch zu wenig gesicherte Tatsachen bekannt.

Häufiger erschreckende Erfahrungen bei Suizid-Versuchen?

Suizid ist in unserer Kultur ein kontrovers diskutiertes Phänomen, oft spielen moralische Werturteile mit hinein. Entsprechend uneinig sind sich die Fachleute auch bezüglich der Frage, ob im Zusammenhang eines Suizid-Versuches anteilmäßig mehr erschreckende Nahtod-Erfahrungen auftreten als im Gesamt-Durchschnitt. Mit einiger Zurückhaltung zwar, aber doch immerhin neigen Moody in den USA und Schröter-Kunhardt in der BRD dazu, diese Frage tendenziell zu bejahen. Anne Niemeyer, der ich diese Hinweise entnehme (Niemeyer, 5/20), zitiert auf der anderen Seite Ring, der zu dieser Frage eine eigene Untersuchung vorgenommen hat, aus der er die Erkenntnis gewann: »Niemand von ihnen (die im Rahmen eines Suizid-Versuches eine Nahtod-Erfahrung gemacht hatten) hatte ein Erlebnis, das vorwiegend unangenehm war, und keiner glaubte, in eine Hölle gekommen oder für sie bestimmt gewesen zu sein«. Auch habe niemand die Erfahrung gemacht, »von irgendeiner Instanz für seinen Selbstmord-Versuch verdammt oder verurteilt worden zu sein«. Rings Einschätzung ist klar: Die These, dass es bei Suizid-Versuchen vermehrt schreckliche Nahtod-Erfahrungen gäbe, ist eine »unhaltbare Behauptung, von fundamentalistischen Christen in die Welt gesetzt« (Niemeyer, 5/20f.).

Damit dürfte er sehr direkt Rawlings im Visier haben. Denn für diesen ist es ebenso klar: »Ich weiß von keiner einzigen guten Erfahrung außerhalb des Körpers, die auf einen Selbstmord zurückzuführen ist« (Rawlings, 1992, 40). Erneut geißelt er die von ihm heftig bekämpften »Schreiber«, die auch in diesem Zusammenhang nur Erfreuliches berichten. Wenn er, Rawlings, aber deren Berichte genau analysiere, finde er »zwischen den Zeilen« (Rawlings, 1998, 139) sehr wohl Hinweise auf schreckliche Erfahrungen – also wieder Hineinlesen statt Verstehen. Er liefert auch gleich die Erklärung mit, warum dies so sein *muss*: Schließlich hat Gott in der Bibel den Selbstmord verboten (vgl. Rawlings, 1998, 144).

Meine eigenen Begegnungen mit Menschen, die mir von ihren Nahtod-Erfahrungen im Zusammenhang mit Suizid berichtet haben, bestätigen diesen Rigorismus von Rawlings in keiner Weise – wenngleich ich natürlich zugeben muss, dass ich keine systematische Forschung betrieben habe.

Eine 80-jährige Dame erzählte mir, sie habe als 20-Jährige einen Suizid-Versuch unternommen. Sie erlebte dabei den uns vertrauten Verlauf, wie das Bewusstsein den Körper verlässt, später durch den Tunnel gleitet und auf ein wunderbares Licht zugeht, welches am Ende dieses Tunnels aufscheint und Wärme, Liebe und Geborgenheit ausstrahlt. Doch am Ende des Tunnels, als sie gerade in dieses herrliche Licht einzugehen im Begriffe war, stand plötzlich ihr (zu dieser Zeit schon verstorbener) Bruder vor ihr. Er war sehr liebevoll, aber auch sehr bestimmt und sagte zu ihr: »Du, das macht man nicht. Du musst wieder zurück.« Sofort fand sie sich in ihrem Körper wieder. Als sie mir sechzig Jahre später diese Erfahrung erzählte, fügte sie an, Angst vor dem Tod könne sie seither keine mehr empfinden. Sie habe das Licht gesehen, wenn ihr auch der Eintritt verwehrt geblieben sei. Aber ebenso sei seither Suizid für sie kein Thema mehr. In der Tat ist sie wenige Monate nach unserem Gespräch still und friedlich gestorben.

Eine andere Frau, Mitte vierzig, berichtete mir von ihrem erst kurz zurückliegenden Suizid-Versuch. Die Probleme standen ihr bis zum Hals und sie sah keinen anderen Ausweg mehr, als sich umzubringen. Auch für sie hatte der Blick in die andere Welt nichts Schreckhaftes; im Gegenteil, sie erlebte Frieden und Geborgenheit. Aber sie realisierte, dass sie ihre ungelösten Probleme auf die andere Seite mitnahm. Auch sie betonte, dass das *ihre* Einsicht gewesen sei; es war niemand da, der sie für ihren Schritt getadelt oder gar beschimpft hätte. Doch war sie dankbar für die Möglichkeit, in ihren Körper zurückzukommen. Zwei Vorsätze nahm sie mit in ihr weiteres Leben in dieser Welt: Erstens wollte sie ihre Probleme hier lösen und zweitens den Leuten sagen: Sucht nicht den Ausweg des Suizides, denn damit löst ihr eure Probleme nicht.

Ich denke, dass es so etwas wie »*ein* Problem Suizid« gar nicht gibt. Suizid ist ein Phänomen, so vielfältig wie die Menschen, die diesen Schritt tun. Gewiss gibt es Fälle, bei denen jemand offensichtlich vor Problemen ausweichen will oder die Folgen vergangenen Verhaltens nicht zu übernehmen bereit ist. Es gibt aber auch Suizide, die sehr friedlich und harmonisch erscheinen. Des Weiteren denke ich an eine 60-jährige Frau, die nach 10-jähriger, stetig zunehmender Depression durch Suizid aus dem Leben schied. Ich traf sie noch kurz vorher und war berührt vom Ausmaß der Dunkelheit und Hoffnungslosigkeit, die sie erfüllten. Es mag Situationen geben, in denen dieser Schritt tatsächlich die einzige, vielleicht sogar die beste Lösung ist, wenigstens aus subjektiver Perspektive. Ja, gibt es überhaupt eine andere als die subjektive? In diesem Zusammenhang möchte ich mich strikt an das Jesus-Wort halten (Lukas 6,37): »Richtet nicht, und ihr werdet nicht gerichtet.« Wer sollte schon das Recht haben, hier ein Urteil zu fällen?

Zweifellos gibt es im Umfeld von Suizid-Versuchen schreckliche Außerkörper-Erfahrungen. Der einzige Fall einer ängstigenden Nahtod-Erfahrung überhaupt, von dem ich direkt von der Erlebenden Kenntnis habe, betrifft ein Suizid-Geschehen. Die Frau war ungefähr 20-jährig, hatte in ihrer großen Feinfühligkeit Mühe, sich in dieser Welt zurechtzufinden, war zudem von ihrem Partner verlassen worden – kurz, es wurde zu viel für sie. In ihrer Niedergeschlagenheit empfand sie die Welt nur noch als grau und leer, was sie dazu trieb, ihrem Leben ein Ende setzen zu wollen. Als sie sich außerhalb ihres Körpers wiederfand, glitt auch sie zunächst durch einen Tunnel, der in ein wunderbares Licht mündete. Sie fühlte sich glücklich und befreit. Doch dann änderte sich ganz plötzlich die Stimmung und nahm wieder die Qualität an wie im letzten Moment vor dem Suizid: grau und leer. Ihre verstorbene Großmutter erschien ihr, jung und schön, und erklärte ihr: »Du findest hier keinen Frieden, sondern bist im Unglück, gerade so, wie du aus dem Leben gegangen bist. Du wirst eine wichtige Aufgabe haben in deinem Leben und du wirst geführt sein.« Sie selber erkannte im Augenblick, dass das, was die Großmutter ihr sagte, richtig war. Später bezeichnete sie genau diese Erfahrung als ihr spirituelles Erwachen. Jetzt erblickte sie die Silberschnur, die sie noch mit ihrem Körper verband, und kam in diesen zurück.

Also, es gibt schreckliche Nahtod-Erfahrungen im Umfeld von Suizid-Handlungen, auch Greyson/Bush (1992, 105f.) und Niemeyer (5/21) berichten von solchen. Ob sie aber häufiger sind als im Allgemeinen, scheint nach allem, was wir bisher wissen, höchst fraglich und umstritten zu sein. Auf alle Fälle muss man sich strikt davor hüten, aus einem moralischen Werturteil unversehens eine angeblich durch Untersuchungen erhärtete Tatsache zu machen.

Sind allenfalls doch Drogen im Spiel?

Von den großen Namen aus den Anfangs-Zeiten der amerikanischen Nahtod-Forschung hat sich später, als die erschreckenden Erfahrungen sich nicht mehr totschweigen ließen, einzig Ring dieser neuen Herausforderung gestellt. Gestützt auf seine eigene Teilnahme an einem Experiment mit Drogen, bei dem er eine Erfahrung machte, die den schrecklichen Nahtod-Erlebnissen durchaus vergleichbar ist, kommt er zum Schluss – ich beschränke mich hier ganz knapp auf das Wesentlichste –, dass diese erschreckenden Erfahrungen keine echten Nahtod-Erfahrungen seien, da sie weit weniger tief gingen als die glücklichen, weil sie eben von Drogen beziehungsweise in Falle von Kranken, von Medikamenten, die bestimmte Substanzen enthielten, hervorgerufen seien. Zudem dauere halt eine rein ängstigende Erfahrung nicht lange genug. Denn, wie einige Beispiele zeigten, würden sich die schrecklichen Erlebnisse schließlich in positive kehren. Ring akzeptiert also von den drei Typen, wie Greyson/Bush sie herausgearbeitet haben, die beiden letzten Typen gar nicht als eigenständige Erfahrungen, sondern bloß als nicht beendete Formen des ersten Typus (vgl. Ring, 1994).

Auch da beschleicht einen ein ungutes Gefühl. Geht es letztlich nicht bloß darum, die eigene Position, die ihren Siegeszug um die Welt angetreten hatte, zu retten – und die Polarität weiterhin außer Acht zu lassen? Ring hat denn auch mit diesen Ausführungen eine kleine Lawine im »Journal of Near-Death Studies« losgetreten (vgl. Jahrgang 13, Nr. 1 und Jahrgang 16, Nr. 2). Um der Sache hier nicht mehr Raum zu gewähren, als ihr gebührt, beschränke ich mich auf die Reaktion von Nancy Bush. Sie ist einerseits anerkannte Forscherin und andererseits selber Erlebende einer schrecklichen Erfahrung. Sie erinnert Ring daran, dass genau solche Argumente (nämlich: herbeigeführt durch Drogen; gar keine echten Erfahrungen) 20 Jahre zuvor gegen die Nahtod-Erfahrungen generell vorgebracht worden seien. Damals habe er, Ring, vehement gegen diese Banalisierung der Nahtod-Erfahrungen gekämpft. Und nun bringe ausgerechnet er dieselben Vorbehalte gegen einen Teilbereich seines eigenen Forschungsgebietes vor, in dem er sich so große Verdienste erworben habe. Ich denke, dem ist nichts mehr hinzuzufügen.

Schlüssel zum Verstehen: Loslassen und Hingabe

Auch wir werden an dieser Stelle wohl oder übel zur Kenntnis nehmen müssen, dass vieles noch unklar ist, dass Theorien und Hypothesen diskutiert werden, dass aber viele grundlegende Fragen noch unbeantwortet sind.

So will ich denn meinerseits eine Überlegung einbringen, die ich mir in diesem Zusammenhang gemacht habe, nicht in der Absicht, endgültige Klarheit zu bringen, aber vielleicht doch einen Impuls zu geben, der im einen oder anderen Fall etwas zum Verständnis beitragen kann.

Ich möchte zurückkommen auf Erfahrungen, von denen wir gehört haben im Rahmen des Typus »klassische Nahtod-Erfahrung, beängstigend gedeutet«. Es fällt auf, wie immer wieder berichtet wird, dass die Erlebenden schreien: »Nein, das will ich nicht« oder »dazu bin ich nicht bereit«. Sie stellen dem Geschehen also ihren Widerstand entgegen. Besonders eindrücklich begegnet dieses Element in der Schilderung jener Frau, die anlässlich der Geburt ihres dritten Kindes die Erfahrung machte: Sie war entschlossen, »hier nicht zu bleiben«. Von den sie umgebenden Wesen fühlte sie sich wohl akzeptiert, dennoch machten diese sich über sie lustig. Ihre Schilderung und die Wortwahl des weiteren Verlaufes sind nun aber aufschlussreich: »Plötzlich glätteten sich meine verkrampften Züge, und ich empfand Ruhe und Frieden. Ich begann mitzumachen ... und akzeptierte auch die Wesen«, und ein für sie lehrreiches Gespräch mit diesen Wesen begann. Die Worte, mit denen sie das Umschlagen der Stimmung beschreibt, lassen eindeutig darauf schließen, dass sich an der äußeren Situation überhaupt nichts verändert hatte. Nicht aufseiten der Wesen geschah die Wende, sondern vielmehr in ihr selber, *in ihrer Einstellung zum Geschehen.* Als plausibelste Erklärung für diese plötzliche Wendung zum Guten kann man sagen, dass sie ihren Widerstand aufgegeben hat. Oder anders gesagt: Sie hat losgelassen, sich losgelassen, sich hingegeben an das, was war. Und sogleich umgaben sie »Ruhe und Frieden«. Mehrere Berichte von Greyson/Bush enthalten ein solches Element.

Die entscheidende Bedeutung der Lebenshaltungen von Loslassen und Hingabe vor dem Tod, im Prozess des Sterbens, dringt heute allmählich ins Bewusstsein der Menschen ein (vgl. Looser, 1999). Nunmehr erkennen wir, dass diese Haltungen auch nach eingetretenem körperlichem Tod offenbar weiterhin überaus bedeutsam sind – umso wichtiger ist es, sie schon zu Lebzeiten bewusst einzuüben! Indirekt bestätigt wird dies durch die friedvollen Nahtod-Erfahrungen. Das Gleiten durch den Tunnel wird oft als »mit hoher Geschwindigkeit« empfunden, aber nicht einmal ein Gedanke an Widerstand kommt auf. Die Menschen lassen sich treiben, geben sich hin in der Gewissheit, dass das Licht, das sie am Ende des Tunnels wahrnehmen, Geborgenheit und Liebe ist. Immer wieder wird ausdrücklich betont, dass sie trotz des rasanten Tempos keine Angst empfinden – Loslassen und Hingabe!

*

Ich möchte auch gerne die Assoziation weitergeben, die mir bei der Schilderung von Nancy Bush kam, die bei der Geburt ihres zweiten Kindes in den klinischen Tod fiel und die Vision der von schwarz auf weiß klickenden Kreise hatte, welche sie sehr ängstigten. Später erkannte sie diese Kreise als Yin/Yang-Symbol und stellte selber den Bezug zur »östlichen Tradition« her. Die Botschaft dieses Klickens umschreibt sie mit: »Dein Leben hat es nie gegeben. Die Welt hat es nie gegeben. Deine Familie hat es nie gegeben. Es war dir bloß erlaubt, dir das alles einzubilden«. Vielleicht gibt sie mit dem Verweis auf die »östliche Tradition« selber unbewusst den entscheidenden Hinweis zu einem tieferen Verständnis.

Eine der Grundbotschaften der buddhistischen Lehren (also einer dieser »östlichen Traditionen«) ist, dass diese Welt, die wir die reale nennen, bloß eine Illusion sei. Wirklich sei einzig die Welt des Geistes. Buddhistische Lehrer, die zu uns westlichen Menschen sprechen, verweisen dabei gelegentlich auf unsere heutigen (aber keineswegs erst heutigen!) Debatten, ob es ein Jenseits, eine geistige Welt, überhaupt gebe. Diese Debatte können wir uns in den Augen buddhistischer Weiser ruhig ersparen. Nichts ist so sicher wie die Wirklichkeit der geistigen Welt. Zu diskutieren wäre allenfalls, ob es die *diesseitige* Welt als Realität gäbe. Denn nach buddhistischer Lehre ist alles, was wir hier für Realität halten, in Wahrheit nur Schein und Einbildung – das Sanskrit-Wort dafür heißt samsara – im Gegensatz zum nirvana, das die geistige Welt bezeichnet, die einzige Wirklichkeit. (Buddhistische Gläubige mögen mir diese verkürzte Wiedergabe eines für sie zentralen Glaubensinhaltes verzeihen. Wir werden in anderem Zusammenhang darauf zurückkommen.)

Vor diesem Hintergrund ist die Botschaft der klickenden Kreise aus der »östlichen Tradition« gar nichts Bedrohliches, sondern bloß eine uralte und zentrale Aussage der buddhistischen Lehren. Die Frage ist höchstens, wie die Tochter eines Unitarier-Pastors zu dieser östlichen Weisheit kommt. Wer an Reinkarnation glaubt, mag annehmen, dass sie früher einmal in der buddhistischen Welt gelebt hatte und damit dieses Wissen tief in sich trug. Wer nicht an Reinkarnation glaubt, vermag vielleicht in der Lehre vom kollektiven Unbewussten in der Psychologie von C.G. Jung eine Verstehenshilfe finden, nach welcher jeder Mensch in seinem Unbewussten Zugang zu altem Wissen aus der menschlichen Kulturgeschichte hat.

Bush selber vermerkt in ihrem Referat, dass ihre religiöse Erziehung nicht von Drohungen mit Verdammnis und Hölle geprägt gewesen sei, wenngleich sie von solchem wusste. Ihre Religiosität sei, meint sie, nicht angsterfüllt gewesen. Andererseits betont sie, dass sie von nicht-christlichen Religionen keinerlei Kenntnisse gehabt habe. So erschien ihr diese Botschaft, deren Sinn sich erst im Rahmen einer »östlichen Tradition« offenbart, in ihrem eigenen Glaubenssystem als totale Bedrohung. Und immerhin erzählt sie im weiteren Verlauf ihres Vortrages, dass sie später die Glaubensgemeinschaft der Unitarier verlassen habe (vgl. Bush, 1996).

*

Bei diesen Ausführungen bin ich mir jedoch sehr bewusst, dass auch das Spekulationen sind, die weit über das Erleben der jungen Mutter hinausgehen. Sie entspringen dem Ringen um Verständnis für die Bedeutung dieses schwer erfassbaren Phänomens der erschreckenden Nahtod-Erfahrungen.

Damit wollen wir es genug sein lassen mit unseren Berichten von und Erklärungsversuchen zu den ängstigenden Nahtod-Erfahrungen. Wichtig ist, dass wir sie im Auge behalten, wenn wir auch die Gewissheit haben dürfen, dass die anderen Erfahrungen, in denen Licht und Liebe und Geborgenheit die tragenden Elemente sind, weitaus häufiger sind, ein Umstand, aus dem wir Trost und Zuversicht im Hinblick auf unser eigenes Sterben schöpfen dürfen.

Kapitel 4

Dunkel und Unterwelt in Mythos und Mystik

Der folgende Hinweis ist sehr wichtig: Es geht nicht an, aus einer erschreckenden Nahtod-Erfahrung Rückschlüsse auf das moralische Verhalten oder die ethische Einstellung der erlebenden Person zu ziehen. Eine ängstigende Nahtod-Erfahrung ist *kein* Hinweis darauf, dass der oder die Erlebende in ihrer Lebensführung ein moralisches Defizit aufweist! Diese Warnung findet sich auch auf der Homepage von IANDS-USA: »Jeder und jede hat die Fähigkeit, strahlendes Licht ebenso wie Terror zu erfahren«. Auch unsere weitergehenden Überlegungen zu einem möglichen Zusammenhang zwischen bestimmten Glaubenseinstellungen und erschreckenden Nahtod-Erfahrungen wollten keinesfalls ein Werturteil über die betreffenden Menschen implizieren oder suggerieren.

Tatsache ist nämlich, dass wir in fast allen Religionen und Glaubenssystemen, die die Menschheit im Laufe ihrer Kulturgeschichte hervorgebracht hat, auf Vorstellungen beziehungsweise das Wissen stoßen, dass es in der geistigen, jenseitigen Welt sowohl lichterfüllte und friedvolle als auch dunkle und schreckliche, ängstigende Bereiche gibt.

Natürlich können wir hier nicht auf Details in all diesen Lehren und Traditionen eingehen. Aber alle großen Religionen – alle fünf Weltreligionen –, zu denen sich heute Menschen bekennen, wissen um und bekennen die Wahrheit von

Dunkel und Schattenreichen, die von schrecklichen Gestalten bevölkert werden. Auch in alten religiösen Systemen, die zusammen mit ihren Kulturen untergegangen sind, wie etwa jenes des alten Ägypten oder der Maya, finden sich solche Elemente. Die Maya zum Beispiel nannten das Jenseits ganz einfach Xibalba, was »Ort der Furcht« bedeutet. Das tiefe Wissen um solche Bereiche gehört zum Grundbestand des menschlichen religiösen Glaubens seit jeher.

Eine Besonderheit der christlichen Lehre ist dabei, dass dieser Ort der Angst und des Schreckens, die Hölle, der endgültige und definitive Ort ist für die wegen Sünde und Schuld auf ewig verlorenen Seelen. In den meisten anderen religiösen Traditionen sind solche Höllen zum vorübergehenden Aufenthalt bestimmt, zur Läuterung und Reinigung oder auch zur Buße, vergleichbar also der Vorstellung des Fegefeuers im Christentum.

Sind Himmel und Hölle denn »wahr«?

Wir müssen an dieser Stelle zurückkommen auf die Frage nach der Wahrheit, der Beweisbarkeit der Inhalte von Nahtod-Erfahrungen. Wir sahen, dass so gegensätzliche Positionen wie die von Kübler-Ross und Rawlings etwas Wesentliches gemeinsam haben: Beide stellen sich auf den Standpunkt, dass ihre Erkenntnisse und Rückschlüsse aus den Berichten von Erlebenden als »bewiesen« zu betrachten seien. Es geht also ganz einfach um die Frage: Gibt es sie denn wirklich, Himmel und Hölle; sind sie »wahr«?

Die Vorstellung, dass irgendwo über uns ein Himmel und irgendwo unter uns eine Hölle als reale, sozusagen geographisch lokalisierbare Orte existieren, ist die Sichtweise von Materie-gebundenen Menschen. Von einem naturwissenschaftlichen Standpunkt aus betrachtet können die Nahtod-Erfahrungen weder die materielle Existenz eines Himmels noch einer Hölle beweisen. Als physische Realität lassen sich diese nicht nachweisen.

Dennoch ist es für Menschen, die in ihren Außerkörper-Erfahrungen »himmlische« oder »höllische« Visionen gehabt haben – mich selber eingeschlossen – über alle Zweifel erhaben, dass das, was sie gesehen und erlebt haben, wahr und real ist. Das heißt, diese jenseitigen Bereiche haben ihre erlebensmäßige, was bedeutet, ihre *psychologische und spirituelle Wahrheit*, wir sahen es bereits. Diese geistigen Welten existieren jenseits von Raum und Zeit, aber sie *existieren tatsächlich*; sie sind Wahrheit. Es ist die Lehre von den Archetypen in der Psychologie von C.G. Jung, die wohl am ehesten in der Lage ist, diese Wahrheit zu erfassen und verständlich zu machen – erneut müssen wir uns kurz fassen und vereinfachen: Ein Archetypus ist ein seelischer Inhalt, tief im Unbewussten eines Menschen, der sozusagen zum Grundbestand der menschlichen Seele gehört, sich also in jedem Menschen findet.

Konkret für unsere Frage heißt das: Jeder Mensch trägt tief in sich das Wissen um Licht und Dunkel. Die Art der Wahrnehmung und Vorstellung davon ist jedoch unendlich vielfältig. Während die einen das Dunkel beim politischen Gegner, beim Feind im Krieg, bei der Mafia, bei den Juden, den Ausländern oder auch bei der bösen Nachbarin wahrnehmen, wissen andere, dass alles in der Außenwelt Wahrgenommene immer auch Spiegel des eigenen Innern ist. Wer die Ausländer hasst, ist mit Teilen seines eigenen Wesens nicht versöhnt. Solche selbstkritischen Menschen wissen, dass diese Bereiche von Licht und Dunkel Anteile ihrer eigenen Seele sind. Und da auch hier die Gesetzmäßigkeiten der Polarität ihre Gültigkeit haben, trägt jeder Mensch in sich helle und dunkle Anteile.

Es liegen also diese Archetypen von Licht und Dunkel tief in der Seele des Menschen, die ihren Niederschlag finden in den großen religiösen und geistigen Systemen der Weltreligionen und Philosophien – aber auch in den Nahtod-Erfahrungen, den erbaulichen wie den ängstigenden. Das dort Geschaute ist nicht im konkret-materiellen Sinne wirklich, aber im psychologischen und spirituellen Sinne wahr.

Dunkel und Unterwelt in Märchen und Mythen

Diese archetypische Wahrheit des Dunkels in der menschlichen Seele findet zahlreichen und vielfältigen Niederschlag auch in Märchen und Mythen. Werfen wir zunächst einen kurzen Blick in die Märchenwelt.

So fällt beim »Froschkönig« der goldene Ball der Königstochter in den tiefen, dunklen Brunnen. Bei »Frau Holle« (deren Name auch schon mit der »Hölle« in Zusammenhang gebracht worden ist) müssen die Töchter gleich selber in die Finsternis des Brunnens hinabsteigen. Der mutige Jüngling muss in die dunkle Höhle vordringen, um drei Federn des goldenen Vogels zu gewinnen. Der Prinz (der sich seiner Männlichkeit eben bewusst werdende Jüngling) muss in das finstere Schloss des 100-jährigen Schlafes gelangen, um den fraulichen Anteil seiner Seele, »Dornröschen«, welches in dieser Dunkelheit noch schläft, zu erwecken und ins Licht des Bewusstseins zu führen usw.

Auch in der Mythologie kehrt dieses Element in unendlichen Variationen wieder. Orpheus stieg in die Unterwelt, um seine verstorbene Gattin Eurydike von dort zurückzuholen in diese Welt. Die Göttin Persephone, Tochter des Himmelsvaters Zeus und der Erdenmutter Demeter, wurde vom Unterweltgott Hades in dessen Reich entführt und zur Gemahlin genommen. Auf Bitten ihrer Mutter gewährte Zeus, dass Persephone weiterhin zwei Drittel des Jahres in der Oberwelt leben durfte, das letzte Drittel aber bei ihrem Gatten in der schrecklichen Unterwelt von Hades/Pluto weilen musste.

Bekannt ist auch der griechische Held Odysseus, der auf seinen Irrfahrten durch die Meere nach der erfolgreichen Beendigung des trojanischen Krieges, als er sowohl die Orientierung wie auch den Mut verloren hatte, in den Hades hinunter stieg, um den Seher Theiresias zu treffen und von diesem Rat und Weisung zu erhalten, wie er doch noch nach Hause fände in sein Königreich Ithaka zu seiner treuen Gemahlin Penelope.

Dieses Tauchen in die Unterwelt, dieses Vordringen in die »Höhle« wird *immer* als schrecklich und beängstigend geschildert. Es braucht ein großes Maß an Mut und Tapferkeit, um diese Reise zu bestehen, die oft auch den Charakter einer Prüfung oder Läuterung hat, die bestanden werden muss, bevor die Erlösung in Form der Heirat, des Königwerdens, der Rückkehr in die Heimat – die Motive variieren endlos – geschehen kann.

Dabei sind es immer die Heldinnen und Helden der Geschichten, die selber diese Unterwelt- und Höllenfahrten unternehmen müssen. Und immer bringen sie einen Schatz von dort zurück: eine Erkenntnis, einen Rat, die Gattin, die erwachte Prinzessin, die drei goldenen Federn (Gold als archetypisches Symbol für höchste geistige Erkenntnis) usw.

Diese Fahrten in die Unterwelt sind furchtbar und schrecklich, es lauern viele Gefahren und fürchterliche Wesen trachten den Helden nach dem Leben, nach ihrem Blut usw. Aber die Akteure haben gerade dadurch Gelegenheit, sich zu bewähren und zu wahren Helden und Heldinnen erst zu werden. Von Strafe ist dabei weit und breit keine Rede! Im Gegenteil, die Herausforderung ist die große Chance.

Der Archetypus des Dunkels hat also vielfältigen Niederschlag gefunden in Vorstellungen von Höllen, von Schluchten und Höhlen, von verwunschenen Schlössern, wo viele Gefahren lauern und viel Mut gefordert wird: Aber all das dient dazu, dass der Mensch in der Prüfung das Beste in sich wecken kann. Dieser Gang in die Unterwelt mit all ihren Gefahren ist oft der letzte Schritt auf dem Weg zu Erkenntnis und Weisheit.

Das Dunkel in der Mystik

Ein weiterer Bereich muss in diesem Zusammenhang angesprochen werden, wo von schrecklichem Dunkel die Rede ist; auch hier dient das Dunkel der Läuterung der Seele: die christliche Mystik. Erneut müssen wir uns auf ein paar wichtige Hinweise beschränken. Wir wenden uns daher einem einzigen, aber hervorragenden Vertreter gerade dieses Aspektes des mystischen Weges zu, nämlich dem Spanier Johannes vom Kreuz (1542–1591) und greifen ein paar wesentliche Aspekte seines für unser Interesse zentralen Werkes auf: »Die dunkle Nacht«.

Ziel des Menschen im Verständnis der christlichen Mystik ist es, »ein ›anderer Christus‹ (lateinisch: alter Christus – d. Ref.) zu werden, ein Gott an der Seite Gottes«; es geht um eine »Umformung in Gott hinein« (Johannes, 1999, 16). Dieses Werk der Umformung kann nur Gott am Menschen vollbringen, nie der Mensch aus sich selber. Dieser Prozess, den Gott am Menschen vollzieht, führt durch das Dunkel. Diese Reifung des Menschen ist »der Grund, weshalb Gott die Menschen, die er von all diesen Unvollkommenheiten läutern möchte, in die dunkle Nacht stellt, um sie weiterzuführen« (Johannes, 1999, 39).

Das Dunkel hat zwei Phasen. »Diese Nacht ... verursacht bei den geistig strebenden Menschen zwei Arten von Finsternissen oder Läuterungen, entsprechend den zwei Bereichen im Menschen, dem der Sinne und dem geistigen« (Johannes, 1999, 88). Dabei lässt Johannes keinen Zweifel offen über die Tiefe der Erfahrung von Dunkelheit, in die der Mensch stürzen muss auf seinem Weg der Läuterung: »Die erste Läuterung der Nacht ist bitter und fürchterlich für das Reich der Sinne ... Mit der zweiten Nacht kann man nichts vergleichen, weil sie grauenvoll und schauderhaft für den Geist ist.« (Johannes, 1999, 58) – Worte, wie wir sie auch von Menschen mit ängstigenden Nahtod-Erfahrungen vernommen haben. In dieser Nacht »leiden die geistlich strebenden Menschen sehr ... Sie denken, dass alles geistliche Gut für sie zu Ende ist, und dass Gott sie verlassen hat« (Johannes, 1999, 68).

Ein nächster bedeutsamer Hinweis des Lehrers der Mystik: In dieser Zeit sollen die Menschen gar nichts tun, nicht einmal meditieren. Sie »sollten vielmehr die Seele ruhig sein und ausruhen lassen, auch wenn sie deutlich den Eindruck haben, dass sie nichts tun und ihre Zeit verlieren ... Sie tun nämlich bereits sehr viel, wenn sie geduldig im Gebet ausharren, ohne dabei etwas zu tun« (Johannes, 1999, 69f.). Klingt in dieser nachhaltigen Betonung des Nichtstuns nicht so etwas wie ein Aufruf an, sich hinzugeben, loszulassen von allem eigenen Tun und Einfluss-nehmen-Wollen?

Diese Hingabe im Nichtstun ist wichtig, weil jetzt »nichts anderes (geschehen soll) als ein geheimes, friedliches und liebendes Einströmen Gottes (in den Menschen), sodass er (Gott), wenn man ihm Raum gibt, den Menschen im Geist der Liebe entflammt« (Johannes, 1999, 71). Dies ist die erste Nacht, die Nacht für die Sinne. Die zweite Phase, die Nacht für den Geist, ist »für den Menschen nicht nur Nacht und Finsternis, sondern auch schmerz- und qualvoll« (Johannes, 1999, 103).

Im Weiteren erklärt Johannes, warum dem so ist. Zum Verständnis müssen wir noch wissen, dass er den Begriff »Meditation« versteht als das Tun des Menschen auf Gott hin; »Kontemplation« dagegen ist das Tun Gottes am Menschen, dazu muss der Mensch völlig ruhig bleiben – wir sahen es. »Da das Licht und die Weisheit dieser Kontemplation sehr klar und lauter, der Mensch aber, in den sie hineinstoßen, dunkel und ungeläutert ist, tut es dem empfangenden Menschen sehr weh« (Johannes, 1999, 105). Es liegt also am ungeläuterten Wesen des Menschen und nicht am Lichte Gottes, dass dieser Prozess als dunkel und schmerzhaft empfunden wird. Dass der Mensch dies als große Last und Schmerz erfährt, ist umso tragischer, weil Gott »dies ja (tut), um dem Menschen Gnaden zu schenken, und nicht, um ihn zu strafen« (Johannes, 1999, 107).

Dieser letzte Hinweis ist dort wieder besonders wichtig, wo in unserem Verstehen-Wollen solch tiefer Erlebnisse sich – wie leider so oft – der moralisierende Gedanke an Buße und Strafe einschleicht. Die mystische Läuterung hat damit rein gar nichts zu tun.

Der Mensch, der sich in diesem Prozess befindet, kann sehr wohl in seinem Leiden derartige Anfechtungen erfahren: »Und wahrhaftig, wenn diese läuternde Kontemplation den Menschen heimsucht, dann fühlt der Mensch leibhaftige Todesschatten und Todesseufzen und Höllenschmerzen; sie bestehen im Gefühl der Abwesenheit Gottes, so wie von ihm gezüchtigt, verworfen und seiner unwürdig und dem Zorn Gottes verfallen zu sein« (Johannes, 1999, 108). Schon die Zeitgenossen des Johannes hatten also offenbar die Neigung, Leiden allzu schnell als göttliche Strafe zu verstehen. Davor warnt der Lehrer hier nachdrücklich und entlarvt es als Missverständnis.

Johannes selber stellt auch den Zusammenhang her zwischen diesem Weg der Läuterung, den der Mystiker schon im Laufe seines Lebens geht, und der Läuterung, die der Mensch allgemein im Tod erfährt: Der Mensch meint, so Johannes, in dieser Phase seines Prozesses, tatsächlich »Hölle und Verlorenheit vor sich offen zu sehen«. Er wähnt sich lebend im Totenreich, »denn hier werden sie (die Menschen in der Prüfung) auf dieselbe Weise geläutert wie dort, weil es derselbe Läuterungsprozess ist, der eigentlich dort geschehen muss« (Johannes, 1999, 111). Ja, am Leidensweg des Mystikers wird geradezu erkennbar, was die Menschen allgemein im Tod erleben werden (vgl. Johannes, 1999, 133). Für Johannes vom Kreuz sind somit auch allfällige Feuerqualen, die der Mensch nach seinem Tod erleiden muss, keine Strafe oder Buße, sondern Ausdruck des Läuterungsprozesses, der den Menschen für Gott vorbereitet.

Wieder mit Blick auf den Schüler der Mystik – aber wie wir jetzt wissen, gilt dies für den Menschen im Tod ganz allgemein – meint Johannes: Diese Nacht »läutert und erleuchtet ihn (den Menschen) und bereitet ihn so auf die Liebeseinung mit Gott vor« (Johannes, 1999, 103).

Rückblickend, wenn dieser schreckliche und ängstigende, ja wahrhaft höllische Prozess durchgestanden und an sein Ziel gekommen ist, kann der nunmehr geläuterte Mensch von einer *glückseligen Nacht* sprechen: »Nun bleibt noch zu sagen, dass diese glückselige Nacht den Geist zwar verdunkelt, aber nur deshalb, um ihm bezüglich aller Dinge Licht zu spenden.« Das Ziel ist »in allem die umfassende Freiheit des Geistes« (Johannes, 1999, 123).

Zusammenfassend meint Johannes vom Kreuz: »In der Kontemplation und Ergießung Gottes gibt es nichts, was von sich aus wehtun könnte; vielmehr gibt es da viel Zärtlichkeit und Wonne ... Der Grund (für die schmerzlichen Erfahrungen) sind die Schwäche und Unvollkommenheit, die dem Menschen zu diesem Zeitpunkt eigen sind ..., sodass der Mensch, wenn das göttliche Licht in ihn hineinstößt, auf die schon erwähnte Weise leiden muss« (Johannes, 1999, 130).

All dieses schreckliche Leiden ist also Anzeichen dafür, dass die Liebe und das Licht Gottes in den Menschen eindringen. Während des schrecklichen Dunkels der Nacht »ist er (der Mensch) allmählich geläutert worden ... zur Ruhe und zu Kräften gekommen und ausgeglichen worden, um die genannte Gotteinung auf Dauer empfangen zu können, welche die göttliche Vermählung zwischen der Menschenseele und dem Sohn Gottes ist« (Johannes, 1999, 200). Jetzt, vom Ziel her, vermag der Mensch zu erkennen, warum diese Nacht so erschreckend dunkel sein muss: Damit er gar nichts Weltliches mehr erkennen kann, damit »auch nicht eine Berührung mit etwas Geschaffenem den Menschen zu erreichen vermag«. Nur so kann er völlig bei sich und unabgelenkt und ungestört diesen Weg gehen und Gottes Licht in sich einfließen lassen (Johannes, 1999, 202).

*

Selten wohl ist ein Mensch so tief in das Geheimnis der Polarität eingedrungen, dass er total beängstigendes Dunkel und wahre Höllenqualen so klar als Weg des Menschen zur Vereinigung mit Gott und dessen Licht verstanden und erkannt hat.

Welche Kluft klafft zwischen der hier vorgestellten Schau des Mystikers, eine Schau, die getragen ist von grenzenlosem Vertrauen in Gott und erfüllt von ebenso grenzenloser Gottes- und Menschenliebe einerseits und den mit erhobenem Drohfinger vorgetragenen moralischen Strafpredigten, die eingestandenermaßen von wenig Verstehen von Liebe und eigener Bestrafungsangst im Tode genährt sind, wie wir ihnen auch begegneten.

Ich denke, es ist für unser Ringen um ein Erfassen der erschreckenden Nahtod-Erfahrung äußerst wichtig und unerlässlich, diese Perspektiven, wie das Dunkel auch erfahren und verstanden werden kann, mitzusehen und mitzubedenken.

Die wahre, das heißt aufbauende Bedeutung des Dunkels

In Anbetracht all dessen stößt man auch auf der Homepage von IANDS-USA auf die Feststellung: »Es ist eine Ironie, dass die westliche Kultur in den letzten paar Jahrhunderten dazu neigte, die Unterweltreisen bloß als Strafe und Warnung zu verstehen und dabei das heilige Potenzial, den moralischen und spirituellen Reichtum, die darin enthalten sind, ganz einfach zu übersehen.« »Die westliche Kultur« trägt überhaupt als eines ihrer Hauptmerkmale einen intensiven Zug zum Moralisieren, zum Bewerten und damit allzu oft zum Abwerten und Verurteilen – wir sahen es. Diese Neigung hat die alten und kraftvollen Unterwelt-Vorstellungen, wie sie uns in Mythos und Mystik begegnen, zu einem Ort von Rache und Strafe, im besten Falle von moralischer Erbauung verkommen lassen – ein armseliges und sehr einseitiges Überbleibsel des einstigen Wissens um den Reichtum.

Vielleicht bringen diese Einsichten uns noch in einer anderen Frage, die bisher offen bleiben musste, einen Schritt weiter, der Frage, warum die Nahtod-Forschung die erschreckenden Nahtod-Erfahrungen fast systematisch ausblendet.

Jede Einseitigkeit ruft – das Gesetz der Polarität – nach ihrem Gegenteil, welches oft seinerseits wieder an Einseitigkeit krankt. Genau das begegnet uns eindrücklich bei den Pionieren der Nahtod-Forschung. Sie alle gehören einer Generation an, die, falls sie kirchlich oder christlich erzogen worden ist, diesen christlichen Einfluss wohl in erster Linie als drohenden Hinweis auf den strafenden Gott erfahren hat (vgl. dazu ausführlich Looser, 1999). Elisabeth Kübler-Ross schildert in ihrer Autobiografie eindrücklich ihre Auflehnung gegen die kirchliche Erziehung, wie sie sie erfahren hat (vgl. Kübler-Ross, 1997, 47–50). Ich denke, hier liegt mindestens ein

Teil der Erklärung, warum gerade von diesen Forschern die erschreckenden Nahtod-Erfahrungen so umfassend übergangen wurden. Ich selber verlebte meine katholische Kindheit in den letzten Jahren vor dem Zweiten Vatikanischen Konzil (1962–1965) und gehöre somit zu den letzten Zeitgenossen, die diese mit erhobenem Drohfinger eingeflößte Moral noch mitbekommen haben. Und ich erinnere mich lebhaft, wie ich als junger Student – damals war das Wissen um Nahtod-Erfahrungen noch wenig verbreitet und erste Bücher zum Thema wurden weitgehend ignoriert oder belächelt –, wie ich aufatmete, innerlich jubelte und geistige Freudensprünge vollführte, als ich erstmals von diesen wunderbaren Erlebnissen las, die Menschen während ihres klinischen Todes hatten. Also stimmte das alles mit Hölle und Fegefeuer gar nicht! Zusammen mit den theologischen Aufbrüchen des Vatikanischen Konzils wurden solche Berichte zu Schlüsselerlebnissen für meine eigene geistige Befreiung. So ähnlich mag es den Pionieren der Nahtod-Forschung ergangen sein, und das Gefühl von Befreiung führte dazu, dass alles, was noch an die alten, dunklen Zeiten erinnerte, gar nicht wahr- und zur Kenntnis genommen wurde.

Mittlerweile ist die Zeit der ersten Euphorie vorbei; wir können die Situation nüchterner betrachten. Dabei können wir uns der Tatsache nicht verschließen, dass es die erschreckenden Nahtod-Erfahrungen gibt. Dies umso weniger als, wie eine vertieftere Beschäftigung mit diesem Phänomen ergibt, gerade in ihnen, das heißt, gerade in den dunklen Bereichen der menschlichen Seele, welche sich in diesen Nahtod-Erfahrungen Ausdruck verschaffen, ein enormes Potenzial zu Wachstum und Reife liegt. Das wollen und sollen wir den Menschen doch sagen.

Wenn wir die erschreckenden Nahtod-Erfahrungen nicht bloß als Droh- und Mahnfinger verstehen, der die Menschen dazu anhalten will, doch einen moralischeren Lebenswandel zu pflegen, sondern wenn wir auch in ihnen die enormen Möglichkeiten für den Menschen anerkennen, auf seinem Lebensweg zu wachsen und zu reifen, dann verlieren diese schrecklichen Nahtod-Erfahrungen zwar nichts von ihrem Schrecken für die Erlebenden, aber gerade darin liegt der Kern, diese Erfahrung zu nutzen, sie auch als Chance zu ergreifen, um auf dem Weg unserer geistigen Entfaltung, unseres Wachsens an Weisheit, Schritte zu tun.

Kapitel 5

Die Weisheitslehren des tibetischen Totenbuches

Wenn wir erkennen und verstehen wollen, was dem Menschen widerfährt, wenn sein Körper stirbt, sollten wir uns noch jenem Werk zuwenden, das eine Weisheits-Tradition aus einer uns sehr fremden Kultur enthält, welches sich aber seit einiger Zeit auch in unserer westlichen Welt zunehmender Bekanntheit erfreut: dem tibetischen Totenbuch. Vielleicht ist es tatsächlich so, dass sich weltweit kein zweites Zeugnis von Menschen findet, die so tief in die Wahrheit des Sterbens haben Einblick nehmen können wie hier. Etwas Vergleichbares gibt es jedenfalls in unserem abendländischen Kulturkreis nicht.

Es wird gesagt, dass Lamas – tibetische Mönche –, die in ihrer geistigen Entwicklung weit fortgeschritten sind, mit ihrem Bewusstsein im Rahmen ihrer strengen Meditations-Übungen vorübergehend bereits jetzt in jene Welt eingehen können, die die Seele nach dem Tode betritt. »Im Sterben durchlaufen wir die gleichen Stufen, die wir in den fortgeschrittenen Stadien der Meditation erleben« – so drückt es der zeitgenössische Weise Lama Anagarika Govinda in seinem Vorwort zu einer deutschen Übersetzung des Totenbuches (Buch der Toten, 1999, 19) aus. Dieser Gedanke ist uns schon bei den Belehrungen des christlichen Mystikers Johannes vom Kreuz begegnet. Er drückt offenbar eine tiefe Erfahrung der Mystiker aus, ganz unabhängig davon, in welcher religiösen Tradition sie stehen. Seit bei uns die Nahtod-Erfahrungen sich mehr und mehr ausbreiten und bekannt werden, kann sich auch von daher ein Zugang zu diesen Erfahrungen der Mystiker erschließen. Dabei sind deren Erkenntnisse, da bewusst und gezielt in der tiefen Versenkung des Geistes in die ewigen Wahrheiten erworben, vielleicht auf einer anderen, noch wesentlicheren Ebene verankert als das, was die Menschen in ihren Nahtod-Erfahrungen, in der Regel völlig unvorbereitet und unter äußerlich recht dramatischen Umständen, erleben.

Dem westlichen Leser wird allerdings schnell bewusst, dass er mit dem tibetischen Totenbuch ein Werk in Händen hält, das in einer uns fremden Welt mit völlig anderen geistigen Horizonten und mythologischen Vorstellungen entstanden ist. Da ist ein großes Maß an Übersetzungs-Arbeit zu leisten.

Zu Beginn unserer Annäherung an dieses Weisheitsbuch muss ein sprachliches Missverständnis geklärt werden: Das Buch, dem jetzt unsere Aufmerksamkeit gilt, ist im deutschen Sprachraum unter dem Titel »das tibetanische Totenbuch« bekannt. Dieses »tibetanisch« ist ein sprachlicher Unsinn; das Ursprungsland heißt nicht Tibetanien, sondern Tibet. Die Ursache für diese Missbildung ist leicht zu erkennen: Die tibetischen Texte wurden 1927 als erste europäische Sprache ins Englische übersetzt und unter dem Titel »The Tibetan Book of the Dead« herausgebracht. Die nachfolgenden Übersetzungen in weitere europäische Sprachen erfolgten nicht aus der Ursprache, sondern auf der Basis dieses englischen Textes. Bei der Übertragung des Titels ins Deutsche passierte dieser offensichtliche Fehler, dass das englische »tibetan« anstatt auf Deutsch richtig mit »tibetisch« mit dem sprachlichen Bastard »tibetanisch« wiedergegeben wurde.

*

Wir sind uns in früheren Kapiteln eindrücklich bewusst geworden, wie schwer sich viele Menschen bei uns damit tun, die erschreckenden Nahtod-Erfahrungen zu verstehen, zu akzeptieren und sie in einen größeren Zusammenhang einzuordnen. Im Grunde genommen müssen wir eingestehen, dass uns auch die aufbauenden Nahtod-Erfahrungen vor erhebliche Verstehens-Schwierigkeiten stellen. Nur können wir mit Erhebendem und Schönem, auch wenn wir es uns nicht erklären können, besser leben als mit Schrecklichem. Aber wenn Menschen mit lichtvollen Erfahrungen gefragt werden, was das wirklich war, was sie gesehen haben, zögern auch sie mit einer Antwort und ziehen Bilder und Vergleiche zurate: »Ja, das muss das göttliche Licht gewesen sein«, meinte etwa eine 60-jährige Frau. Oder sie geben sich überhaupt mit dem Erlebten zufrieden: »Es war so viel Licht und Liebe und Frieden«, und alle weiteren Fragen erübrigen sich; die Erfahrung in sich genügt. Oder wir erhalten Erklärungen, die im Grunde nicht sehr viel aussagen, wie etwa von Eckart Wiesenhütter, der sein Buch, in dem er eigene Erfahrungen schildert, ganz einfach unter den Titel »Blick nach drüben« (vgl. Wiesenhütter, 1974) stellte und damit eine Formel fand, die wohl eine Aussage macht, aber inhaltlich nicht besonders aufschlussreich ist und den Wissensdurst des menschlichen Geistes keineswegs zu stillen vermag.

Vielleicht finden wir tatsächlich im tibetischen Totenbuch Antworten auf Fragen, die bisher offen geblieben sind, Antworten, die wir so nirgendwo sonst finden können. Dabei muss sofort angemerkt werden, dass auch die Aussagen der tibetischen Weisen nicht »objektive« Wahrheiten sind: Es ist ihr Verständnis der Vorgänge, in unserem uns inzwischen vertrauten Bild: ihr Blick auf den Blumenstrauß. Aber vielleicht offenbart ihre Perspektive auch uns neue Erkenntnisse und eröffnet neue Zugänge zur Welt des Sterbens, die so viele Geheimnisse birgt.

Was das tibetische Totenbuch auszeichnet gegenüber etwa dem ägyptischen Totenbuch oder den Texten aus der Maya-Kultur über die jenseitige Welt, ist der Umstand, dass es noch heute in einer lebendigen religiösen Tradition steht. Noch heute beschäftigen sich Menschen damit, um einst in ihrer Todesstunde mit den Ereignissen vertraut zu sein, die ihnen dann widerfahren; noch heute wird den Verstorbenen 49 Tage lang aus diesem Buch vorgelesen. In diesem Punkt ist es der Bibel durchaus vergleichbar: Es ist nicht nur historisch interessant, sondern bis heute für seine Gläubigen relevant.

Zur Entstehungsgeschichte

Als Verfasser des Textes gilt der große Heilige Padmasambhava, von dem gesagt wird, er habe im 8. Jh. n. Chr. den Buddhismus nach Tibet gebracht. Diese mehr legendenhafte Darstellung wird den tatsächlichen Vorgängen nur teilweise gerecht. Aus der ausführlichen und aufschlussreichen Studie von Michael von Brück (vgl. von Brück, 1999) geht hervor, dass die Geschichte Tibets zu keiner Zeit geradlinig und bruchlos verlaufen ist, wie auch das »tibetische Volk« als in sich geschlossene und einheitliche Größe faktisch nie bestanden hat. In unserer westlichen Rezeption des tibetischen Gedankengutes, die zurzeit teilweise fast euphorische Züge annimmt und von der charismatischen Ausstrahlung des gegenwärtigen Dalai Lama mitgetragen ist, wird das »friedliebende kleine Bergvolk« oft übermäßig idealisiert. Tatsache ist (vgl. von Brück, 1999, 38ff.), dass in Tibet – und zwar seit den ersten Jahrhunderten bis zur chinesischen Besetzung im Jahre 1950 – viele, einander widerstrebende Kräfte wirksam waren: feudalistische, reiche Großgrundbesitzer, die politisch sehr einflussreichen Klöster, die Zentralmacht in

Lhasa, zunächst Könige, später die Dalai Lamas – welche letzte faktisch aber nur in Einzelfällen und für kurze Zeit wirkliche politische Macht ausübten – sowie Nomadenstämme, die, völlig autark und unabhängig, sich keiner Ordnung einfügen ließen. Diese sich konkurrierenden Kräfte lagen, in wechselnden Koalitionen, in fast permanenter Fehde miteinander, sodass die tibetische Geschichte vor allem geprägt ist durch Spannungen und heftige Auseinandersetzungen bis hin zu politischen Morden (auch an Königen und mehreren Dalai Lamas) und Zuständen, die wir heute ohne weiteres als Bürgerkrieg bezeichnen würden.

So waren es denn keineswegs nur religiöse, sondern handfeste politische Interessen, die den König Trisong Detsen (755–797) veranlassten, den hoch angesehenen indischen Lehrer Padmasambhava – aus dessen Biografie im Übrigen fast nichts Authentisches bekannt ist! – nach Tibet zu rufen. Diesem gelang es, der schon von früheren Königen eingeleiteten Durchsetzung des Buddhismus gegen die alteingesessenen Bön-Traditionen, in denen auch schamanische Elemente enthalten waren, zum Durchbruch zu verhelfen. Das politische Motiv für den König war, den Einfluss der mächtigen Feudalherren, die diesen Bön-Traditionen anhingen, zugunsten der Zentralmacht einzudämmen.

Wie bei jedem in einer bestehenden Kultur neuen Glaubenssystem fand nun »Enkulturation« statt: Das Neue, hier der Buddhismus, kann und konnte nur Fuß fassen, wenn Elemente des Bisherigen darin Platz finden, assimiliert werden und damit überleben können. So sind es denn Bräuche, Riten und Vorstellungen dieses alten Bön-Glaubens, die in den neu eindringenden Buddhismus und damit auch in das Totenbuch Eingang fanden. Im Blick auf dieses Totenbuch wird vermutet, dass Padmasambhava den Text nicht von Grund auf selber neu verfasst hat, sondern dass er vorgefundene Traditionen sammelte, ergänzte und redigierte. Des Weiteren wird angenommen, dass die Texte ursprünglich Teil von Einweihungs-Ritualen waren, bei denen die Adepten (die Einzuweihenden) die Erfahrung des Todes durchleben mussten.

Das Totenbuch war und ist nicht der einzige Text des tibetischen Buddhismus, sondern Teil einer ganzen Serie von heiligen Schriften, so genannter Terma (= Schatz). Die Geschichte des Totenbuches ist also von Anfang an aufs Engste verknüpft mit den Irrungen und Wirrungen der Geschichte Tibets (vgl. von Brück, 1999, 46f.). So wurde in der ersten Hälfte des 9. Jahrhunderts der amtierende König Ralpachen, der weiterhin den Buddhismus förderte, von seinem eigenen Bruder umgebracht (836), damit die alte Bön-Religion wieder Oberhand gewinnen konnte. In blutigen Verfolgungen wurde der Buddhismus fast gänzlich ausgerottet. Auch hier war ein politisches Motiv leitend, nämlich die inzwischen enorme Macht der buddhistischen Klöster zu brechen.

Die verfolgten Buddhisten versteckten die Terma in Höhlen in den Bergen des Himalaja, um ihre heiligen Schriften vor der Zerstörung zu bewahren. Die Überlieferung besagt, dass ein Terma dann wieder aufgefunden werde, »wenn die Zeit reif und aufnahmebereit wäre für seine Lehren« (Totenbuch, 1985, 27). Für das Totenbuch sei diese Voraussetzung im 14. Jahrhundert erfüllt gewesen – so weit die Legende. Darüber hinaus ist aber wissenswert (vgl. von Brück, 1999, 48ff.), dass bereits seit dem 10. Jahrhundert das Pendel langsam wieder zugunsten des Buddhismus auszuschlagen begann, allerdings in einer langen, leidvollen und erneut von vielen blutigen Auseinandersetzungen geprägten Entwicklung, bis schließlich im 14. Jahrhundert eine kurze Phase – knappe hundert Jahre – der Beruhigung eintrat, in der der Buddhismus sich entfalten konnte. Jetzt also wurde auch das Totenbuch wieder entdeckt und gehört seither zum festen Bestand der tibetisch-buddhistischen Tradition.

Bedeutsam ist ferner – auch für die Geschichte des Totenbuches –, dass seit dem 10. Jahrhundert, also seit Beginn der so genannten »zweiten Verbreitung des Buddhismus«, diese buddhistischen Lehren innerhalb von Tibet in vier Schulen oder Orden zerfielen – der bei uns im Westen gelegentlich verwendete Ausdruck »Sekten« ist oberflächlich und despektierlich. Die dogmatischen und spirituellen Differenzen dieser vier Richtungen waren nicht erheblich; aber auch sie bekämpften sich gegenseitig im Laufe der Jahrhunderte, um Macht und Einfluss zu sichern, was, erneut in verschiedenen Koalitionen, zu vielen (Bürger-)Kriegen und politischen Morden führte (vgl. von Brück, 1999, 48/160f.).

Für das Totenbuch bedeutet das, dass es in unterschiedlichen Versionen überliefert wird. Die vom britischen Forscher W.Y. Evans-Wentz in den 20er-Jahren des 20. Jahrhunderts im indischen Darjeeling entdeckte und in den Westen gebrachte und daher bei uns bekannteste Form ist die Version aus der Tradition der Rotmützen (zur Erinnerung: Der Dalai Lama gehört zur Tradition der Gelbmützen). Die Unterschiede sind aber – wie gesagt – nicht gewichtig und betreffen etwa die Farben, die dem Licht-Strahlen einzelner Gottheiten zugeordnet werden.

Damit soll es ein Bewenden haben mit den Ausblicken in die tibetische Geschichte. Sie schienen mir jedoch wichtig, um einer bei uns gegenwärtig latenten Idealisierungs-Tendenz entgegenzuwirken. Betont sei aber, dass dieser historische Hintergrund die Hochachtung und den Respekt, mit denen wir sowohl dem heutigen Dalai Lama wie auch den Weisheiten des Totenbuches begegnen, in keiner Weise zu beeinträchtigen vermag. Diesem Totenbuch gilt nun unsere weitere Aufmerksamkeit.

Grundsätzlich ist festzuhalten, dass sein Inhalt zu einem Lebensbereich gehört, der sich unserem Alltags-Bewusstsein entzieht – demselben Problem begegneten wir bei den Nahtod-Erfahrungen. Auch hier besteht das Problem, letztlich Unsagbares sagen zu müssen. So spricht der Text in Gleichnissen und greift zu Bildern aus der eigenen Tradition, teilweise auch aus den alten Bön-Traditionen, die uns westlichen Menschen sehr fremd sind – was sollen wir uns nur unter bluttrinkenden Gottheiten vorstellen, wenn wir das damit Gemeinte tatsächlich ernst nehmen und nicht bloß als kurios belächeln sollen? Es ist also für uns keineswegs einfach, weder den Text als solchen zu verstehen noch den Kern seiner Botschaft in unsere westliche Welt zu übertragen.

Ein bedeutender Versuch dieser Übertragung ist allerdings bereits geleistet. Der große tibetische Lehrer unserer Tage, Lama Sogyal Rinpoche, vom Dalai Lama beauftragt, das Gespräch mit uns westlichen Menschen zu suchen, hat die Botschaft des tibetischen Totenbuches für uns zu formulieren versucht. Es geht dabei um viel mehr als um eine bloße Übersetzung – die eigentlichen Texte des klassischen Totenbuches sind hier gar nicht enthalten. Das Werk, in der ersten Hälfte der 90er-Jahre in verschiedenen europäischen Sprachen erschienen – auf Deutsch unter dem Titel »Das tibetische Buch vom Leben und vom Sterben« (vgl. Sogyal, 1993) – ist zu einem Welt-Bestseller geworden. Aber die Schwierigkeiten sind nach wie vor groß. Der Text von Sogyal umfasst über 500 Seiten und ist damit mehr als dreimal so lang wie das eigentliche Totenbuch. Und einfach ist es wahrlich nicht, selbst die Texte von Sogyal zu verstehen. Ich habe sie über Wochen mehr meditiert als gelesen. Wenn jemand mir vorschwärmt, er habe dieses Buch »begeistert verschlungen«, kommen in mir Zweifel auf, ob es auch wirklich in seiner ganzen Tiefe verstanden wurde.

Von westlicher Seite sind vom amerikanischen Autor Stephen Levine (vgl. Levine, 1982) hilfreiche Versuche unternommen worden, die Botschaft des tibetischen Totenbuches in unsere Denk- und Verstehenswelt zu übertragen.

Ich halte mich im Folgenden hauptsächlich an die erste deutsche Übersetzung von 1971 (mir liegt die 8. Auflage von 1985 vor), welche auf die englische Original-Übersetzung des erwähnten Forschers Evans-Wentz zurückgeht. Dieser hat die Übertragung der Urschrift mithilfe des tibetischen Weisen Lama Kazi Dawa-Samdup angefertigt, der seinerseits des Englischen mächtig war.

Seither ist ein neuer Versuch unternommen worden (Totenbuch, 1994), den tibetischen Urtext ins Amerikanische und von dort in weitere westliche Sprachen zu übersetzen. Diese Fassung von Robert F. Thurman ist 1996 in Deutsch erschienen unter dem schlichten Titel »Das tibetische Totenbuch«, mit dem Anspruch, unserem modernen Sprachempfinden besser zu entsprechen und auch in der Gestaltung übersichtlicher zu sein. Diese Absichten sind meiner Meinung nach allerdings gründlich verfehlt worden. So gibt Thurman gar nicht den gesamten Text des Totenbuches wieder und vertauscht auch die Reihenfolge von Text-Abschnitten, um, wie er meint, die Verständlichkeit zu erhöhen. Des Weiteren bedient er sich in seiner Übertragung einer überaus pathetischen Sprache, der wir nüchterne Menschen der Jahrtausendwende nur schwer folgen können. Zudem ergänzt er die Originaltexte mit Zitaten aus weiteren Werken des tibetischen Buddhismus, die dem Totenbuch thematisch verwandt sind. Zusätzlich flicht er wiederholt eigene Kommentare in alle diese Texte ein, in die er auch Teile des Originales paraphrasierend (= sie nacherzählend) aufnimmt, und die oft so sehr ins Detail gehen, dass eine uneingeweihte Leserschaft bald einmal den Überblick verliert. Der Herausgeber versucht, alle diese einzelnen Text-Linien, die da miteinander verwoben sind, durch unterschiedliche Schrifttypen zu kennzeichnen, die sich aber so sehr gar nicht voneinander unterscheiden. Ich habe ziemlich verwirrt diese Fassung weggelegt und bin wieder zur ersten Übertragung von Evans-Wentz zurückgekehrt, die das Original textgetreu und gar nicht so unübersichtlich oder unverständlich wiedergibt. Das Fremdartige liegt ja weit weniger bei der Sprache als vielmehr im Inhalt.

Kurz vor Abschluss der Arbeiten zum vorliegenden Buch bin ich noch auf eine neue Übersetzung gestoßen, die das Totenbuch erstmals aus dem Tibetischen direkt ins Deutsche übersetzt. Dabei ist ein Text entstanden, der so ansprechend und – den Umständen entsprechend! – leicht und flüssig lesbar ist, dass ich ihn hier unbedingt mit erwähnen möchte. Die Herausgeber dieses unter dem Titel »Das tibetische Buch der Toten« 1999 veröffentlichten Werkes sind das Ehepaar Eva und Gesche Lobsang Dargyay. Eva Dargyay ist Deutsche und Dozentin für Tibetologie an der Universität München. Ihr Mann, Lama Gesche Lobsang Dargyay – Gesche ist ein Titel, der einen Lama hoher Bildung auszeichnet und bei uns etwa dem »Doktor der Theologie« entspricht –, lebt im Westen und ist Lektor für Tibetisch an der Universität Wien. Die (auch in diesem Fall unwesentlichen) inhaltlichen Abweichungen vom Text von Evans-Wentz rühren aus dem Umstand, dass die Dargyays ihrer Übersetzung die Version des Totenbuches aus der so genannten »Alten Schule«, was eine weitere Linie innerhalb der tibetischen Traditionen ist, zu Grunde legen (vgl. Buch der Toten, 1999, 55). Neben dem eigentlichen Text des Terma enthält das Buch noch getrennte Einleitungen der beiden Übersetzer, die wertvolle Hinweise geben, sowie eine Einführung des bereits erwähnten Lama Anagarika Govinda, welcher schon zur dritten englischen Auflage des Textes von Evans-Wentz 1955 ein Vorwort verfasst hatte.

Es fällt nicht leicht, einem interessierten deutschsprachigen Publikum eine Empfehlung abzugeben. Für die Übersetzung der Dargyays spricht ihre flüssige deutsche Sprache, für das Buch von Evans-Wentz die dem Text beigefügten tief schürfenden und inspirierenden Kommentare von Evans-Wentz selber, von Lama Govinda, aber auch von C.G. Jung, der nach eigenem Bekunden von der Begegnung mit diesen Weisheitslehren tief beeindruckt war und der seinerseits viel zu deren Verständnis in der westlichen Welt beigetragen hat.

Mir lag, als ich meine Gedanken für dieses Buch niederschrieb, zunächst als brauchbare Vorlage nur die Übertragung von Evans-Wentz vor. Auf sie stütze ich mich vorwiegend. Da und dort fügte ich bei der Endredaktion Ergänzungen und Hinweise auf die Dargyays bei, wenn diese hilfreich für ein tieferes Verständnis sind.

Der Inhalt des Totenbuches selber setzt sich sozusagen aus zwei Klassen von Texten zusammen. Da sind die Teile, die tatsächlich vorgelesen werden sollen. Sie sind durchsetzt von Anleitungen, die als Kommentare oder Instruktionen an den Vorlesenden gedacht und nicht zum Vorlesen bestimmt sind. Sowohl bei Evans-Wentz wie auch bei den Dargyays lassen sich die beiden Ebenen im Text sehr leicht voneinander unterscheiden.

Was Tibeter ihren Verstorbenen vorlesen

Wie schon erwähnt, wird der Text des Totenbuches in der tibetischen Kultur – so weit diese sich erhalten konnte und nicht verhindert wird, was heute vor allem in Ladakh, dem zu Indien gehörenden so genannten West-Tibet der Fall ist – noch heute den Verstorbenen über 49 Tage vorgelesen. Dies ist die Zeitspanne, die laut dem Totenbuch verstreicht, bis die Seele, die diese Welt verlassen hat, sich erneut inkarniert.

Natürlich kann in unserem Zusammenhang keinesfalls der ganze Text besprochen werden, dazu ist er zu lang und fremdartig; Vereinfachungen sind auch hier unvermeidlich. Zudem stoßen wir auf viele Parallelen und Wiederholungen, etwa beim Auftreten von verschiedenen Göttergruppen. Da es für uns auch nicht darum gehen kann, tiefer schürfende theologische und mythologische Spekulationen anzustellen oder Vergleiche zu ziehen, wollen wir uns auf ein paar wichtige Punkte konzentrieren, die bedeutsam sind im Hinblick auf die Frage, ob und wie wir die Weisheit des Totenbuches in unsere Kultur und unsere Begleitungen übertragen können.

Das Totenbuch heißt in der Original-Sprache »Bardo Thödol«. Das Wort Bardo bezeichnet einen Übergang. Der ganze Zyklus des menschlichen Lebens ist in sechs Bardos eingeteilt, drei zwischen Geburt und Tod, und drei weitere zwischen dem Tod und der nächsten Wiedergeburt. Im Zusammenhang des Totenbuches interessiert diese zweite Gruppe. Der gesamte Titel »Bardo Thödol« wird auf Deutsch wiedergegeben mit »Befreiung durch Hören auf der Stufe nach dem Tode« (Totenbuch, 1985, 77).

Der Weg des Bewusstseins durch die geistige Welt vom Todesmoment an bis zur nächsten Geburt wird also in drei Bardos eingeteilt, und zwar

1. Der Bardo der Augenblicke des Todes, Dauer: drei bis vier Tage.
2. Der Bardo des Erlebens der Wirklichkeit, bis zum 14. Tag.
3. Der Bardo des Vorgangs der Wiedergeburt, 15. bis 49. Tag.

Dahinter steht die Vorstellung, dass bei allen jenseitigen Erscheinungen und Erfahrungen, die das Bewusstsein der Verstorbenen macht, dieses Bewusstsein doch immer hier, in der materiellen Welt weilt, in der der Mensch bisher gelebt hat, und somit empfänglich für die Unterweisungen des Totenbuches ist. Die himmlischen oder höllischen Erscheinungen ereignen sich also nicht an irgendwelchen geographisch fernen Orten, sondern sind Vorgänge innerhalb des Bewusstseins selber.

Daraus wird das Ziel des Rituals des Vorlesens erkennbar. Genau das soll dem Bewusstsein klargemacht werden: Alles, was du siehst, sind Inhalte und Projektionen deines eigenen Geistes. Erkenne sie als das und glaube nicht, dass sie objektive Wirklichkeit haben.

Wir stoßen hier auf einen wesentlichen Grundgedanken des gesamten buddhistischen Lehrgebäudes, der für uns westliche Menschen schwer nachzuvollziehen ist: Alles, was wir als unsere Realität bezeichnen und erfahren, die gesamte materielle Wirklichkeit also, ist eine Illusion, ist eine Einbildung des Geistes – wir begegneten diesem Gedanken schon kurz. Diese ganze Welt ist, wie der Fachausdruck dafür heißt, samsara. Sämtliche buddhistischen Unterweisungen bis hin zum tibetischen Totenbuch verfolgen letztlich dieses eine Ziel: Erkenne diese unsere Welt als Illusion, als Produkt deines Geistes. Das einzig Wirkliche ist die Welt des Geistes; und dieser Geist ist, wenn er erst einmal all seiner illusorischen und eingebildeten Inhalte entledigt ist, leer und rein – nirwana. Alle Schulungen zielen auf diese eine Erkenntnis ab. Sie ist der letzte Schritt auf dem langen Weg von Einsichten und wird als Erleuchtung oder Befreiung bezeichnet. Wer diesen letzten Schritt getan hat, wer zur Erleuchtung gelangt ist, muss nicht mehr wiederkehren in diese Welt, die er jetzt als Illusion durchschaut; er kann aus dem so genannten Rad der Wiedergeburt aussteigen und ist vom Gesetz der Reinkarnation befreit. Auch das Vorlesen aus dem Totenbuch dient in erster Linie diesem Ziel: dem Bewusstsein der Verstorbenen zur Erleuchtung zu verhelfen. Der Moment des Todes gilt dafür als hervorragende Chance, wie wir gleich sehen werden. In diesem Sinne ist es zu verstehen, wenn Lama Govinda ausführt: Das Totenbuch »ist nicht ein Führer für die Toten, sondern für solche, die den Tod überwinden und den Vorgang des Sterbens in einen Akt der Befreiung verwandeln wollen« (Buch der Toten, 1999, 19).

Realistischerweise wird aber damit gerechnet, dass die allermeisten Verstorbenen diesen Schritt der Erleuchtung nicht schaffen. Daher wird dem ganzen langen dritten Bardo, der fast zwei Drittel der gesamten Zeit in Anspruch nimmt, genauso viel Sorgfalt und Aufmerksamkeit geschenkt wie den beiden ersten – dem dritten Bardo der Vorbereitung auf die nächste Inkarnation.

Der erste Bardo der Augenblicke des Todes

Der Höhepunkt der ganzen Reise durch die jenseitige Welt findet unmittelbar zu Beginn statt. Daher ist es für die Tibeter so überaus wichtig, dass die erste Lesung aus dem Totenbuch sofort dann beginnt, wenn der oder die Sterbende den letzten Atemzug getan hat. Denn in diesem Moment begegnet dem Bewusstsein das große, klare Licht.

Der Titel der ersten Lesung heißt: »Das klare in den Augenblicken des Todes gesehene Urlicht« (Totenbuch, 1985,

164). Der Kommentar im Text ermahnt denn auch den Vortragenden, die Lesung sofort zu beginnen, »gerade wenn die Ausatmung aufgehört hat« (Totenbuch, 1985, 161).

Denn jetzt geschieht sofort das Allerwichtigste: »Der Wisser (= der Geist des Verstorbenen) erlebt das klare Licht in seiner ursprünglichen Beschaffenheit« (Totenbuch, 1985, 165). In immer neuen Formeln wird auf dieses entscheidende Ereignis hingewiesen: Es erscheint »das klare Licht reiner Wirklichkeit« (Totenbuch, 1985, 170). Und das ist das Allerentscheidendste: Dieses Licht ist die wahre Wirklichkeit, ist das wahre Wesen des menschlichen Geistes. Hier offenbart sich das eigentliche Wesen des menschlichen Bewusstseins, wir sagen in unserer Tradition der menschlichen Seele. Hier wird das tiefste und eigentlichste Geheimnis des Menschen erkannt: Den Verstorbenen in Tibet wird gesagt (an dieser Stelle ist die Sprache für uns Ungeübte tatsächlich etwas schwerfällig – wir werden uns gleich um eine verständlichere Formulierung bemühen): »Dein eigenes Bewusstsein, leuchtend, leer und untrennbar von dem großen Strahlenkörper, hat weder Geburt noch Tod und ist das unveränderliche Licht – Buddha Amitabha« (Totenbuch, 1985, 171). Auch in der Übertragung durch die Dargyays bleibt diese Aussage schwer verständlich und bedarf weiterer Erläuterung: »Deine Geist-Natur, gleichermaßen klar und leer, besteht in einer Fülle von Licht, und da sie frei von Werden und Vergehen ist, ist sie eben der Buddha des Unvergänglichen Lichtes – Amitabha« (Buch der Toten, 1999, 93).

Wenn ich den Versuch wage, diese Aussage in eine uns vertrautere Vorstellungswelt zu übersetzen, müsste sie etwa so lauten: »Deine Seele leuchtet; sie ist reines, strahlendes Licht, ist Teil des ewigen göttlichen Lichtes und mit diesem untrennbar verbunden; sie ist ewig, ist ewiges Licht«. Der Buddha Amitabha ist eine der vielen Formen und Gestalten, unter denen Buddha angerufen wird: Amitabha ist der

»Buddha des grenzenlosen Lichtes, der die Quelle ewigen Lebens ist« (Totenbuch, 1985, 89).

Von der Bedeutung der Leere dieses Lichtes haben wir schon gesprochen. Eva Dargyay führt in ihrem Kommentar aus, dass »das Nicht-Denken des Geistes an sich das Licht eben dieses Geistes ist« (Buch der Toten, 1999, 28f.). Das ist für uns westliche Menschen wahrlich eine schwierige Vorstellung: der des Denkens entledigte Geist! Der Geist, der nur noch da ist, in völliger Ruhe, ohne jeden Inhalt. In diesem Zustand ist er reines Licht. Unser durch die westlichen religiösen Traditionen geprägtes Denken fühlt sich wohl eher angesprochen, wenn wir den Sinn dieser zentralen Aussage so wiedergeben: *Die Seele des Menschen ist reines, strahlendes Licht.*

Mit diesen ersten Versen, die den Verstorbenen vorgelesen werden, zum ersten Mal im Moment des Todes-Eintrittes und dann immer wieder während der ersten drei (bis vier) Tage, mit dieser ersten Belehrung an den Toten ist zugleich das Allerwichtigste, was es überhaupt zu sagen gibt über den Menschen und seinen Tod, bereits gesagt. Das Wichtigste aber auch, wenn wir uns überlegen werden, was wir von diesen Texten und dann wie in unsere Kultur übertragen können und sollen: Das wahre Wesen der menschlichen Seele, des menschlichen Geistes ist reines Licht. Und: Dieses Licht ist göttlich, ist Teil des ewigen göttlichen Lichtes.

C.G. Jung, dessen Kommentar im Buch von Evans-Wentz als Einleitung vor dem eigentlichen Text mit abgedruckt ist, versucht, diese zentrale Aussage in folgende Worte zu fassen: »Seine (des Menschen) Seele selber ist das Licht der Gottheit, und die Gottheit ist die Seele« (Totenbuch, 1985, 44).

Diese ersten Aussagen *über* den Menschen und *zum* (verstorbenen) Menschen können in ihrer Bedeutung gar nicht hoch genug eingeschätzt werden. Dabei wird das ehrfürchtige Staunen noch größer, wenn wir uns die Erzählungen von lichtvollen Nahtod-Erfahrungen in Erinnerung rufen. In unzähligen Variationen ist da vom Licht die Rede, das so hell und gleichzeitig so liebevoll erscheint, dass alle Angst vor dem rasenden Gleiten durch den dunklen Tunnel gar nicht erst aufkommt, dieses Licht, das das Gefühl von Liebe, Geborgenheit und Heimat vermittelt. Hier haben wir endlich den Schlüssel erhalten, all dies zu verstehen: Dieses Licht ist so anziehend, so vertraut, vermittelt dieses Gefühl von Geborgenheit und Heimat, weil es das Wesen unseres eigenen Geistes ist. Bewusstheit in diesem Moment würde heißen: *Ich erkenne dieses Licht als mein eigenes wahres Wesen.*

*

Diese Erkenntnis bedeutet, wir sagten es, in der buddhistischen Lehre die Befreiung aus aller Befangenheit in der Illusion, bedeutet die Erleuchtung. Leider wird in deutschen Übersetzungen für diesen Erkenntnis-Vorgang neben Befreiung und Erleuchtung auch immer wieder der Begriff Erlösung verwendet. Ein solch unachtsamer Umgang mit dem Wort Erlösung stiftet unendlich viele Unklarheiten und Missverständnisse, weil in unserer christlichen Tradition der Begriff Erlösung für etwas absolut anderes steht. Für den christlichen Glauben ist der Kreuzestod Jesu die Erlösung des Menschen aus Sünde und Tod. Im Buddhismus ist der letzte Schritt auf dem Weg der Erkenntnis, den das menschliche Bewusstsein gehen muss, gemeint.

Damit zusammen hängt ein weiterer fundamentaler Unterschied zwischen den beiden Glaubens-Traditionen: Wo das Christentum *Auferstehung* glaubt, die dank des Opfertodes Jesu möglich geworden ist, spricht die buddhistische Lehre von *Wiedergeburt*, so lange, bis das Bewusstsein alle physischen Erscheinungen als Illusion erkennt. Dann heißt es: »Erkennen und Befreiung erreichen sind eins« (Totenbuch, 1985, 216). Die Dargyay-Übersetzung lautet (hier wird der eigene, leicht lesbare Stil dieser Autoren deutlich): »Erkennst du dies wahrlich, dann erlangst du zur gleichen Zeit die Befreiung« (Buch der Toten, 1999, 137). Andere Übersetzer aber sagen: »Erkennen und Erlösung ist eins.« Erlösung wird hier als Eigenleistung des menschlichen Bewusstseins verstanden, was eine grundlegende Differenz zur christlichen Lehre darstellt, die mit Erlösung ein unverdientes Geschenk Gottes an den Menschen meint.

Diese tief greifenden Unterschiede müssen klar benannt werden. Sie sollten uns vor einer vorschnellen Vereinheitlichung der so verschiedenen Glaubenssysteme warnen. »Im Grunde glauben ja alle dasselbe«, hört man oft heute. »Im Grunde«, im ganz tiefen Grunde mag das stimmen. Aber die Wege zu diesem Grunde sind sehr, sehr verschieden!

*

Nach diesen grundsätzlicheren Überlegungen wollen wir zurückkehren zu den Lesungen an die Verstorbenen im ersten Bardo. Gerade in den ersten Stunden nach eingetretenem Tod gilt: Das Totenbuch wendet sich bewusst an den Durchschnitts-Menschen, nicht an weit Fortgeschrittene auf dem Weg der Erkenntnis (vgl. Totenbuch, 1985, 243, Anm. 30). Evans-Wentz bemerkt dazu klärend in seiner Einführung: Es ist »von Anfang an das Ziel des (vorlesenden) Lama, nach dem Ohnmachts-Zustand, der unmittelbar auf den Tod folgt, im Verstorbenen das vollständige Bewusstsein wieder herzustellen (und zwar möglichst schnell – d. Ref.) und ihn an die ungewohnte Umgebung der anderen Welt zu gewöhnen, wobei er voraussetzt, dass der Verstorbene einer der Unerleuchteten ist und deshalb unfähig zu sofortiger Befreiung« (Totenbuch, 1985, 99).

Das Problem dabei ist, dass die Verstorbenen in dieser allerersten Phase oft selber noch gar nicht realisiert haben, dass sie tot sind. Der Kommentar des Totenbuches sagt dazu: »Der Verstorbene weiß nicht, ob er tot ist oder nicht« (Totenbuch, 1985, 175). Daher muss ihm als Erstes und sofort nach eingetretenem Tod gesagt werden: »O Edelgeborener (hier wird der Name des oder der Verstorbenen eingefügt – d. Ref.), das, was man Tod nennt, ist jetzt gekommen. Du scheidest von dieser Welt, aber du bist nicht der (die) Einzige. Der Tod kommt zu allen. Klammere dich nicht aus Liebe oder Schwäche an dieses Leben. Auch wenn du dich aus Schwäche daran klammerst, du hast doch nicht die Kraft, hier zu bleiben« (Totenbuch, 1985, 178). Nach der Information an die Verstorbenen, dass sie tot sind, folgt also gleich als erstes der so überaus wichtige Hinweis auf das Loslassen.

C.G. Jung weist in seinem Kommentar darauf hin, dass es zum archetypischen Inhalt des Menschen gehört zu glauben, dass Verstorbene nicht wissen, dass sie tot sind (vgl. Totenbuch, 1985, 49). Auch in unserer Kultur finden viele Gespenster- und Spuk-Phänomene hier ihre Erklärung. Oft handelt es sich um so genannte erdgebundene Seelen, die nicht loslassen können und die zum Teil eben noch gar nicht verstanden haben, dass sie beziehungsweise ihr Körper tot ist.

Erneut fällt eine Parallele zu den Berichten von Nahtod-Erfahrungen auf: Die Schwierigkeit zu erkennen, dass man tot ist. Schließlich fühlt man sich in diesem Zustand außerhalb des Körpers so lebendig und frei, dass man oft gar nicht versteht, was eigentlich los ist. Eine Frau erzählte, wie sie wahrnahm, dass sie an der Decke des Krankenhaus-Zimmers schwebte und zu sich selber sagte, dass das eine äußerst unkomfortable Situation sei, »denn wenn ich da runterfalle, breche ich mir ein Bein«. Es ist offenbar schwierig, sofort zu realisieren, dass das Bewusstsein den Körper verlassen hat. Daher ist die Information so wichtig: Du bist jetzt tot. Das hilft den Verstorbenen, ihre Situation zu erkennen und zu verstehen.

Die »durchschnittlichen« Verstorbenen also, an die sich das Totenbuch wendet, erreichen die höchste Erkenntnis-Stufe über dieses aufscheinende Licht in aller Regel nicht. Ganz im Gegenteil geht der Text davon aus, dass sie dieses Licht nicht einmal wahrnehmen. Evans-Wentz erläutert in seinem Kommentar, dass sie »vom Augenblick des Todes an noch drei oder manchmal auch vier Tage ... wie in einem Schlaf oder Traumzustand anwesend« sind (Totenbuch, 1985, 104). Gesche Dargyay meint seinerseits: »Nur die, die über eine gründliche spirituelle Übung und Erfahrung verfügen, können in dieser ersten Phase nach dem Tod das Urlicht in seiner Klarheit erschauen.« Für die Übrigen steht zu befürchten: »Der erste Zwischenzustand, der unmittelbar dem Tod folgt, kann in schierer Bewusstlosigkeit verdämmert werden, sodass die beste Möglichkeit zur Einsicht ... ungenutzt vorübergeht« (Buch der Toten, 1999, 96).

Die Texte mit den großen Wahrheiten über dieses Urlicht werden wohl vorgelesen; jeder Verstorbene soll die Chance zur Erkenntnis bekommen, aber die Tibeter sind realistisch. So wird allgemein davon ausgegangen, dass für das Bewusstsein der Verstorbenen am vierten Tag der zweite Bardo anbricht.

Der zweite Bardo des Erlebens der Wirklichkeit

Dieser hat einen sehr anderen Charakter. Die erste und größte Chance, die Erkenntnis zu erlangen, ist ungenutzt vorbeigegangen. Jetzt verdunkelt sich das Licht und mancherlei Erscheinungen und Visionen drängen sich ins Bewusstsein; die Welt der Illusionen, die irrtümlich für Wirklichkeit gehalten werden, ergreift wieder Besitz von ihm.

Evans-Wentz umschreibt und erklärt diesen Zustand: »Bei seinem Erwachen im zweiten Bardo dämmern ihm (dem

Bewusstsein des Verstorbenen) in symbolischen Visionen, einer nach der anderen, die Halluzinationen, die von den karmischen Widerspiegelungen seiner Taten im irdischen Körper hervorgerufen werden. Was er gedacht und was er getan hat, wird gegenständlich: Gedankenformen, die er sich bewusst vorgestellt hat und denen erlaubt war, Wurzeln zu schlagen, zu wachsen und zu blühen und Früchte zu tragen – nun ziehen sie vorüber in einem feierlichen und gewaltigen Panorama als der Bewusstseinsgehalt seiner Persönlichkeit« (Totenbuch, 1985, 104f.). Wir werden auf einzelne dieser nicht leicht verständlichen Formulierungen zurückkommen.

Konkret nehmen diese Gedankenformen Gestalt an in den Bildern, den Illusionen von den friedlichen und den zornigen Gottheiten. An dieser Stelle zeigt sich die kulturelle Abhängigkeit und Eingebundenheit des Totenbuches in seiner geistigen Umwelt besonders deutlich. Diese Gottheiten sind mythologische Gestalten aus jener Welt und muten uns sehr fremd an. In einem langen Reigen, der sich über viele Tage erstreckt, erscheinen den Verstorbenen zuerst die 52 »friedlichen und wissenshaltenden«, danach »die 58 flammenumschienen, zornigen, bluttrinkenden Gottheiten« (Totenbuch, 1985, 208). Dabei weist der Text viele stereotypische Wiederholungen auf, die die geduldige Aufmerksamkeit des unvertrauten Lesers arg strapazieren können. Immer wird auch den Gottheiten beziehungsweise den Gruppen von Gottheiten ihre spezifische Lichtfarbe zugeordnet.

C.G. Jung legt in seinem Kommentar Gewicht auf den Umstand: »Nicht nur die zornigen, auch die friedlichen Gottheiten sind samsarische Projektionen der menschlichen Seele« (Totenbuch, 1985, 42). Mit anderen Worten, die friedlichen Gottheiten haben, obwohl ihre Erscheinungen sehr gut tun, genauso wenig Realität wie die zornigen. Ob also friedliche und beruhigende Gestalten oder erschreckende, sie alle haben dieselbe und einzige Quelle: den menschlichen Geist.

Das heißt, letztlich sind sie alle Erscheinungen und Projektionen der einen und selben Kraft. Dazu Evans-Wentz: »Zuerst erfüllen die glücklichen und herrlichen Visionen, die aus dem Samen der Impulse und dem Streben der höheren oder göttlichen Natur geboren sind, den Uneingeweihten mit scheuer Ehrfurcht (weil er sie als Realität missversteht – d. Ref.); wenn sie sich verwandeln in Visionen, die aus den Gedankenelementen der niederen oder tierischen Natur geboren werden, so erschrecken sie ihn und er wünscht, vor ihnen zu fliehen. Aber ach, wie der Text erklärt, sie sind untrennbar von ihm selbst, und wohin er auch fliehen mag, sie werden ihm folgen« (Totenbuch, 1985, 109). Natürlich kann er nicht vor ihnen fliehen, denn es sind seine eigenen Projektionen!

Dass sie alle Projektionen des eigenen Geistes sind, müssen die Verstorbenen also verstehen und erkennen. Diese Ermahnung kehrt in unzähligen Variationen wieder. Die Bilder sollen nicht als Realität missverstanden werden. So soll der Tote zu sich selber sagen, »dass ich alle Bilder, die erscheinen, als die Spiegelbilder meines eigenen Bewusstseins erkenne, ... dass ich ... nicht fürchte die Scharen der friedlichen und zornigen Gottheiten: meine eigenen Gedankenformen« (Totenbuch, 1985, 179). Wenig später wird erneut zu den Toten gesagt: »Es genügt vollends, dass du weißt, dass diese Schemen deine eigenen Gedankenformen sind. Erkenne dies als den Bardo« (Totenbuch, 1985, 180).

Besonders mit Blick auf die zornigen Gottheiten wird darauf Gewicht gelegt: Erstens haben sie keine eigene Realität und zweitens sind sie dieselben Kräfte wie die friedlichen. Die zornigen Gottheiten sind »nur die friedlichen Gottheiten in umgekehrtem Aspekt« oder »sie sind die erregten oder zornigen Reflexformen der friedlichen Gottheiten« (Totenbuch, 1985, 208) – Polarität! Das Bewusstsein der Verstorbenen braucht diese Belehrungen dringend, denn die Erscheinungen vermögen einen wahrlich in Schrecken zu versetzen, zum Beispiel am 13. Tag, wo es Zeuge wird von argen Gräueltaten: »O Edelgeborener (Name), höre gesammelt zu: ... Aus dem Osten deines Gehirns scheint auf dich die Weiße Kerima, einen Menschenleichnam als Keule in der Rechten und eine mit Blut gefüllte menschliche Schädelschale in der Linken ... aus dem Südosten die Rote Pukkase, die Därme in der Rechten hält und sie mit der Linken zu ihrem Mund führt ... aus dem Nordwesten die Gelblich Weiße Tsandhali, die einen Kopf von einem Leichnam abreißt, deren Rechte ein Herz hält und deren Linke den Leichnam zum Mund führt, den sie dann isst ... habe jedoch keine Angst« (Totenbuch, 1985, 218f.). Dagegen nehmen sich viele der ängstigenden Nahtod-Erfahrungen, die wir kennen gelernt haben, geradezu harmlos aus!

In diese Ermahnungen eingeflochten wird immer wieder der Hinweis, dass die Verstorbenen nur noch als Bewusstsein da sind, dass sie keinen Körper mehr haben, dass ihnen kein körperlicher Schaden mehr zugefügt werden kann, dass sie nicht mehr getötet werden können; »Leere kann Leere nichts anhaben« (Totenbuch, 1985, 224/245).

»Habe keine Angst« – einerseits soll mit dieser häufigen Ermahnung den Verstorbenen tatsächlich die Angst genommen werden. Daneben verfolgen die Lesungen aber auch hier ihr eigentlichstes und vornehmstes Ziel: die Erleuchtung. Das Bewusstsein der Verstorbenen muss die Illusion durchschauen und erkennen, dass all diese Gestalten in Wahrheit nur Inhalte seines Bewusstseins sind, dass sie keine eigene Realität haben, dass sie zur Welt des samsara gehören.

Diese erschreckenden Erscheinungsformen von Gottheiten begegnen keineswegs nur im Totenbuch. Sie gehören zu den Grundelementen der Bildersprache der tibetisch-buddhistischen Unterweisung. Ihre tiefere spirituelle Bedeutung ist der Kampf gegen den Ich-Wahn, das heißt gegen das Festhalten an den Illusionen des samsara (vgl. von Brück, 1999, 128ff.). Jedes einzelne Element ist dabei Träger einer spirituellen Symbolik. So ist etwa der Leichnam das Symbol für den Körper, dessen Träger sich vom Ich-Wahn befreit hat; der mit Blut gefüllte Schädel symbolisiert die Essenz des Lebens, das heißt die Leidenschaft, die in Mitgefühl verwandelt wurde usw. (vgl. Das illustrierte Totenbuch, 2000,103)

Klarer als aus der Übertragung von Evans-Wentz geht aus dem Text der Dargyays hervor, dass diese Angst, die die Verstorbenen überwinden sollen, durchaus auch eine konstruktive Funktion im Blick auf das angestrebte Ziel der Erleuchtung haben kann: Sie hilft dem Menschen, sich zu konzentrieren, ganz aufmerksam zu sein. Es wird gesagt, dass »der Geist keine Möglichkeit zur Zerstreuung hat, während (der Tote) Schrecken, Angst und Furcht erfährt, sondern vielmehr voll gesammelt und konzentriert ist« (Buch der Toten, 1999, 130) – ein bemerkenswerter Gedanke!

Nicht weniger hilfreich ist ein Hinweis, der etwas später folgt, wenn die Konsequenzen geschildert werden, die sich ergeben, wenn das Bewusstsein diese zornigen Gottheiten nicht als seine eigenen Projektionen erkennt: Die Bedrohung, als die sie irrtümlicherweise wahrgenommen werden, entsteht erst durch dieses Nicht-Erkennen. »So werden deine eigenen Erscheinungen für dich zu einem Teufel« (Buch der Toten, 1999, 147). Selbst der Teufel wird in dieser Perspektive nicht als eigenständige Größe verstanden; auch er kann erst zu dem werden, wofür er gehalten wird, wenn alle diese Schreckensbilder als Realität missverstanden werden!

Ein weiterer Aspekt dieses Teils der Belehrung ist: Das Bewusstsein muss aufhören, diesen erschreckenden Bildern Widerstand entgegenzusetzen, oder anders gesagt, es muss sich ihnen hingeben! Wenn das Bewusstsein alle diese Götterbilder als seine eigenen Inhalte erkennt, bekommen auch die Blut trinkenden Gottheiten plötzlich eine ganz neue Qualität: Das Bewusstsein erkennt sie als seine eigenen Schutzgottheiten! Wenn jeder Widerstand aufgegeben ist, wird der Verstorbene »ihnen vertrauen und, indem er in sie eingeht, Buddhaschaft erreichen« (Totenbuch, 1985, 209) – ein anderer Ausdruck für Erleuchtung. In der Erkenntnis, im Aufgeben des Widerstandes, in der Hingabe werden selbst sie zu »Kräften der Erleuchtung« (Totenbuch, 1985, 130).

Auch hier stoßen wir auf das Wissen, dass diesen scheinbar so bedrohlichen Erscheinungen in Tat und Wahrheit ein immenses konstruktives Potenzial innewohnt – wir erinnern uns an die eindrücklichen Deutungen von erschreckenden Nahtod-Erfahrungen.

C.G. Jung erkennt in diesen friedlichen und zornigen Gottheiten viele archetypische Elemente, die als solche zum Bereich des kollektiven Unbewussten gehören und damit in der Seele aller Menschen leben. Dabei haben gerade in den Erscheinungsformen der zornigen Gottheiten auch Elemente aus der vorbuddhistischen, schamanischen Bön-Tradition ihren Niederschlag gefunden.

Weil es archetypische Inhalte der menschlichen Seele sind, können wir heute, 1200 Jahre nach der Niederschrift des Bardo Thödol, denselben beziehungsweise analogen Inhalten in den erschreckenden Nahtod-Erfahrungen der Menschen in unserem Kulturkreis wieder (oder immer noch) begegnen.

*

Mit diesen uralten Erkenntnissen der tibetischen Buddhisten erhalten wir weitere Schlüssel in die Hand, manches zu verstehen, das bisher unerklärlich war. Wieso sind es gerade fundamentalistische Gläubige, die offenbar besonders dazu neigen, erschreckende Nahtod-Erfahrungen zu erleben? Es wurde darauf verwiesen, dass in der Glaubensverkündigung solcher Gemeinschaften die Drohungen mit Satan, Hölle und Strafe einen breiten Raum einnehmen. Atwater und Ring haben diese Zusammenhänge nur einfach festgestellt, ohne dafür eine Erklärung liefern zu können. Hier haben wir sie gefunden. Auch wenn die tibetischen Weisen noch nichts über Psychologie und Archetypen gesagt haben, der Sache nach war dieses Wissen sehr wohl vorhanden: Die Inhalte der nachtodlichen Visionen und Erscheinungen nähren sich im Wesentlichen aus den Glaubensvorstellungen und -inhalten, denen ein Mensch im Laufe seines Lebens angehangen ist, die er in sich aufgebaut, denen er für sich Gültigkeit zuerkannt hat. Was unser Bewusstsein erfüllte, begegnet uns im Sterben in Gestalt dieser Bilder, der aufbauenden ebenso wie der erschreckenden. Dies ist eine der zentralen Botschaften des Totenbuches der Tibeter.

Seine Lehren über die nachtodlichen Erfahrungen kennen das Element des Lebens-Rückblickes nicht. Dennoch wirken sich Lebenshaltungen und geistige Einstellungen jetzt entscheidend aus. Darauf spielte Evans-Wentz an, als er, wie wir bereits hörten, ausführte, dass die Halluzinationen, die im zweiten Bardo aufkommen, abhängen »von den karmischen Widerspiegelungen«, die der Mensch in seinem Leben durch seine Gedanken, Worte und Taten gesetzt und hervorgerufen hat.

Obwohl allen Verstorbenen der gleiche Text vorgelesen wird, wird durchaus davon ausgegangen, dass nicht alle Menschen im zweiten Bardo dasselbe erleben und dieselben Erscheinungen haben. Evans-Wentz: »Eines jeden Menschen Nachtod-Erfahrungen hängen, wie der Bardo Thödol lehrt, ganz ab von seinem (oder ihrem) eigenen geistigen Inhalt« (Totenbuch, 1985, 109). Oben sprach er von den »Gedankenformen, ... denen erlaubt war, Wurzeln zu schlagen«.

Aus solchen Einsichten wird verständlich, warum auch Lebende das Totenbuch studieren sollen. Einerseits werden sie auf diese Weise jetzt schon mit dem vertraut, was sie dereinst im Tod erleben werden. Andererseits werden sie sich bewusst, wie wichtig es ist, welchen Gedankenformen sie erlauben, Wurzeln zu schlagen – Gedanken, die sich natürlich auch in ihrem Reden und Tun ausdrücken werden.

Die Erfahrungen der einzelnen Menschen im Tod variieren also sehr wohl. Evans-Wentz: »Wir brauchen nicht anzunehmen, dass alle Toten im Zwischenzustand die gleichen Erscheinungen erleben, genauso wenig wie die Lebenden in der Menschenwelt oder in Träumen«. Der für alle gleiche Text des »Bardo Thödol ist nur typisch und bezeichnend für alle Nachtod-Erfahrungen« (Totenbuch, 1985, 109).

Der dritte Bardo des Vorganges der Wiedergeburt

Inzwischen ist der 15. Tag seit dem Tode angebrochen. Trotz all der Hinweise und Belehrungen, alle Erscheinungen als Illusionen zu erkennen und damit Erleuchtung zu erlangen, geht der Text weiterhin davon aus, dass das Bewusstsein der Verstorbenen diesen Schritt nicht geschafft hat. So dämmert ihm denn nunmehr der dritte Bardo. Die täglichen Lesungen werden getreulich fortgesetzt, aber der Enthusiasmus nimmt spürbar ab.

Das Bewusstsein der Verstorbenen wendet sich jetzt erneut dieser Welt zu, die »karmischen Schemen« tauchen wieder auf; es sieht die Verwandten aus seinem vergangenen Leben, wie sie um ihn (sie) trauern, nach ihm rufen; andererseits wird der Verstorbene selber nicht gehört, wenn er nach seinen Verwandten ruft, was ihn traurig und »unzufrieden« stimmt (Totenbuch, 1985, 177).

*

Uns westlichen Menschen ist im Rahmen unserer Jenseits-Vorstellungen der Gedanke an ein Gericht, an einen Moment der Rechenschaft über das vergangene Leben vertraut – davon war schon ausführlich die Rede. Im Bardo Thödol scheint ein solches Element mehrmals knapp auf, wird aber nirgends systematisch entfaltet und zu Ende gedacht und erhält somit keine eigenständige Bedeutung.

Ein erstes Mal wird eine solche Gerichts-Vorstellung zu Beginn des zweiten Bardo kurz erwähnt im Rahmen der Erscheinungen der friedlichen Gottheiten, wenn bei einer dieser Gruppen von Gottheiten gesagt wird, dass sie »herbeikommen, die zu empfangen, die ihre Gelübde halten, und jene zu bestrafen, die diese verletzen« (Buch der Toten, 1999, 124).

Erneut begegnen wir dem Gedanken an das Gericht am Schluss des zweiten Bardo: »Wenn du aber deine eigenen Erscheinungen nicht erkennst, dann wird, kaum dass du gestorben bist, die Gestalt des Gesetzeskönigs ... erscheinen« (Buch der Toten, 1999, 147). Tatsächlich erscheint dieser Gesetzeskönig in einer ganzen Gruppe erschreckender Gestalten mit Furcht erregenden Blicken und Zähnen; »in der Hand schwingen sie den Kerbstock und mit Schreien wie › Schlage! Töte!‹ schlürfen sie das Gehirn (der Gerichteten), trennen die Köpfe vom Rumpf und reißen die Eingeweide heraus« (Buch der Toten, 1999, 147). Erneut folgt die Mahnung, keine Angst zu haben, da tatsächlich niemand dem Bewusstsein der verstorbenen Person etwas anhaben kann.

Der ausführlichste Hinweis auf das Gericht erfolgt erst hier, im dritten Bardo. Den Verstorbenen wird erklärt, »du musst nun dieses Leid ertragen, weil das deine eigenen Taten sind.« (Buch der Toten, 1999, 163). Das Gericht spielt sich dabei nach klaren Regeln ab. Als Grundlage dient die Vorstellung, dass gleichzeitig mit der Entstehung eines Menschen auch dessen »guter Genius« und »böser Genius« entstehen. Im Gericht, in das die verstorbene Person jetzt kommt, sammelt der gute Genius alle ihre guten Taten und legt für jede ein weißes Steinchen vor, während der böse Genius für jede schlechte Tat ein schwarzes Steinchen zeigt. »Zu dieser Zeit wirst du große Angst, Furcht und Entsetzen haben und zittern, während du lügst: › Ich habe nichts Übles getan!‹ « Der Totengott aber lässt sich nicht täuschen: »Er wird dir den Hals abschneiden, das Herz herausreißen ... ja sogar deine Knochen benagen« (Buch der Toten, 1999, 164); die Schilderung mündet erneut in ein aus dem zweiten Bardo hinlänglich bekannte Schreckens-Szenario.

Das Bemerkenswerte ist, dass der Gedanke an das Gericht nicht grundsätzlich erarbeitet wird – so fehlt etwa jeder Hinweis auf das Schicksal jener, die mehr weiße als schwarze Steinchen vorliegen haben. Vielmehr dient offensichtlich auch das – weltweit verbreitete, ebenfalls archetypische – Bild des Totengerichtes dem Hauptanliegen des Bardo Thödol; oder anders gesagt, das Bild des Gerichtes wird instrumentalisiert, um einmal mehr die schon so oft vernommene Ermahnung zum Ausdruck zu bringen, all dies nicht als Realität misszuverstehen. Selbst das Totengericht geschieht im Verstehens-Horizont des Totenbuches nicht tatsächlich, sondern stellt bloß eine Projektion des Geistes dar!

*

Damit ist klar, dass auch die Lesungen des dritten Bardo noch immer demselben Ziel der Befreiung dienen, Erleuchtung nunmehr sozusagen in letzter Minute, um eine weitere Inkarnation doch noch überflüssig zu machen. Es folgen endlose Ermahnungen und Meditationen zum »Verschließen der Schoßespforte« (Totenbuch, 1985, 255), ein Bild, das ausdrücken soll, dass eine neue Inkarnation nicht mehr nötig ist. Die Texte weisen hier wieder zahlreiche Stereotypien und Wiederholungen auf, die einer westlichen Leserschaft langatmig vorkommen mögen. Fast bekommt man den Eindruck, dass der Vortragende all dieser Gebete und Ermahnungen selber nicht mehr so recht daran glaubt, dass sie noch etwas nützen, dass jetzt Befreiung noch möglich ist.

Demselben Ziel der Erleuchtung noch in dieser letzten Phase des Bardo dient auch die Aufforderung an das Bewusstsein, wenn es eine Vision von einem Mann und einer Frau in Vereinigung hat – seine potenziellen zukünftigen Eltern sich vorstellt –, dass es dann über den *göttlichen* Vater und die *göttliche* Mutter meditieren soll. Auch das könnte die Schoßespforte verschließen (vgl. Totenbuch, 1985, 256f.). Oder es ergeht die Mahnung: Selbst die in einer Vision gesehenen Eltern haben keine reale Existenz, sind Projektionen des Geistes – auch diese Erkenntnis zum jetzigen Zeitpunkt könnte noch zur Erleuchtung führen. Wenn aber solche Bilder für Realität gehalten werden, und das ist in aller Regel der Fall, öffnet sich eben die Schoßespforte und die nächste Reinkarnation wird unvermeidlich. Fast schon resigniert wirkt die Feststellung des Textes: Viele werden »durch die große Macht böser karmischer Verdunkelungen und weil sie nicht an fromme Taten gewöhnt sind« (Totenbuch, 1985, 260/262) unvermeidlich wieder einen neuen Mutterschoß suchen.

So soll denn jetzt vor allem sichergesellt werden, dass die Seele der Verstorbenen sich wieder in Menschengestalt inkarniert. Es gibt nämlich auch andere Welten, in die man sich inkarnieren kann, etwa jene der hungrigen Geister, in der man über lange Zeiträume Hunger und Durst leiden muss; oder es kommen als weitere Möglichkeiten Himmel und Hölle infrage. Der Himmel ist hier nicht das Höchste, nicht das endgültige Ziel; dieses ist vielmehr die Erleuchtung. Der Himmel ist eine sehr angenehme Phase der Ruhe und Muße, das »glückliche westliche Reich zu Füßen des Buddha Amitabha« (Totenbuch, 1985, 269). Aber der Weg der Erkenntnis muss auf alle Fälle früher oder später fortgesetzt werden. Ebenso ist die Hölle kein endgültiger Ort; sie ist eine Stätte der Reinigung. Eine Reinkarnation in der Hölle dauert sehr lange und man erleidet dort »unerträgliche Schmerzen von Hitze und Kälte« (Totenbuch, 1985, 264). Daneben kann es auch Wiedergeburten in allen möglichen Tierwelten geben. Am allerbesten und förderlichsten ist aber die erneute Geburt sogleich wieder als Mensch. Denn nur als menschliche Reinkarnation kann das Bewusstsein sich weiterentwickeln, weiterschreiten auf dem Weg, der dann irgend einmal in die Erleuchtung münden und so seinen Abschluss finden wird. So ist es denn das letzte Anliegen im Totenbuch, dass die Seele den Zugang zur Menschenwelt erneut finde und innerhalb dieser Menschenwelt an einem Ort Wiedergeburt nehme, der dem weiteren geistigen Wachsen förderlich ist. Am 49. Tag werden die abschließenden Ermahnungen an den Toten gesprochen: »Indem du mit deiner übernormalen Kraft der Voraussicht ... über die Kontinente blickst, wähle den, in dem Religion vorherrscht, und gehe da hinein ... Geh ... auf dem blauen Lichtpfad der Menschenwesen« (Totenbuch, 1985, 270f.).

Damit enden die Lesungen. Es wird gesagt, dass eine weitere Fortsetzung nicht mehr nötig sei, da das Bewusstsein jetzt eine neue Inkarnation gefunden habe.

Erläuterungen zur Vertiefung

Dieser Versuch, Einblick in das tibetische Totenbuch zu vermitteln, ist natürlich unzureichend; allzu vieles blieb unbeachtet. Aber das muss an dieser Stelle genügen. Es ist der Versuch, diese sehr fremde Gedankenwelt für uns westliche Menschen ein klein wenig zu erschließen. Ein paar Punkte sollen nun reflektierend noch etwas vertieft werden.

In den Kommentaren und Einleitungen, die dem Text in der Ausgabe von Evans-Wentz vorangestellt sind, wird wiederholt darauf hingewiesen, dass der Bardo Thödol – wie andere heilige Schriften auch – sowohl auf einer exoterischen Ebene verstanden werden kann, was bedeutet, dass alles so wörtlich aufgenommen wird, wie es dasteht; dass das Geschriebene aber auch esoterisch gedeutet werden kann; das heißt, dass die tieferen Wahrheiten hinter der Oberfläche zu verstehen gesucht werden.

In diesem Zusammenhang stellt sich zunächst die Frage nach den 49 Tagen. Die Menschen, für die der Text hauptsächlich gedacht ist, und denen er in der Regel vorgelesen wird, neigen dem exoterischen Verständnis zu; sie verstehen diese 49 Tage real als Zeitspanne von 49 Sonnenaufgängen. Auf der praktischen Ebene hat das eine äußerst hilfreiche Konsequenz: 49 Tage lang kommt der Lama täglich und liest aus dem Bardo Thödol vor. Das bedeutet für die Familien der Verstorbenen, dass sie eine sozial garantierte Zeit von 49 Tagen haben, um zu trauern. Wenn sieben Wochen lang so intensiv und auch so strukturiert Trauer gelebt werden kann, ist dies für die Hinterbliebenen ein echter und wahrhafter Trauer-Prozess.

Auf der esoterischen Ebene dagegen gilt das Wissen, dass sieben eine Zahl von besonderer Qualität ist, und dass diese sieben mal sieben Tage als eine Zeit der Fülle und Vollkommenheit zu verstehen sind. Darauf verweist Evans-Wentz und führt weiter aus, dass die tatsächliche Dauer des Bardo individuell sei und vom Karma der betreffenden Seele abhänge (vgl. Totenbuch, 1985, 106 und Buch der Toten, 1999, 160).

Eine andere Frage, dic auf diesen beiden Ebenen verstanden werden kann, ist die Reinkarnation als Tier. Das exoterische Verständnis geht davon aus, dass das Bewusstsein je nach Karma tatsächlich sehr leicht und häufig von tierischen zu menschlichen Inkarnationen wechselt und umgekehrt. Für ein esoterisches Verständnis der Reinkarnation – wir folgen wiederum den Erklärungen von Evans-Wentz – stellen die sich abfolgenden Wiedergeburten einen evolutionären Prozess dar. Wenn dabei die Bewusstseinsstufe des Menschen einmal erreicht ist, kann nur ein langer und kontinuierlicher Prozess des Rückschrittes das Bewusstsein wieder unter diese Grenze zurücksinken lassen, aber immer mit der Möglichkeit des erneuten Aufstieges auf die menschliche Ebene (vgl. Totenbuch, 1985, 115–119).

Die relativ häufig erwähnte Wiedergeburt als Tier hat daher im esoterischen Verständnis eine ganz andere Bedeutung: Dies heißt für ein menschliches Bewusstsein, »in menschlicher Form geboren zu werden, mit den geistigen Zügen oder Eigenschaften, die durch Tiere symbolisiert werden« (Totenbuch, 1985, 132). Einzelne konkrete Tiere tragen dabei folgende Bedeutung: Reinkarnation als Hund würde heißen, ein Mensch mit einem übermäßigen Sexualtrieb; als Schwein würde auf einen Menschen von besonderer Dummheit und Wollust hinweisen usw. (vgl. Totenbuch, 1985, 131). Evans-Wentz fügt bei, dass unter Umständen in einer Reinkarnation in einem Menschen mit diesen »tierischen« Eigenschaften die karmische Last sich schlimmer auswirke, als es bei der tatsächlichen Geburt in das entsprechende Tier der Fall wäre (vgl. Totenbuch, 1985, 133). Da es aber um Fortschritte auf dem Weg der Erkenntnis geht, ist die Reinkarnation als Mensch in jedem Fall die bessere Lösung.

*

Evans-Wentz ist überzeugter Anhänger des tibetisch-buddhistischen Glaubens. Von ihm wird gesagt, dass er schon als junger Mann von der Idee der Reinkarnation gefesselt und überzeugt war, was angesichts des Umstandes, dass er seine Jugendzeit in den ersten nach-viktorianischen Jahren in England verlebte, auf ein erhebliches Maß an geistiger Eigenständigkeit hinweist.

Auch er kommt in seinem Kommentar öfters auf die stets wiederkehrenden Ermahnungen an die Verstorbenen zu sprechen, alles, was sie sehen – ob Götter oder Dämonen, Himmel oder Höllen –, müssen sie erkennen als »aus den eingebildeten karmischen Gedankenformen geboren, die seine Persönlichkeit ausmachen« (Totenbuch, 1985, 110).

Daraus zieht Evans-Wentz die für ihn logische Konsequenz, dass demzufolge auch die in Visionen geschauten Erscheinungen von christlichen oder muslimischen Heiligen und Propheten nichts anderes als »eingebildete Visionen« seien; er bedauert, dass diese in den entsprechenden Traditionen ganz anders, nämlich als reales Erscheinen der entsprechenden Heiligen, missverstanden werden (vgl. Totenbuch, 1985, 110). Als überzeugter tibetisch-buddhistischer Gläubiger darf er das natürlich so sehen. Wenn er aber den christlichen und muslimischen Gläubigen vorschreiben will, wie sie ihre mystischen Erfahrungen zu deuten haben, überschreitet er den Bereich seiner Befugnisse. Denn auch er spricht – bei allem Respekt, den ich für ihn und sein bedeutendes Lebenswerk hege – von nichts anderem als von seinem Blick auf den Blumenstrauß.

*

Noch ein Wort zum Umgang mit den Verstorbenen in Tibet. Als Erstes fällt auf, mit wie viel Sorgfalt und Ehrfurcht die toten Körper behandelt werden. Alle Riten, zu denen auch die täglichen Lesungen aus dem Totenbuch gehören, werden im Bewusstsein vollzogen, dass der Geist des Toten noch da ist und an allem teilnimmt.

Der Zeitpunkt, an dem der tote Körper aus dem Haus und zurück in die Natur gebracht wird, wird aufgrund astrologischer Berechnungen festgelegt. Diese Rückgabe in die

Natur erfolgt gelegentlich durch Verbrennung auf einem offenen Scheiterhaufen, wobei die Asche hinterher etwa auf einem Berg verstreut und dem Wind übergeben wird. Da aber Holz in Tibet rar und teuer ist – die chinesischen Besatzer haben den bereits bestehenden Mangel noch verschärft, indem sie ganze Berge abgeholzt und die Baumstämme nach China gebracht haben –, wird in vielen Fällen der Leichnam zerstückelt und den wilden Tieren zum Fraß vorgesetzt. In diesem Brauch, den wir spontan als brutal empfinden mögen, drückt sich aus, dass in Tibet keinerlei Gefühle an den Körper gebunden werden, wenn das Bewusstsein diesen erst einmal verlassen hat. So gibt es auch keine Gräber. Nach Ablauf der 49-tägigen Trauer wird der Verstorbene auch emotional freigegeben.

Ein weiteres Thema schließlich, das in meinen Kursen immer wieder zur Sprache kommt: Jene Kultur und die Frauen? Der tibetische Buddhismus ist zweifellos eine männlich dominierte Kultur; die Stellung der Frau darin ist komplex. Die ausführlichen Erörterungen in der Studie von Brücks (vgl. von Brück, 1999, 107ff.) können vereinfachend auf folgenden Nenner gebracht werden: Geistig und spirituell wird die Frau als dem Manne gleichwertig betrachtet; sozial aber erleidet sie auch in den buddhistisch geprägten Kulturen vielfache Benachteiligungen. In unserem Zusammenhang: Wenn immer möglich, werden die Totenrituale von Männern, von männlichen Geistlichen, von Lamas ausgeführt. Aufgabe der Frauen ist es im Regelfall, die Verstorbenen 49 Tage lang zu beweinen und zu beklagen.

Aber klar ist, auch für verstorbene Frauen werden alle diese Rituale genau gleich durchgeführt, inklusive den 49-tägigen Lesungen aus dem Totenbuch. Und wenn kein geistlicher Mann, kein Mönch, verfügbar ist, ist es auch einer geistlichen Frau, einer Nonne, erlaubt, die Lesungen aus dem Totenbuch und die übrigen Rituale durchzuführen.

Ja, damit haben wir Einblick genommen in eine sehr fremdartige Welt, in eine Welt aber, die der ganzen Menschheits-Familie einmalige und großartige Einsichten und Visionen geschenkt hat, die inspirierend wirken können weit über die Grenzen der tibetischen Kultur hinaus. W.Y. Evans-Wentz gebührt großer Dank dafür, dass er uns diese reiche und wunderbare Welt erschlossen hat. Ihm gehört daher zum Abschluss das Wort. Er fasst Inhalt und Sinn des tibetischen Totenbuches noch einmal prägnant zusammen und umschreibt auch dessen Stellung im Rahmen der Welt-Literatur: »Das einzige Ziel der Bardo Thödol-Lehre ... ist, den Träumer zum Erwachen in der Wirklichkeit zu bringen, befreit von allen Verdunkelungen karmischer und samsarischer Illusionen, in einem überweltlichen oder nirvanischen Zustand, jenseits aller erscheinenden Paradiese, Himmel, Hölle, Fegefeuer oder Welten der Verkörperung. In dieser Hinsicht ist es rein buddhistisch und ungleich jedem nicht-buddhistischen Buch der Welt« (Totenbuch, 1985, 110f.).

Inspirationen für uns westliche Menschen

Die Frage, wie wir konkret mit unseren Sterbenden und Verstorbenen umgehen sollen, ist dem zweiten Teil dieses Buches vorbehalten. Wir wollen hier nur vorläufig noch fragen, was wir denn aus dem tibetischen Totenbuch für uns gewinnen können.

C.G. Jung stellt in seinem Kommentar fest, dass es ein menschliches Urbedürfnis ist, noch etwas für die Verstorbenen zu tun, und er verweist auf verschiedene Riten, im Westen vor allem in der katholischen Tradition: Totenmesse , Gebete für die »armen Seelen« und bestimmte Gedenktage. Des Weiteren anerkennt er, dass die westliche Welt vor allem auf *materieller* Ebene eindrückliche Bräuche zur Totenehrung herausgebildet habe und verweist auf die »grauenhaft-schönen Grabdenkmäler« in Italien. Der tibetischen Kultur dagegen billigt er zu: »Den höchsten *geistigen* Aufwand zugunsten der Abgeschiedenen aber stellen die Belehrungen des Bardo Thödol dar« (Totenbuch, 1985, 54f. – Hervorhebung von mir).

In der Übernahme dieses geistigen Aufwandes dürfen wir jedoch nicht in Übereifer verfallen – was gelegentlich vorkommt. Niemand soll bei uns je auf die Idee kommen, einem Sterbenden, der nicht tief in dieser Kultur verwurzelt ist, aus dem Bardo Thödol einfach so vorzulesen. Was soll eine sterbende Grand'maman in Paris, was soll ein sterbender Banker in Zürich mit den Blut trinkenden Gottheiten schon anfangen!

Dennoch: Angesichts ebenso verblüffender wie beeindruckender Parallelen zwischen den Visionen des Totenbuches und den Inhalten der Nahtod-Erfahrungen, die Menschen in unserer Zeit und in unserer Kultur machen, stellt sich die Frage nach einer Inspiration für unsere Bemühungen um unsere Sterbenden und Verstorbenen durchaus.

Viele Hospize weltweit, wir sahen es, berufen sich geistig auf Dame Cicely Saunders und damit auf ihr christliches geistiges Fundament. Im amerikanischen San Francisco jedoch entstand in den frühen 70er-Jahren eine weitere Hospiz-Bewegung, die sich spirituell ausdrücklich auf das tibetische Totenbuch stützt – es ist das vom damaligen Psychologie-Lehrer Ram Dass gegründete »Living-Dying-Project«. Sowohl die Begleitenden wie auch die Begleiteten werden mit Inhalten des tibetischen Totenbuches geistlich unterwiesen. Allerdings geht es dabei um die grundsätzlichen Wahrheiten wie über Licht, das unser Geist ist; um die Hinweise, allfällige Bilder als eigene Projektionen zu verstehen; nicht jedoch um konkrete und kulturgebundene Elemente. Seit einiger Zeit ist von solchen tibetisch-buddhistisch inspirierten Hospiz-Initiativen auch aus Deutschland, vor allem aus Berlin zu hören. So verstanden kann das Totenbuch tatsächlich auch unsere Begleitungen bereichern; wir werden darauf zurückkommen.

*

Eine Frage aber ist für mich noch immer nicht umfassend beantwortet. Die bei uns lange verdrängten erschreckenden Nahtod-Erfahrungen finden eine erstaunliche Entsprechung in den zornigen Gottheiten des Totenbuches. Was steckt tatsächlich hinter diesen Bildern? Jung sprach, wir sahen es, von archetypischen Elementen, die als solche in jeder menschlichen Seele leben.

Ist es vermessen, ein weiteres Instrument aus der Psychologie von Jung aufzugreifen, selbst wenn dieser selber in diesem Zusammenhang gar nicht davon gesprochen hat? Ich überlasse die Beantwortung dieser Frage der verehrten Leserschaft und gebe meine Überlegungen einfach weiter:

In den Schriften von Jung begegnen wir dem Konzept des »Schatten«. Ein Schatten ist – wiederum sehr vereinfacht – ein Anteil meiner Persönlichkeit, den ich nicht akzeptieren will, sei es, weil er nicht in das Bild passt, das ich von mir selber habe, sei es, weil die sozialen Klischees meiner Umwelt ihn nicht zulassen. Mit anderen Worten, ein Schatten ist stets negativ qualifiziert. Konkret kann es sich etwa um Wut, Aggression, Neid usw. handeln, alles Eigenschaften, die viele von uns in sich tragen, die sie aber bei sich nicht anerkennen wollen und sie daher in ihrer Selbstwahrnehmung ganz einfach ausblenden. Psychologisch heißt dieses Ausblenden verdrängen: Ich will also diesen Zug an mir nicht wahrnehmen und verbanne ihn deshalb in mein Unbewusstes, wo er »im Schatten« meiner Selbstwahrnehmung steht. Solche verdrängten Anteile der eigenen Persönlichkeit nennt Jung

»Schatten«. (Auf den Umstand, dass es Schatten auch im kollektiven Unbewussten gibt, können wir hier nicht näher eingehen.)

Könnte dieses Konzept nicht mithelfen, diese ängstigenden Erscheinungen zu verstehen? Es sind unsere eigenen Schatten, die sich in fratzenhafter Gestalt in unsere Visionen drängen, bei uns in den Nahtod-Erfahrungen, bei den Tibetern im Bardo. Bei dieser Deutung behielte die stets wiederkehrende Ermahnung durchaus ihren Sinn: Diese Erscheinung kann dir nichts anhaben, sie ist nur Inhalt deiner eigenen Person – ein Inhalt aber, den du bisher nie wahrhaben wolltest.

*

Zum Abschluss möchte ich noch eine Erfahrung weitergeben, wie ich selber sehr konkret und direkt aus dem tibetischen Totenbuch Hilfe schöpfen konnte. Zu Beginn der 90er-Jahre nahm ich am Sterbe-Ritual »Blue Death« meines Sufi-Lehrers Jabrane Sebnat teil. Es erstreckte sich über zehn Tage und fand seinen Höhepunkt in einem dreitägigen Rückzug allein ins Dunkel einer Höhle. Fast jede und jeder hatte während dieser drei Tage eine Phase, in der er von bedrängenden und ängstigenden Bildern heimgesucht wurde. Unter anderem deswegen mussten wir Licht in die Höhle mitnehmen, damit niemand in Panik verfällt und sich an der Höhlenwand verletzt.

Zur Vorbereitung auf dieses Ritual hatte ich – ein erstes Mal – das tibetische Totenbuch gelesen. Während des Rückzuges in die Höhle kamen bei mir diese schrecklichen Visionen sehr bald, schon nach wenigen Stunden. Doch ständig waren mir die Ermahnungen des Totenbuches gegenwärtig: Sie haben keine eigene Wirklichkeit; sie sind nur Projektionen meines Geistes. Die Bilder waren schrecklich, aber ich hatte nicht einen einzigen Moment lang Angst, sondern schaute bloß interessiert zu, was sich da vor meinem inneren Auge alles an Schauerlichem abspielte und ereignete. Vielleicht ist es auf diese Bewusstheit zurückzuführen, dass diese Phase meines Höhlen-Rückzuges nur kurze Zeit dauerte. Die uralte Weisheit der Tibeter war mir westlichem Menschen am Ende des 20. Jahrhunderts eine überaus wirksame, sehr konkrete und praktische Hilfe!

Kapitel 6

Sterben – ein Thema, das alle angeht (eine Besinnung)

»Dieser juwelengleiche (in der tibetischen Tradition Ausdruck hoher Wertschätzung – d. Ref.) Menschenkörper ist schwer zu finden, und wenn gefunden, besitzt er einen großen Wert. Einen solchen Körper habe ich nun erlangt! Aber er wird nicht lange bestehen, und sicher ist, dass ich sterben werde ... Deshalb muss ich mich von jetzt an darum bemühen, meinem Leben seinen vollen Gehalt zu verleihen« – Worte des 3. Dalai Lama, 1543–1588 (Dalai Lama, 1997, 85).

Für die Menschen in Tibet, für Lamas wie für Laien, ist klar, dass die Botschaft des Totenbuches nicht nur für Sterbende und Verstorbene gedacht ist, sondern ebenso sehr für Lebende. Die Belehrungen, die Lamas für Laien halten, beinhalten immer auch Instruktionen aus dem Totenbuch. Die Menschen sollen rechtzeitig ihr Sterben einüben; ebenso entscheidend aber ist die Absicht, sie auf diese Weise *das Leben zu lehren.*

Nichts ist so sicher im Leben von uns Menschen wie die Tatsache, dass wir eines Tages sterben werden. Diese Feststellung ist so banal, das man beinahe Hemmungen hat, sie ein weiteres Mal auszusprechen. Dennoch stoßen wir auch heutzutage hier bei uns auf viele Probleme; die Verdrängung ist nach wie vor immens.

Natürlich, rein intellektuell wissen wir alle um die Notwendigkeit unseres einstigen Sterbens. Aber sind wir uns dessen auch *bewusst*? Das heißt, spielt diese Wahrheit in unserer Selbstwahrnehmung, in unserem Lebensentwurf überhaupt eine Rolle? Spielt sie die absolut entscheidende Rolle, die ihr zukommen müsste?

Ich begegne in diesem Zusammenhang immer wieder wahren Mauern von Widerständen. So bekommt man etwa zu hören: »Ich bin jetzt jung und gesund und mag nicht ans Sterben denken.« Dabei wird »jung« gelegentlich recht großzügig interpretiert. Eine Dame, die in beneidenswerter körperlicher und geistiger Frische ihren 85. Geburtstag feiern konnte, versicherte mich allen Ernstes, jetzt sei es wohl noch etwas früh; wenn sie 90 sei oder so, wäre es dann an der Zeit, sich über das Sterben Gedanken zu machen ...

Oder der Vorwand lautet: »Mir ist bewusst geworden, dass ich zuerst einmal leben muss, bevor ich ans Sterben denken kann.« Dahinter steht das verbreitete Missverständnis, das weiter oben schon angeklungen ist, dass nämlich Sterben ein Gegensatz zum Leben sei, dass der Tod gegen das Leben gerichtet sei. Unsere Überlegungen dürften deutlich gemacht haben, wie lebenserfüllt Sterben tatsächlich ist, wenn wir es ohne die Vorurteile unserer Kultur zu betrachten und zu verstehen versuchen.

Nur wer sterben kann, kann wirklich leben

In Wahrheit sind die Zusammenhänge genau umgekehrt. Sterben ist ein Moment, in dem sich das Leben aufs Höchste verdichtet. Das haben die Berichte von Nahtod-Erfahrungen, das haben die Weisheiten aus der tibetischen Tradition mehr als deutlich gemacht. Tatsache ist weiter: Nur wenn ich mich mit meinem Sterben wirklich auseinander gesetzt habe, wenn ich mich den Gefühlen und Fragen, die in mir beim Bedenken meines Sterbens aufkommen, ehrlich gestellt und sie akzeptiert habe, nur dann kann ich *wirklich leben.* Das menschliche Leben ist nur als Ganzes zu verstehen – und zu leben! Sterben ist Teil des Lebens. Und es lassen sich nicht folgenlos Teile des Lebens, zum Beispiel das Sterben, aus dem Ganzen herausbrechen. Denn es lässt sich nicht vermeiden, dass bei der Verdrängung eines Teils des Lebens unsere gesamte Lebendigkeit erheblichen Schaden erleidet. Viele Menschen bestätigen eine Erfahrung, die ich selber auch gemacht habe: Es ist keineswegs so, dass die bewusste und tiefe Auseinandersetzung mit dem Sterben, vor allem mit dem eigenen Sterben, die Lebensfreude beeinträchtigt oder uns gar depressiv und traurig macht. Ganz im Gegenteil: Je tiefer ich mich dieser Wahrheit gestellt, sie angenommen und integriert, die Gefühle, die sich in mir damit verbinden, zugelassen habe, umso lebendiger und lebensfroher werde ich. Die Konfrontation mit meinem Tod – was mehr ist als ein bloß intellektuelles Zur-Kenntnis-Nehmen! – macht mir die Dringlichkeit meines Lebens bewusst, zeigt mir, wie wichtig es ist, dass ich in der Zeit, in der ich hier lebe, auch tatsächlich *lebe.* Viele Menschen scheinen doch eher vor sich hinzudösen, anstatt wirklich und erfüllt zu leben. Das ist unter anderem eine direkte Folge der bei uns verbreiteten Todes-Vergessenheit. Wer zum Beispiel morgens um halb acht in einer Straßenbahn fährt, glaubt sich in einen vielplätzigen Leichenwagen versetzt! Mit der Verdrängung des Sterbens verdrängen viele unvermeidlich auch wichtige Anteile ihrer Lebendigkeit. Oder anders gesagt: In der Bewusstheit des Sterbens wird das Leben reicher, erfüllter, lustvoller ... Es lohnt sich wahrlich!

Und: Nur so können wir uns auf diesen so wichtigen und lebendigen Moment in unserem Leben vorbereiten, wofür es nie zu früh ist; schließlich weiß niemand, wann der Tod sie oder ihn ereilen wird. Oder noch einmal anders gesagt: Die Auseinandersetzung mit dem eigenen Sterben ist keineswegs nur eine Angelegenheit für alte und kranke Menschen einerseits und Profis wie Krankenschwestern und Sterbebegleiter andererseits. Sie ist allen Lebenden ans Herz gelegt.

Meditative Besinnung auf das eigene Sterben

So ergeht denn die Einladung zur folgenden Besinnung, die zwar auch für Sterbende hilfreich sein kann, die ich aber zunächst einmal im Gedanken an Lebende entwickelt habe, an alle, weil alle daraus ihren Nutzen ziehen können. Es ist eine Meditation, die sich auf unser eigenes Sterben bezieht. – Und schon höre ich den Einwand, der immer wieder vorgebracht wird: »Aber das ist doch alles bloß Theorie; ich bin jetzt nicht am Sterben und so ist es unmöglich, mich jetzt in diese Situation hineinzuversetzen.«

Richtig ist: Ich bin jetzt nicht am Sterben. Aber die Schlussfolgerung, dass daher eine vertiefte Auseinandersetzung nicht möglich sei, ist falsch. Diese Auseinandersetzung ist nicht nur möglich, sie ist notwendig. Natürlich weiß ich jetzt noch nicht, wie ich dann tatsächlich reagieren werde. Aber deshalb ist das Sich-Einlassen nicht unmöglich, sondern im Gegenteil, gerade deshalb ist es so wichtig.

*

Ich lade Sie daher ein, verehrte Leserin, verehrter Leser, sich einen Moment der Ruhe zu gönnen, dafür zu sorgen, dass Sie nicht gestört werden, sich mit aufrechtem Rücken und beiden Füßen am Boden hinzusetzen, Ihren Atem ruhig werden zu lassen und sich den nun folgenden Gedanken und Anregungen hinzugeben.

Für jene, die lieber durch das gesprochene als das geschriebene Wort geführt werden, ist die Besinnung auch auf einer CD zu hören, die parallel zum Buch erschienen ist. Die Meditation kann – vor allem wenn sie gehört wird – sehr tief gehen. Eine kleine Warnung sei daher an dieser Stelle angebracht: Seien Sie sich bitte bewusst, dass Sie selber die Verantwortung für sich tragen; dass Sie selber entscheiden müssen, wie weit Sie sich auf die Übung einlassen wollen und können. Wenn Sie sich psychisch eher labil fühlen oder wenn Sie zu den Menschen gehören, die eine tiefe Sehnsucht nach der geistigen Welt in sich tragen und daher manchmal Mühe haben mit unserer Eingebundenheit in die Materie, oder wenn Sie als Frau schwanger sind, prüfen Sie bitte behutsam, wann und ob der richtige Zeitpunkt für diese Übung gegeben ist.

Wenn Sie während der Meditation spüren, dass Sie zu weit weg getragen werden, nehmen Sie bitte Ihre Verantwortung für sich selber wahr. Sie haben jederzeit die Möglichkeit, »stopp« zu sagen und auszusteigen – indem Sie die Aufmerksamkeit wieder auf Ihren Atem und auf Ihre Füße am Boden lenken.

Wenn Sie aber vertraut sind mit solchen Übungen und bereit für eine schöne und tiefe Erfahrung, wenn Sie weiter in guter Verfassung sind, geben Sie sich hin und finden Sie Gefallen und Bereicherung.

Zu dieser Besinnung wurde ich angeregt durch die meditative Begegnung mit dem tibetischen Totenbuch und den Bemühungen des schon erwähnten amerikanischen Autors Stephen Levine (vgl. Levine, 1982), dessen Botschaft in unsere Kultur zu übertragen; des Weiteren durch die Auseinandersetzung mit den Inhalten der Nahtod-Erfahrungen sowie durch meine eigenen Erlebnisse des erweiterten Bewusstseins.

DIE ANLEITUNG

Das Körper-Bewusstsein

Werde dir deines Körpers bewusst; spüre deinen Körper, seine Festigkeit, seine Schwere; nimm seine Grenzen wahr: wo du auf der Unterlage aufruhst; spüre deine Hände im Schoß; deine Füße am Boden. Achte auf deinen Atem.

Seit vielen Jahren und Jahrzehnten lebst du in diesem Körper; du bist sehr vertraut mit ihm, identifizierst dich mit ihm. Spüre deinen Körper; spüre dich in deinem Körper.

Die Herauslösung aus dem Körper

Stell dir jetzt vor, wie dein Körper seine Kraft langsam verliert; wie die Lebensenergie und Stärke deines Körpers langsam schwinden, sodass sich die Verbindung zu deinem Geist, zu deinem wahren Wesen lockert; die Verbindung deines Geistes zum Körper löst sich mehr und mehr auf.

Und stell dir vor, wie du, dein wahres Wesen, dein Bewusstsein langsam die Herauslösung aus diesem Körper erfährt. Dein Körper verliert mehr und mehr seine Festigkeit; die Konturen deines Körpers verlieren ihre Deutlichkeit, du erfährst die Auflösung deines Körpergefühls. Die körperlichen Empfindungen werden immer verschwommener, nebelhafter; sie verflüchtigen sich und werden mehr und mehr zu einem Gefühl von leerer Weite.

Du erfährst, wie du dich aus deinem Körper herauslöst; wie du diese schwere Form hinter dir lässt; wie du mehr und mehr reines Bewusstsein wirst. Als reines Bewusstsein fühlst du dich unglaublich leicht, frei und ungebunden; du schwebst im weiten Raum dahin. Du bist *einfach.*

Höre mir zu: Es ist jetzt das eingetreten, was wir Tod nennen. Das Leben ist aus deinem materiellen Körper gewichen, du hast ihn verlassen – und fühlst dich frei, nicht länger gebunden an die Schwere der Materie. Du fühlst dich ungeheuer lebendig, so lebendig, wie du dich kaum je gefühlt hast während deines Lebens im *Körper.*

Es ist das eingetreten, was wir Tod nennen. Löse dich nun sanft und behutsam von diesem schweren Körper; löse dich sanft und behutsam von allem, was dich noch an diesen Körper bindet; löse dich sanft von allem, was dich noch in diesem Leben in der Materie festhalten will.

Dieser Moment der Herauslösung ist ein ungeheuer kostbarer Moment. *Löse dich von allem, was dich hindern möchte, diesen kostbaren Moment voll und ganz und bewusst zu erleben. Gib dich hin an diesen Moment. Öffne dich ganz für diesen so einzigartigen Moment, für diesen Moment höchster Lebendigkeit. Löse dich sanft, ganz sachte, ohne jede Gewalt. Lass es einfach geschehen.*

Das Aufscheinen des Lichtes

Es ist das geschehen, was wir Tod nennen; dein Bewusstsein löst sich aus der Schwere der Materie – und ein wunderbares, strahlendes Licht scheint auf. Ein Licht, so hell, wie du es bisher noch gar nicht erlebt hast. Ein Licht, das eine ungeheure Ausstrahlung hat, eine Ausstrahlung von Willkommensein, von ewiger Heimat, von bedingungsloser und grenzenloser Liebe. Ein Gefühl absoluter Geborgenheit erfüllt dich; ein tiefes Wissen, dass dir in deinem eigentlichen Kern überhaupt nichts zustoßen kann, dass niemand dir irgendeinen Schaden zufügen kann.

Wisse: Du bist nicht der/die Einzige, dem/der dies geschieht. Alle *Menschen gehen einmal diesen Weg.*

Gib dich diesem Licht hin; tritt ein in dieses Licht, tritt ein in den Glanz dieses Lichtes. Dieses Licht ist dein wahres Wesen. *Es ist der Glanz deines eigenen wahren Wesens, der jetzt um dich herum aufleuchtet. Habe Vertrauen, fürchte nicht diesen strahlenden Glanz. Nähere dich ihm in Ehrfurcht; es ist das Strahlen deines ewigen göttlichen Urgrundes; gehe in Liebe in ihn ein, nimm ihn in dir auf; werde zu dem, was du schon immer warst.*

Öffne dich, gib dich hin, bleibe in der Weite deines wahren Wesens. Es klammert sich an nichts. Lass jetzt alles so sein, wie es ist. Klammere auch du dich an nichts und verdränge nichts; lass alles sein und gib dich hin an dein wahres Wesen, dieses hell und klar strahlende Licht.

Hege keinen Wunsch mehr nach deinem alten Körper. Er ist tot. Das Leben – du bist aus ihm gewichen. Selbst wenn du noch einmal in ihn zurück wolltest, du könntest es nicht, da er tot ist. Lass los und gib dich hin.

Diese Fülle von Licht ist deine eigene tiefe Wahrheit. Dein Geist besteht in reiner, lichterfüllter Leere. Das ist deine wahre Natur: lichterfüllte Leere; eine erfüllte Leere, die pulsiert in Liebe und Mitgefühl.

Es ist das ewige göttliche Licht, das dir aufscheint. Es ist das Licht, das einst das Antlitz des Mose erstrahlen ließ, nachdem er auf dem Berge Gott begegnet war; es ist das Licht, das dem offenen Herzen Jesu entströmte; es ist das Licht, das Mohammed erleuchtete; es ist das reine Licht des Buddha.

Lichtgestalten und Furcht erregende Erscheinungen

Vielleicht nimmst du auch die Gegenwart von Wesen wahr, von Lichtgestalten in diesem Strahlen: deine geistigen Begleiter und Führerinnen; vielleicht Menschen, denen du in deinem Leben in Liebe verbunden warst und die schon in die Lichtwelt eingegangen sind. Gib dich hin in Liebe und Mitgefühl.

Vielleicht drängen sich auch Furcht erregende Gestalten und schreckliche Bilder in dein Bewusstsein. Fürchte sie nicht. Wisse: Sie sind bloß Projektionen deines eigenen Bewusstseins. Sie haben keine wahre Realität, keine Wirklichkeit; sie können dir nichts antun. Lass sie sein; lass sie los, diese Bilder, und richte deine Aufmerksamkeit auf den hellen Glanz des strahlenden Lichtes.

Diese erschreckenden Gestalten und Bilder: Sie sind dieselbe Kraft wie das Licht; aber das Licht, wie es verdunkelt wurde durch unsere eigenen Gedanken. Diese Schreckensgestalten sind alte Gedanken, sind Ängste deines alten Geistes, Trugbilder deines alten Bewusstseins; Ängste aus der Zeit, als du noch einen Körper hattest, als du noch verletzbar und sterblich warst.

Jetzt ist dein Körper gestorben – die alten Ängste aber sind vielleicht noch da und erscheinen dir in der Gestalt solcher Schreckensbilder. Doch du hast jetzt keinen Körper mehr. Das heißt, nichts und niemand kann dir mehr etwas anhaben; niemand kann dich verletzen, dir Schaden zufügen oder dich gar töten. Erkenne diese schrecklichen Bilder als Trugbilder deines eigenen alten Bewusstseins. Das heißt aber auch: Sie sind deine eigene Kraft. *Wenn du sie nicht fürchtest, wenn du sie erkennst als das, was sie in Wahrheit sind, werden sie dir zu deiner eigenen Kraft auf deinem weiteren Weg.*

Das ewige Licht

Das große, göttliche Licht kennt weder Anfang noch Ende. Es ist ewig. Es strahlt aus den Augen der Neugeborenen; es verklärt oft die Gesichtszüge der Verstorbenen. Erkenne es wieder; deine ewige göttliche Quelle leuchtet vor dir auf. Erschrecke nicht vor dieser machtvollen Fülle; gib dich ihr hin als deinem wahren Wesen. Dies ist der Augenblick deiner Befreiung.

Schwebe hin in der unermesslichen Weite. Deine Hingabe an die Wahrheit, an dein wahres Wesen wird dich zur Vollendung führen. Nur Liebe und Mitgefühl sind da. Lass dich von ihnen führen, führen in deine wahre Heimat, das ewige göttliche Licht. Du bist Licht.

Die Rückkehr

Mache dir nun bewusst: Das, was du erlebst, ist deine Wahrheit, es ist das in dir verborgene Wissen um dein wahres Wesen.

Aber du weißt auch: Noch ist nicht Zeit für dich, endgültig in diese wunderbare Welt des Geistes und des Lichtes einzugehen. Mache dir bewusst, dass dein Geist noch im Körper lebt; dass die Zeit der endgültigen Herauslösung für dich noch nicht gekommen ist. Du durftest einen Blick tun in diese Welt, aber dein Weg in der Materie geht noch weiter.

Richte deine Aufmerksamkeit nun sachte und liebevoll wieder auf deinen Körper. Spüre wieder deinen Atem, der diesen Körper am Leben erhält. Achte auf deinen Atem; spüre, wie deine Brust sich im Rhythmus des Atems hebt und senkt.

Nimm deinen Körper wahr. Fange langsam an, einen Finger deiner Hand sanft zu bewegen. Fühle wieder deinen Körper. Nimm einen tiefen Atemzug und komme wieder ganz in dein Tagesbewusstsein zurück. Komm mit deinem Bewusstsein zurück in die Welt der Materie.

Gehe weiter deinen Weg in dieser Welt; aber sei dir stets bewusst, dass dein wahres Wesen Licht ist und Liebe, dass du in deinem wahren Wesen unzerstörbar bist und absolut geborgen.

Teil 2

Begleitung der Seele nach dem Tod des Körpers

Eindrückliche Zeugnisse haben uns bestätigt: Nach dem Tod des Körpers geht das Leben weiter! Und zwar zunächst durchaus im Umfeld des Körpers. Damit stehen wir erneut vor einer Erkenntnis, deren Konsequenzen wahrhaft revolutionär sein müssten! Wenn wir uns bewusst machen, wie bei uns in der Regel mit Verstorbenen umgegangen wird, fällt der Handlungsbedarf ins Auge: Die möglichst rasche »Entsorgung« der Leiche steht vielerorts noch immer im Vordergrund -, wenn ich auch dankbar anerkenne, dass da und dort ein Umdenk-Prozess in Gang gekommen ist. Immer mehr Menschen kommen zu der Einsicht, dass wir die Behandlung unserer Verstorbenen, wie wir sie uns in den letzten fünfzig Jahren nach und nach angewöhnt haben, so nicht länger aufrecht erhalten können: von Ruhe und Würde oft keine Spur, kein Funke des Bewusstseins, dass nunmehr für die Seele ein äußerst wichtiger Vorgang abläuft.

Allein schon hier können wir von der tibetischen Kultur eine Menge lernen, selbst diejenigen unter uns, die solche Glaubens-Vorstellungen nicht teilen. Ihre tiefe Ehrfurcht im Umgang mit Verstorbenen muss uns ein Beispiel sein. Dina Rees meinte, das Minimum, was wir für Verstorbene tun sollten, wäre, eine halbe Stunde über ihren körperlichen Tod hinaus bei ihnen zu bleiben und mit ihnen »das Fest der Unsterblichkeit zu feiern«– das absolute Minimum, wahrlich!

7. Kapitel

Da sein bei den Verstorbenen

Im Folgenden werden wir uns fragen, was wir denn konkret für unsere (frisch) Verstorbenen noch tun können. Ich teile die oft gehörte Ansicht keineswegs: »Was nach meinem Tod mit mir geschieht, ist mir völlig egal; das betrifft mich ja nicht mehr. Davon bekomme ich eh nichts mehr mit.« Ich denke, dass es uns sehr wohl noch betrifft und dass wir das »mitbekommen«.

Grundsätzlich müssen wir zwei Aspekte berücksichtigen: die Trauer der Hinterbliebenen und den weiteren Weg der Seele der Verstorbenen. Umgang mit Trauer ist in erster Linie ein Thema für die Psychologie. Tatsächlich gibt es hervorragende Fachleute, ich denke etwa an die Schweizerin Verena Kast oder den in Deutschland lehrenden Griechen Jorgos Canacakis. Der Hinweis auf ihre Publikationen muss uns an dieser Stelle beim Thema Trauer genügen (vgl. Looser, 1999).

Wir wenden unsere Aufmerksamkeit dem *weiteren Weg der Seele*, den diese geht in den ersten Stunden und Tagen nach dem Tode des Körpers, zu und fragen, wie wir sie auf diesem Weg hilfreich begleiten können.

Die Bedeutung der ersten drei Tage

Sterben ist nicht ein punktuelles Ereignis, sondern ein Prozess, der seine Zeit dauert, selbst beim plötzlichen Tod durch Unfall oder Herzinfarkt. Die Medizin stellt bloß den Augenblick fest, an dem Atmung und Herzschlag aufhören beziehungsweise den Hirntod, wenn sämtliche Hirnströme zum Stillstand gekommen sind. Jedoch glaubt nur ein Materie fixiertes Denken, dass in diesem Augenblick plötzlich »alles zu Ende« ist. In Tat und Wahrheit beginnen jetzt neue und bedeutungsvolle Prozesse. Ja, nicht einmal auf der körperlich-materiellen Ebene trifft zu, dass alles sofort zu Ende ist. Die verschiedenen Arten und Gruppen von Körperzellen sterben nach und nach ab, wenn sie nicht mehr mit frischem Blut versorgt werden – ein Vorgang, der sich über Tage hinzieht. Auf der seelisch-geistigen Ebene aber setzt nunmehr ein neues Loslassen ein, denn die Seele, der Geist muss jetzt den verstorbenen Körper loslassen, ihn verlassen. Das ist ein Prozess, der keineswegs in ein paar Augenblicken geschehen und vorbei ist, sondern der seine Zeit dauert. Viele alte Traditionen sprechen in diesem Zusammenhang von drei Tagen. In dieser Periode löst sich die früher schon erwähnte Silberschnur, die die Seele mit dem Körper verbindet, langsam auf.

Diese »drei Tage« sind wohl als eine Art Durchschnittswert zu verstehen; ich denke, auch da ist die geistige Einstellung der verstorbenen Person entscheidend. Die einen schaffen dieses Loslassen schneller, andere brauchen dafür mehr Zeit. Bei den Tibetern hörten wir, dass sie für diesen ersten Bardo einen Zeitraum von drei bis vier Tagen ansetzen; auch hier ist Raum für individuelle Eigenheiten. Bei uns galt lange Zeit die Regel, dass die Beisetzung der Verstorbenen frühestens drei Tage nach eingetretenem Tod stattfinden durfte. Heute sind diese Vorschriften aus »praktischen« Gründen mancherorts verändert und die Minimalfristen verkürzt worden. Die oft zu hörende Begründung, dieser Zeitraum sei festgelegt worden, um den Scheintod auszuschließen, hat einerseits wohl ihre Berechtigung, stellt aber andererseits nur eine vordergründige und oberflächliche Erklärung dar. Seinen tiefen geistigen Sinn hat dieser Brauch im alten Wissen um den dreitägigen Prozess des sich Lösens der Seele.

Oft wird mir die Frage gestellt, wieso es denn gerade drei Tage sein müssten und woher diese Festlegung käme. Dazu kann nur gesagt werden, dass das altes Wissen ist, welches in verschiedensten kulturellen Traditionen seinen Niederschlag gefunden hat. Es stammt aus Zeiten, als die Menschen noch nicht nur an das glaubten, was sie messen und zählen konnten, sondern auch ihren feineren Wahrnehmungen vertrauten. Denn es *ist* ganz einfach so, dass dieser Loslösungs-Prozess seine Frist braucht. Die Frage, warum das so sei, ist genauso wenig zu beantworten wie etwa die Frage, warum das Gras wachse. Wir stoßen hier auf Gesetzmäßigkeiten, die tief in der Natur angelegt sind.

Man kann übrigens auch heute Bestätigungen dafür erhalten, dass diese Annahme von drei Tagen durchaus realistisch ist, und zwar von ganz »unverdächtiger« Seite. In einer Familie wie viele Familien heute – man denkt über den Tod nicht nach und redet noch viel weniger davon; und wenn ein Todesfall eintritt, selbst wenn er sich seit langem angekündigt hat, ist man völlig unvorbereitet und ahnungslos – in einer solchen Familie starb die Großmutter. Wie üblich, wurde die Leiche sofort ins Kühlhaus gebracht, wo man sie nur noch durch eine Glasscheibe sehen kann. Mancherorts ist es immerhin so, dass die Familie von der Friedhofs-Verwaltung einen Schlüssel erbitten und somit tatsächlich in den Raum zur Verstorbenen gehen kann. Dies tat die angesprochene Familie. Ein paar Wochen später erzählte mir eine der Töchter der Verstorbenen (wobei sie sich offensichtlich über ihr eigenes

Verhalten wunderte, das ihr so irrational erschien), irgendein unverständliches Bedürfnis habe einige von ihnen immer wieder zu dieser toten Großmutter gelockt, und zwar wirklich zu ihr in den abgeschlossenen Raum – etwa drei Tage lang; dann sei dieses Bedürfnis vorbei gewesen ... Es ist also offensichtlich etwas dran, an den drei Tagen!

Dieser Prozess des Loslassens gestaltet sich für das Bewusstsein der Verstorbenen keineswegs immer einfach – auch das hängt von der geistigen Haltung ab, mit der sie in den Tod gegangen sind. Seit es mir gelingt, mit meiner Wahrnehmung die rein physische Ebene zu übersteigen und bei Verstorbenen nicht mehr nur ihren regungslosen Körper wahrzunehmen, sondern auch zu spüren, wie sie sich fühlen, habe ich eindrückliche Erfahrungen gemacht.

Da war eine 85-jährige Frau in einem Altenheim. Sie hatte einen überaus rigiden Charakter, und der gesamte Tagesablauf musste immer genau der vorgeschriebenen oder gewohnten Ordnung folgen. Eines frühen Morgens erlitt sie einen schweren Schlaganfall, der sie in äußerst kritischem Zustand zurückließ. Eigentlich hätte sie jetzt sterben können, so stark geschädigt war ihr Körper. Aber sie hatte das Sterben in ihrem streng und genau geordneten Alltag nicht eingeplant. Rein verstandesmäßig wusste sie natürlich – wie wir alle –, dass sie eines Tages sterben würde; aber sie hatte – wie so viele – dieses Wissen nicht wirklich und tief in sich aufgenommen, sondern eben verdrängt. Nun hob ein Kampf in ihr an, der schrecklich anzusehen war. Ihr Körper verkrampfte sich und ihr Geist wehrte sich. Sie war nur noch Widerstand. Oft stand ich an ihrem Bett und dachte, wenn sie ihren Kampf aufgeben und loslassen könnte, wäre sie in einer halben Stunde tot (was ich bei anderen Sterbenden sehr wohl erlebt habe). Obwohl von ärztlicher Seite nichts unternommen wurde, um dieses Sterben zu verhindern, dauerte ihr Kampf jedoch nicht eine halbe Stunde, sondern ein halbes Jahr.

Vierundzwanzig Stunden nach ihrem Tod ging ich noch einmal zu ihr hin, um mich von ihr zu verabschieden. Dabei nahm ich deutlich wahr, dass ihr Kampf noch immer andauerte. Ein Teil in ihr war noch nicht zum Loslassen bereit.

*

Ich lege großes Gewicht auf die Bedeutung dieser drei Tage, auch im Bewusstsein, dass es andere Kulturen und religiöse Traditionen gibt, bei denen diese Frist ohne Bedeutung ist. So verbrennen zum Beispiel die Hindus in Asien ihre Toten sehr schnell, gelegentlich schon am Todestage selber. Unser westliches Denken erklärt sich das – wohl voreilig – mit der großen Hitze in diesen Ländern, die ein tagelanges Aufbewahren der Leichen nicht zulasse. Obwohl dies nicht unrichtig ist, liegt hier die oberflächlichste, jedoch für uns einleuchtendste Begründung vor. Auf der spirituellen und damit viel wesentlicheren Ebene verfolgt diese Verbrennung ein ganz anderes und viel tiefgründigeres Ziel: Gerade das Wissen um den Umstand, dass es Seelen gibt, die sich schwer tun, ihren toten Körper loszulassen, ist der wahre Grund für diese Sitte. Indem der Körper so rasch verbrannt wird, soll der Seele das Anhaften an diesen Körper verunmöglicht werden; oder positiv gesagt, soll ihr das Weggehen in die geistige Welt leichter gemacht werden. So wird nach der Verbrennung die Asche nicht gesammelt wie bei uns, sondern verstreut. Es soll vom Körper nichts zurückbleiben. Überhaupt ist das durchschnittliche fernöstliche Bewusstsein (wenn es denn so etwas gibt!) viel jenseitsbezogener als das unsere, sodass eine Seele dort vielleicht gar nicht die drei Tage braucht, um sich vom Körper zu lösen.

Wir brauchen jedoch nicht in ferne Länder zu gehen. Mitten unter uns begegnen wir der jüdischen Tradition, nach welcher die Toten ebenfalls rasch, gelegentlich noch am Todestage, beerdigt werden. Auch hier befriedigte mich die immer wieder zu hörende Erklärung nicht, dass in Israel eben ein heißes Klima herrsche, welches die sofortige Beseitigung der Leiche erfordere. Eine jüdische Teilnehmerin an einem Kurs hat mir die wahre Begründung nennen können. Die spirituelle, auf den Geist bezogene Erklärung lautet folgendermaßen: Wenn die Seele sieht, dass um und mit ihrem Körper all die vorgeschriebenen Toten-Rituale vollzogen werden und dieser schließlich beerdigt wird, hilft ihr das, diesen Körper loszulassen. Vielleicht gibt dies auch den tiefen Grund für die gleiche Sitte der raschen Bestattung bei den Moslems ab.

Wertende Vergleiche sind hier wie überall unangebracht. Wir begegnen in diesen unterschiedlichen Totenbräuchen ganz einfach ein weiteres Mal verschiedenen Blickwinkeln auf den Blumenstrauß der Wahrheit. Wir sollten nur anerkennen, dass all diesen verschiedenen Riten und Bräuchen letztlich spirituelle Motive zugrunde liegen. Für mich ist es ungeheuer spannend, so lange zu forschen und zu suchen, bis ich diese jeweils wesentlichste Begründung erkannt habe. Es kann jedoch nicht genug betont werden, dass es unstatthaft ist, aus *meinem* Blickwinkel heraus Riten und Gebräuche, die sich aus einem *anderen* Blickwinkel ergeben, zu beurteilen. Da zählt nur Respekt vor dem Andersartigen und das Vertrauen, dass andere Traditionen auch gute Begründungen kennen. Deswegen muss ich meine eigene Überzeugung ja nicht aufgeben. Zudem möchte ich im Hinblick auf ein rasches Begräbnis der Verstorbenen zu bedenken geben, dass eine ehrenvolle und geistig-religiös sinnhafte Bestattungsfeier, auch wenn sie rasch nach dem Tode stattfindet, dem weiteren Weg der Seele bestimmt weitaus förderlicher ist als das lieblose Beiseiteschaffen und das in der Einsamkeit des Kühlhauses Lagern der Leichen, wie bei uns oft üblich.

Die Bedeutung des Ortes, an dem wir bei den Verstorbenen weilen

Doch kommen wir zurück auf unser eigentliches Thema: Was können wir für eine Seele noch tun, wenn der Körper gestorben ist?

Als Erstes müssen wir wissen und dürfen wir darauf vertrauen, dass keine Seele allein gelassen wird, dass Hilfe immer auch aus der jenseitigen Welt kommt. Sterbende sprechen oft von verstorbenen Angehörigen und Freunden, oder sie sprechen sogar *mit* ihnen, nehmen sie bei sich wahr; diese sind für sie tatsächlich anwesend. Wiederum wird nur ein allzu materialistisch eingeschränktes Denken dies so deuten, dass Sterbende fantasieren oder verwirrt sind. Ich bin sicher, dass sie in solchen Fällen bereits zu einer Dimension der Wirklichkeit einen Zugang haben, der uns in unserem Alltags-Bewusstsein verwehrt ist. Zudem bestätigen viele Nahtod-Erfahrungen diese Anwesenheit von Verstorbenen in der Todesstunde; hellsichtige Menschen nehmen sie gelegentlich wahr. Dies kann uns ein Trost beim Gedanken an die vielen Menschen sein, die heute einsam und verlassen oder auch in großer Entfernung sterben, sodass die Todes-Nachricht uns erst viel später erreicht; oder an Menschen, die wohl Angehörige um sich haben, aber niemanden, der zu dieser geistigen Welt und ihren Wahrheiten einen inneren und bewussten Bezug hat. Wir dürfen davon ausgehen, dass niemand in dieser Welt stirbt, ohne dass nicht aus der anderen Welt jemand da ist, der ihn sozusagen in Empfang nimmt.

Das heißt nun aber nicht, dass wir Zurückbleibenden nichts Sinnvolles mehr tun können oder tun sollen. Die Feststellung C.G. Jungs, dass es ein menschliches Urbedürfnis sei, für die Verstorbenen noch etwas zu tun, kann auch als Hinweis auf die Berechtigung und Sinnhaftigkeit solchen Tuns verstanden werden. Selbstredend macht eine solche Begleitung jemanden mit einem festen Glauben an einen unsterblichen Teil im Menschen nötig. Wer diesen Glauben nicht teilt, kann jetzt nicht wirksam helfen. Auch werden all unsere weiteren Ausführungen und Überlegungen für Personen ohne einen solchen Glauben keinerlei Sinn ergeben.

Wenn wir bedenken, *wo* denn eine solche Begegnung mit Verstorbenen am besten stattfinden soll, steht im Hintergrund die Frage, wo Menschen heute sterben beziehungsweise wo sie am liebsten sterben möchten. Der Trend geht eindeutig in die Richtung, dass viele sich wünschen, zu Hause zu sterben, in ihrer vertrauten Umgebung und bei den ihnen lieben Menschen, nicht aber im sterilen Rahmen einer unpersönlichen Institution. Ich kann diesen Wunsch gut verstehen, möchte jedoch zu bedenken geben, dass dabei oft wieder die Äußerlichkeiten, die materielle Ebene, allzu sehr ins Zentrum gerückt werden. Wenn ich an mein eigenes Sterben denke, spüre ich deutlich, dass in meiner Todesstunde jemand bei mir sein sollte, der ein lebendiges Bewusstsein für die spirituelle Dimension des Sterbens hat; dass dagegen die Frage, wo dieses Sterben sich ereignet, viel von ihrer Bedeutung verliert.

Des Weiteren tröstet der Gedanke gewiss, in Anwesenheit von mir lieben Menschen zu sterben. Im Blick auf die nachtodliche Begleitung wird aber vor allem bedeutsam, dass mindestens eine Person mit einer lebendigen spirituellen Bewusstheit zugegen ist. Wie tief und vertraut die familiäre oder menschliche Beziehung dieser Person zu den Sterbenden ist, ist dabei gar nicht so wichtig.

Wir wollen also das Sterben zu Hause, im Rahmen vertrauter Menschen nicht idealisieren und seine Bedeutung nicht verabsolutieren. Ganz abgesehen davon, dass tatsächlich nötige Pflege der Sterbenden zu Hause oft nicht geleistet werden kann (die räumlichen oder personellen oder materiellen Voraussetzungen sind nicht erfüllt), sind die Angehörigen, die ihre Sterbenden zu Hause umgeben, wohl Vertraute, allzu oft aber selber von Unwissen und Unrast erfüllt, was die nötige und gewünschte Harmonie und Ruhe des Sterbens erheblich beeinträchtigen kann – ganz zu schweigen von der möglichen Unruhe und dem Kämpfen der Sterbenden selber, die nicht deshalb schon automatisch überwunden sind, weil das Sterben sich zu Hause vollzieht. Innere Ruhe und Frieden sowohl in den Sterbenden wie auch in den Begleitenden haben eine sehr viel höhere Bedeutung als der äußere Rahmen.

Trotz dieses verbreiteten Wunsches, zu Hause sein Leben zu beschließen, stirbt faktisch der weitaus größte Anteil der Menschen – bei uns über 80% – in einer Institution. Da ist tröstlich, dass die Sensibilisierung für all die Fragen und Bedürfnisse rund um das Sterben zunächst in Heimen, aber bereits da und dort auch in Krankenhäusern zurzeit rasch voranschreitet. Pflegende und Mitarbeitende werden sich zunehmend der Wichtigkeit des Moments dieses Übergangs bewusst. Sie kommen zur Einsicht, dass man nicht mehr im bisherigen, oft allzu unpersönlichen Stil weiter fahren kann. Mehr und mehr trifft man in Institutionen auf schöne, bewusst und würdevoll gestaltete Sterbe-Situationen – eine Bewusstheit durchaus auch für den Umstand, die Verstorbenen noch für eine Weile in ihren Zimmern zu belassen. Wenn in vielen Fällen nach eingetretenem Tod sofort Hektik und Unruhe um sich greifen, ist dies keineswegs immer den Ärzten und Pflegenden anzulasten. Allzu oft werden die anwesenden Angehörigen jetzt geschäftig: Todes-Anzeigen aufsetzen, das Begräbnis organisieren, erste Erb-Verteilungen vornehmen – sich also sogleich um »Reales und Konkretes« kümmern ...

Ehrlicherweise muss aber – bei allen erfreulichen Entwicklungen – zugegeben werden, dass diesbezüglich in vielen Institutionen vieles noch im Argen liegt, und dass es weiterer enormer Anstrengungen bedarf, bis wir wieder zu einer Sterbekultur gefunden haben, die diesen Namen tatsächlich verdient.

Was bedeutet nun dies alles im Blick auf unsere Frage nach dem geeignetsten Ort, an dem ich bei Verstorbenen weilen kann? Es geht, so haben wir gesehen, weniger um die äußere Gestaltung des Raumes als um die innere Qualität der Begegnung – und diese hängt sehr direkt von mir und meinem Bewusstsein als Begleiter ab. In Ruhe und innerer Sammlung sollte dieses Zusammensein geschehen: in erster Linie eine Anfrage an mich selber. Je vertrauter mir die Praxis von Besinnung oder Meditation ist, desto leichter wird es mir fallen, mich auch unter nicht optimalen äußeren Bedingungen in diese Stimmung zu versetzen. Entscheidend ist, dass ich ganz bei mir und im Bewusstsein meiner eigenen Verbundenheit mit der geistigen Welt sein kann. Nur so werde ich die Seele hilfreich begleiten.

Ich erinnere mich in diesem Zusammenhang an eine ältere Patientin im Krankenhaus – zurzeit meiner Tätigkeit als Seelsorger –, die eines morgens unerwartet gestorben war. Ich hatte sie nicht persönlich gekannt. Ihre sofort herbeigeeilte Tochter, eine etwa 60-jährige Frau, wünschte sich einen geistlichen Beistand, egal von welcher Kirche. Da ich der einzige Seelsorger war, der sich zu dieser frühen Stunde schon im Krankenhaus befand, wurde ich herbeigerufen. Die Verstorbene hatte in einem Vierbett-Zimmer gelegen. Nach ihrem plötzlichen Tod brachten sie die Schwestern in ihrer Verlegenheit ins Badezimmer, wo die Tochter auf mich wartete. Ein Badezimmer, zumal ein rein funktional eingerichtetes in einem modernen Krankenhaus, gilt allgemein nicht als idealer Ort einer besinnlichen Stimmung. Aber ich war erst wenige Augenblicke da, als eine tiefe Ruhe über mich kam und ich die erfüllte Lebendigkeit, die die Tote umgab, wahrnahm, eine Stimmung, die sich offensichtlich rasch auch auf die Tochter übertrug. Eine kurze, aber sehr intensive Besinnung auf den Lichtweg, den das Bewusstsein der Verstorbenen jetzt antrat, geschah.

Ich berichte diese Begebenheit, um zu unterstreichen, dass es viel mehr auf die innere Qualität der Begegnung ankommt als auf die äußere Gestaltung des Raumes. Wir wollen den materiellen Aspekt nicht überbetonen. Trotzdem kann eine ruhige, meditative Stimmung leichter entstehen, wenn diese Begegnung an einem einladenden Ort stattfindet, wo vielleicht eine Kerze entzündet werden kann und irgendein Symbol des Glaubens der verstorbenen Person da ist, ein Heiligenbild, ein Rosenkranz, ein Kristall, das Zeichen der heiligen Silbe Om für Hinduisten ... Der Möglichkeiten sind viele.

Was ist das Wichtigste? – Unterschiedliche Prioritäten

Die Frage, was denn nach dem Ableben eines Menschen das Wichtigste sei und als Erstes an die Hand genommen werden müsse, hängt stark von der Bewusstheit der jeweils Anwesenden ab und findet demnach unterschiedliche Antworten. Sowohl beim Sterben zu Hause wie auch in Institutionen kann ungefragt als das Dringlichste und Wichtigste gelten, als Erstes sofort die Leiche herzurichten und ebenso schnell den Arzt für die Todes-Bestätigung herbeizurufen. Solche Geschäftigkeit ist natürlich meinem Bestreben, eine besinnliche Atmosphäre zu schaffen, abträglich. Da warte ich halt ab, bis diese Vorkehrungen vorbei sind. Denn ich kann nur schlecht zur nötigen Ruhe kommen, wenn ich unter dem Druck stehe, schnell zu machen, weil noch anderes und »viel Wichtigeres« ansteht. Weniger beeinträchtigend ist, wenn diese meditative Begleitung etwas später einsetzt, als wenn sie unter Zeitdruck und unter der Bedrohung, ständig unterbrochen zu werden, vollzogen wird. In vielen Fällen werden Kompromisse mit den »realen und konkreten Bedürfnissen« unvermeidlich sein.

Und sollte es einmal am Sterbeort tatsächlich unmöglich sein, die nötige Stimmung zu schaffen, darf ich wissen, dass das Bewusstsein nach dem Tode des Körpers rasch unsere gewohnten Beschränkungen von Raum und Zeit überwindet. Wohl ist für mich und meine innere Sammlung hilfreich, wenn ich eine erste meditative Besinnung in persönlicher Anwesenheit bei der Leiche machen kann; so kann ich die Tatsächlichkeit des Todes sinnlich erfahren, was nicht unwichtig ist. Ich darf aber darauf vertrauen, dass, sollten die Umstände es erfordern, ich diese Hilfe auch aus örtlicher Distanz leisten kann. Ich kann die Seele auch dann erreichen.

Menschen mit einem lebendigen spirituellen Bewusstsein werden aber, wenn jemand seinen letzten Atemzug getan hat, eine solche Hektik gar nicht erst aufkommen, sondern zunächst Ruhe und Frieden einkehren lassen. Sie werden ihr Bewusstsein auf die Ebene richten, die jetzt die entscheidende ist; sie werden, wie Dina Rees es vorschlug, mit den Verstorbenen »das Fest der Unsterblichkeit feiern«. Aus dieser Sammlung und Ruhe heraus wird auch das Herrichten der Leiche zu einem vielleicht beinahe feierlichen Akt und bewusst als letzter Liebesdienst an der verstorbenen Person erlebt. Und: die Toten-Bescheinigung durch den Arzt darf ruhig um ein paar Stunden zurückgestellt werden.

Ein einziges Element des Zeitdruckes existiert real und tatsächlich naturgegeben: Zwei bis drei Stunden nach dem eingetretenen Tod setzt die Totenstarre ein, die sich erst nach drei Tagen wieder löst – die sofortige Überführung ins Kühlhaus kann diese Fristen verlängern. Wenn also Wünsche nach einer besonderen Bekleidung des/der Verstorbenen bestehen, sind diese am leichtesten innerhalb dieser Zeit auszuführen. Mit etwas mehr Aufwand können aber auch zu einem späteren Zeitpunkt Verstorbene noch gekleidet werden.

Hilfreiche Bilder zum Verständnis des Sterbens

Wenn auch, wie wir eben sahen, meine direkte Anwesenheit bei der verstorbenen Person nicht zwingend ist, so ist sie doch nicht zuletzt deshalb für mich hilfreich, weil ich in dieser unmittelbaren Nähe am ehesten die Lebendigkeit wahrnehmen kann, die frisch Verstorbene umgibt, wie sie viele Menschen spüren. Diese intensive Energie entspricht wohl unserer Form der Wahrnehmung, dass das Bewusstsein, die Seele im Begriffe ist, sich vom nunmehr toten Körper zu lösen.

So wollen wir an dieser Stelle noch einmal die Frage aufwerfen – die wir aber auch jetzt nicht endgültig beantworten können: Was geschieht, wenn der Körper stirbt? Viel Eindrückliches haben wir bereits gehört. Wir wollen uns dieser Frage noch auf einer anderen Ebene annähern, nämlich auf der Ebene von Bildern. Solche symbolischen Vergleiche können mithelfen, uns dem letztlich Unfassbaren anzunähern.

Eines dieser Bilder stammt aus der Chemie: Die Seele, so heißt es, wechsle ihren Aggregats-Zustand. Dieser Vorgang ist uns aus unserem Alltag beim Wasser wohl vertraut: Wir erhitzen es, bis es kocht und schließlich verdampft. Der Dampf ist der neue Aggregats-Zustand. Von ihm wissen wir, dass er viel leichter, viel beweglicher als Wasser ist und sich rasch im Raum verteilt. Dieses Bild ist tatsächlich hilfreich, berichten doch Menschen mit Nahtod-Erfahrungen, wie leicht und lebendig sie sich fühlten, wie verschlossene Türen und Mauern für sie in ihrer Fortbewegung kein Hindernis darstellten, wie ihr Bewusstsein sich in ungeahnter Weise ausdehnte und erweiterte.

Ein weiteres, bekanntes und oft zitiertes Bild für den Sterbevorgang entstammt der Zoologie: Im Sterben verhalte sich die Seele zum Körper wie der Schmetterling zur Puppe. Eine

Zeit lang braucht er diese Puppe, gewährt sie ihm Raum und Schutz. Wenn aber die Zeit reif ist, wird diese Schutzhülle zur Beengung und muss aufgebrochen und verlassen werden. Der Schmetterling entfaltet seine Flügel und entschwebt frei und leicht in luftige Höhen.

Dieses Bild für das Sterben verstehen übrigens auch Kinder gut. Wenn Kinder nach dem Tod fragen, zum Beispiel beim Tod eines Großeltern-Teils, kann man ihnen das Geschehen auf diese Weise nahe bringen und hinzufügen, dass das Besondere beim Sterben sei, dass wir Menschen mit unseren gewöhnlichen Augen die Seele nicht sehen könnten, wenn sie ihre alte Hülle verlässt. Das verstehen Kinder sehr wohl – außer wenn sie absolute Stadtkinder, die noch nie weder eine Puppe noch einen Schmetterling gesehen haben, sind ...

Solche Bilder können dort helfen, wo Menschen – zum Beispiel eben Kinder – nicht über genügend abstrahierendes Denkvermögen verfügen. Sie sind gültig, weil sie dem Umstand Rechnung tragen, dass das Sterben des Körpers für das Bewusstsein eine dramatische Zeit, eine Zeit der Ausdehnung, des Zuwachses an Lebendigkeit darstellt und – auch davon haben wir gehört – eine Zeit, in der das große Licht aufgeht. Diese Bilder können mich unterstützen, wenn ich zu einem verstorbenen Menschen gerufen werde und mich auf diese Begegnung einstimmen möchte.

Kapitel 8

Die meditative Lichtarbeit

Wenn wir uns so vergegenwärtigt haben, was das Sterben des Körpers für die Seele bedeutet, und wenn uns gelungen ist, eine Atmosphäre der Ruhe und Bewusstheit zu schaffen, stellt sich als Nächstes die Frage, was die konkreten Inhalte einer entsprechenden Seelenbegleitung sind. Diese ergeben sich aus ihrem Ziel: Wir begleiten den unsterblichen Teil der Sterbenden und Verstorbenen in der Phase, in der er sich aus der Welt der Materie lösen soll, aus dem Körper, aus dem materiellen Besitz, aus seinen menschlichen Beziehungen usw., um auf diese Weise nach Möglichkeit Unterstützung zu geben beim Eingehen in die Welt des göttlichen Lichtes. Unser Licht-Bewusstsein, unsere Verbundenheit mit der geistigen Welt soll Hilfe bei diesem so wichtigen, aber nicht immer leicht zu vollziehenden Übergang sein.

Inhalte der Seelen-Begleitung

Aus all den Informationen, die wir im ersten Teil des Buches zusammengetragen haben, können wir nunmehr schöpfen.

Als Erstes müssen wir bedenken, dass offenbar viele Seelen in diesen ersten Momenten nach dem Tod noch gar nicht realisieren, dass ihr Körper tot ist. Daher soll zuerst möglichst bald und möglichst klar den Verstorbenen diese Tatsache ins Bewusstsein gebracht werden, einfach, schlicht und knapp: »*Du bist jetzt tot. Dein Bewusstsein schickt sich an, ohne den Körper in neue, weite Räume zu gehen.*«

Der zweite Inhalt in meiner Zwiesprache mit der Seele betrifft das Licht: Ihr Weg führt jetzt ins Licht. Wenn sie irgendwo ein Licht sieht, soll sie darauf zugehen, in dieses Licht eingehen. Denn: Dieses Licht ist ihr eigenes wahres Wesen.

Des Weiteren übernehme ich jenes Element, das den Tibetern so wichtig ist und das auch mir in der Höhle eine große Hilfe war: Was immer du siehst an Gestalten und Erscheinungen, das alles ist nicht Realität, das sind bloß Bilder deines Geistes, das sind deine eigenen Vorstellungen. Die können dir nichts anhaben.

Schließlich ermahne ich die Verstorbenen, jetzt alles, was sie noch an das Leben auf dieser Erde bindet, was sie vielleicht noch bedrückt und belastet, wofür sie sich noch verantwortlich fühlen, nunmehr getrost zurückzulassen; sie sollen sich um nichts mehr kümmern; sie haben auf dieser Welt keine Verpflichtungen mehr.

Diese vier Elemente sind die wesentlichsten Inhalte meiner Seelen-Begleitung zu diesem Zeitpunkt:

- Die Information, dass sie tot sind.
- Ihr Weg führt sie ins Licht.
- Alles, was sie an Bildern sehen, sind nur eigene Vorstellungen und Projektionen.
- Sie sollen alle Bindungen an diese Welt loslassen.

*

Konkret hängt das im Einzelnen entscheidend davon ab, wer die verstorbene Person war: War sie religiös, spirituell engagiert oder gleichgültig? War sie ängstlich? War sie zufrieden mit ihrem Leben? Litt sie unter Schuldgefühlen usw.? Je mehr ich von ihr weiß, desto gezielter kann ich in dieser wichtigen Stunde zu ihr sprechen.

Ich versuche im Folgenden, eine Art Standard-Version einer solchen Begleitung in der ersten Zeit nach dem Tode zu formulieren. Ich erinnere mich dabei an verschiedene Situationen, in denen ich solche Begleitungen gemacht habe. Ich suche den roten Faden, der sie alle durchzieht. Auf Besonderheiten gehen wir später ein. Ich wähle das Beispiel einer weiblichen Person, mit der ich per du war.

Als Erstes vergewissere ich mich, dass ich eine Zeit lang ungestört mit der Verstorbenen sein kann. Falls Angehörige zugegen sind, sage ich ihnen, was ich jetzt tue, und lade diejenigen, die dabei sein wollen, ein, mitzumachen und bitte die anderen, uns für eine gewisse Zeit Ruhe zu gewähren.

Dann bringe ich erst mich selbst in die Ruhe, in eine meditative Stille (ich spreche von mir; falls weitere Personen da sind, gilt all dies für uns alle). Ich kann, wenn es ohne allzu viel Aufwand möglich ist, eine Kerze anzünden. Ich stelle für mich, in meinem Bewusstsein, meine Verbundenheit mit dem Licht her, mit dem ewigen göttlichen Licht, dessen Teil ich bin. Ich visualisiere Licht aus dem Kosmos auch auf den Körper der verstorbenen Person vor mir – vielleicht ist dieser Körper noch warm.

Dann fange ich an zu sprechen, ruhig und klar. Da das Bewusstsein, wenn es den Körper einmal verlassen hat, auch Gedanken von Umstehenden erkennen und verstehen kann, ist es nicht unbedingt nötig, dass ich meine Gedanken laut ausspreche. Hilfreich ist es trotzdem, vor allem natürlich, wenn mehrere Leute anwesend sind, aber auch für mich selber: Das Aussprechen hilft mir, meine Gedanken zu ordnen, und verhindert ein Abschweifen.

Das Ganze ist – das klang nun schon mehrmals an – ein sehr meditativer Vorgang. Ich spreche langsam und mache immer wieder Pausen.

MODELL EINER SEELEN-BEGLEITUNG

So könnte eine Seelen-Begleitung im Grundsatz aussehen:

»Du (Name) bist jetzt tot. Dein Körper ist gestorben, und dein Bewusstsein schickt sich an, seinen toten Körper zu verlassen. Du hast keine körperlichen Empfindungen mehr. Dies ist für dich eine sehr intensive Erfahrung; aber du bist nicht die Einzige, die diese Erfahrung macht. Das geht allen Menschen so; schon viele, viele Menschen sind diesen Weg gegangen.

Du fühlst dich sehr lebendig und sehr leicht – du bist *auch sehr lebendig und sehr leicht. Du siehst uns, wie wir da sind; du hörst, was wir sagen, und verstehst, was wir denken – aber wir können dich nicht sehen und nicht hören und verstehen, was du zu uns sagen willst.*

Dein Lebensweg auf dieser Erde geht nunmehr zu Ende, und es beginnt für dich ein Dasein in einer ganz anderen Dimension. Dein Bewusstsein löst sich von deinem Körper und gelangt in wunderbare und lichtvolle Weiten.

Dein Weg führt jetzt ins Licht. Wenn du irgendwo ein Licht siehst, geh zu diesem Licht. Licht ist das Ziel deines Weges. Und wenn du mehrere Lichter siehst, folge dem hellsten und fürchte nicht seine Helligkeit. Es ist das göttliche Licht, das dir aufscheint. Hab Vertrauen. Dieses Licht ist deine neue Heimat, ja – du selber bist Licht. Deine Seele ist Licht, ist Teil des göttlichen Lichtes. Darum gehe zu diesem Licht; gehe ein in dieses Licht.

Wenn du anderes siehst, Figuren, Erscheinungen, Bilder, lass dich nicht erschrecken und nicht ängstigen. Denn diese Gestalten sind keine Realität, sie können dir nichts anhaben. Sie sind nur Projektionen deines Geistes, Bilder aus dir selber, aus deinem eigenen Unbewussten. Sie sind nicht wirklich. Und du hast ja keinen Körper mehr. Niemand kann dir etwas antun; niemand kann dir Schaden zufügen; niemand kann dich töten.

Deine Seele ist Licht. Darum achte auf das Licht und gehe ein in dieses Licht, wenn du es siehst. Hab Vertrauen zu diesem Licht; gib dich diesem göttlichen Licht hin. Lass dich durch nichts, und sei es noch so verlockend, von diesem Licht abhalten.

Dein Weg auf dieser Welt ist nunmehr zu Ende. Lass daher alles los, was hier war. Du bist deinen Weg gegangen. Du hast hier keine Aufgaben und Pflichten mehr. Du brauchst dich hier um nichts mehr zu kümmern – du kannst dich hier auch um gar nichts mehr kümmern. Dein Weg geht jetzt ins göttliche Licht. Lass alle Sorgen los und alle Kümmernisse; du darfst alles so lassen, wie es ist. Alles ist gut, so, wie es ist. Gehe du ins Licht. Dein Weg führt dich ins Licht. Du bist selber Licht. Geh ein ins göttliche Licht.«

Dies wäre eine mögliche Form des Sprechens zum Bewusstsein der Verstorbenen. Das Schwergewicht meiner Rede lege ich auf das Licht und bin auch selber die ganze Zeit bewusst mit diesem Licht verbunden. Dieses ist das Ziel, auf das die Seele zugehen soll und von dem viele Sterbende bei uns eben nichts wissen. Es kommt vor, dass dieses Licht in seiner Helligkeit sie richtig gehend ängstigt – davon werden wir noch hören. Im konkreten Fall wird ein solcher Text natürlich an die Persönlichkeit und das Leben der Verstorbenen angepasst.

Wichtig ist dabei nicht, dass ich mich bemühe, an alles zu denken und nichts zu vergessen. Das verkrampft mich bloß. Ein Element darf auch einmal fehlen. Wichtig ist vielmehr, dass ich entspannt und bei mir bin, in meiner Verbundenheit mit der geistigen Welt *und* bezogen auf das Bewusstsein der Verstorbenen. Dann kann ich frei und unverkrampft sprechen und darauf vertrauen, das mir das, was wichtig ist, schon einfällt.

Wer lieber auf feste Gebetsformen aus einer kirchlichen Tradition zurückgreift, kann dies ohne weiteres tun. Nur sollten diese Gebete sowohl der Verstorbenen wie auch den anwesenden Zurückbleibenden etwas bedeuten. Zudem sollte nicht so sehr das Abwenden von ewigen Höllenstrafen im Zentrum stehen, wie es in alten katholischen Handreichungen gelegentlich vorkommt. Solche Gedanken bauen weder die Verstorbenen noch die Hinterbliebenen auf. Es gibt jedoch in der katholischen ebenso wie in anderen Traditionen wunderschöne Gebete, etwa wenn die Engel Gottes angerufen werden, um die Seele abzuholen und sie in Gottes ewiges Licht zu begleiten. Man muss eben in Gebetbüchern und anderen hilfreichen Publikationen, etwas suchen – möglichst nicht erst, wenn die Sterbende bereits den letzten Atemzug tut ...

Erfahrungen mit der Begleitung nach dem Tode

Ich möchte nun von konkreten Erfahrungen berichten, die ich beim Begleiten von Verstorbenen gemacht habe. Ich werde einfach erzählen, spontan. Manchmal werde ich etwas ausführlicher werden, weil immer wieder an bestimmten Punkten Zusammenhänge und Wahrheiten grundsätzlicher Natur erkannt und aufgezeigt werden können, die über den konkreten Einzelfall hinaus Gültigkeit haben.

Beispiel: Ein leichtes und gelöstes Weggehen

In den ersten Stunden eines warmen Spätsommer-Tages starb ein 50-jähriger Mann. Er litt an ALS, amyotropher Lateralsklerose, einer Nervenkrankheit, die sich in fortschreitender Muskellähmung auswirkt. Viele ALS-Kranke sind von der Furcht erfüllt, am Ende zu ersticken, weil irgendwann einmal diese Lähmung die Atem-Muskulatur befällt, was den raschen Tod bedeutet – den Erstickungstod.

Ich hatte den Mann früher nur oberflächlich gekannt; seine Frau war mir aus einem Kurs bekannt, den wir gemeinsam vor Jahren besucht hatten. Die beiden hatten erst vor wenigen Jahren geheiratet. Ungefähr zwei Jahre vor seinem Tod – ich wusste nichts von seiner Krankheit – meldeten sich die beiden zu einem Sterbe-Seminar bei mir an, und ich erschrak, als ich den Mann, den ich als ausgesprochen lebenslustig und fröhlich in Erinnerung hatte, mühsam an zwei Krücken daherkommen sah. Tapfer beteiligte er sich an allen Meditationen und Ritualen, die keineswegs nur für Sterbende gedacht sind, sondern Menschen grundsätzlich einladen wollen, über ihre Sterblichkeit nachzudenken und daraus Impulse für ihr weiteres Leben zu schöpfen. Für ihn aber hatte dies alles eine ganz besondere Bedeutung und Dringlichkeit; er konnte Trauerarbeit leisten.

Wir blieben in Kontakt; er äußerte den Wunsch, sich gelegentlich mit mir austauschen zu können – wir wurden Freunde. In unregelmäßigen Abständen ging ich zu den beiden, und wir sprachen über das Sterben. Er beschäftigte sich mit der Frage nach dem Sinn seiner Krankheit: Was wollte sie ihm sagen und zeigen? Sehr bewusst nahm er immer wahr, was ihm an Lebens-Qualität noch geblieben war – und das lebten die beiden auch intensiv aus. Immer mehr öffnete er sich in unseren Gesprächen auch für das Jenseits. Er praktizierte seit Jahren die stille Meditation – er hatte Vorarbeit geleistet! Natürlich war die junge Ehe von dieser Krankheit schwer betroffen;

doch die beiden gingen mit viel Mut und beeindruckender Offenheit ihren Weg, der viel früher, als sie geglaubt hatten, bereits wieder ein Abschiednehmen bereithielt.

Nach einem intensiven Wochenende mit verschiedenen Besuchen – er schöpfte erneut seine ihm verbliebene Lebens-Qualität aus – suchte er noch am späten Abend das Gespräch mit seiner Frau (»Gibt es etwas, das noch unausgesprochen ist zwischen uns?«). Dies führte ein weiteres Mal zu einer tiefen Begegnung zwischen den beiden – und in dieser Nacht starb er, ruhig und friedlich im Schlaf. Die Ärzte hatten aufgrund ihrer Erfahrungen mit dieser Krankheit seinen Tod erst etwa ein Jahr später erwartet. Aber seine Seele war bereit zu gehen. Sie musste gar nicht warten, bis der Körper zum Äußersten gekommen war. Nicht Ersticken, sondern die gelöste Bereitschaft seiner Seele, den Körper zu verlassen, führte zum Tod.

Da ich beruflich an diesem Tag unterwegs war, kam ich erst 36 Stunden nach seinem Tod dazu, ihn noch einmal zu besuchen. Er war zu Hause, lag auf dem Ehebett, im Hochzeitsanzug. Seiner Frau war es ein Anliegen, dass er drei Tage zu Hause bleiben konnte – in einer heißen Spätsommer-Woche, in einem Hochhaus im dreizehnten Stockwerk: Alles geht, wenn man nur wirklich will!

Wie viel Ruhe und Frieden erfüllte den Raum! Nicht nur vom Lächeln auf seinem Gesicht, die Ruhe kam von einer anderen Ebene. Ich lud seine Frau ein, zusammen mit mir für ihn eine meditative Besinnung auf das Licht zu machen (so wie ich sie noch vorstellen werde). Nachdem wir uns eingestimmt hatten, sagte ich als Erstes spontan zu ihm: »Das hast du gut gemacht!« Unüberhörbar (nicht für körperliche Ohren) vernahm ich sein Lachen; er hatte seine alte Fröhlichkeit wiedergefunden!

Nebenbei: Ich traue solchen Reaktionen, Bildern und Botschaften immer dann am ehesten, wenn ich in dieser Form nicht auf sie gefasst bin; mit diesem Lachen hatte ich nicht gerechnet.

Wir führten die Meditation durch, und ich war erfüllt von einer tiefen Gewissheit, dass er auf dem Weg ins Licht war. Am anderen Morgen ergab es sich, dass seine Frau bei sich und ich bei mir gleichzeitig unsere Morgen-Meditation hielten: Wir beide bekamen (darauf war ich wieder nicht gefasst) unabhängig voneinander und beide auf ihre Weise von ihm ein Bild, das uns bestätigte, dass er auf dem Lichtweg war.

Später beim Abschieds-Ritual, als wir seinem Wunsch gemäß seine Asche um einen schönen, großen Baum streuten, nahm ich ihn noch einmal wahr, doch war er schon weit entfernt, umgeben von Licht. Sein bewusstes Leben, wozu seine intensiv gelebte Spiritualität und regelmäßige Meditations-Praxis mitgehörten, hatte ihm zu diesem schönen, leichten und lichtvollen Abschied aus dieser Welt verholfen.

Beispiel: Ein angsterfülltes und mühevolles Weggehen

Vor einigen Jahren starb, wenige Tage vor Weihnachten, in einem Pflegeheim eine 75-jährige Frau. Ich hatte sie von Kindesbeinen an gekannt; wir waren verwandt. Ich will von ihrer Geschichte und ihrem Sterben etwas ausführlicher berichten, weil daran auch Fragen, die über die nachtodliche Begleitung hinausgehen, deutlich werden und die heute immer wieder gestellt werden, weil sie Menschen offensichtlich beschäftigen.

Die Dame war von überaus ängstlichem Charakter, fürchtete sich vor allem und jedem, was ihr nicht vertraut war, und geriet wegen jeder Kleinigkeit, die ihr im Leben begegnete und die sie nicht kannte, in Panik-Stimmung. Diese große Ängstlichkeit hatte sie ein Leben lang daran gehindert, wichtige Entscheidungen zu fällen; sie fürchtete die Endgültigkeit und die allfälligen, nicht immer vorhersehbaren Konsequenzen. So blieb manch wichtige Frage in ihrem Leben offen, außer die Zeit erledigte die Sache von allein oder andere, von der anstehenden Entscheidung Mitbetroffene entschieden, nachdem sie die Geduld mit dem endlosen Zögern verloren hatten; worauf die Patientin sich jeweils beklagte, man habe wieder ohne oder gegen sie entschieden. Dieses Zögern brachte es auch mit sich, dass sie beruflich nie eine Stellung erreichen konnte, die ihrer hohen Intelligenz und Ausbildung entsprochen hätte. Nie hatte sie wirklich und bewusst die Verantwortung für ihr Leben übernommen.

Als sie sechzig Jahre alt war, wurde bei ihr ein Krebsleiden diagnostiziert. Ich signalisierte ihr, dass wir durchaus auch auf einer anderen Ebene als der von Operationen und Bestrahlungen diese Situation anschauen könnten. Doch geriet sie ob dieses Angebotes in große Angst, da sie befürchtete, sie könnte sich dabei auf irgendetwas Unbekanntes und Bedrohliches einlassen, und verbot mir unmissverständlich jede weitere Äußerung in diese Richtung: »Ich will nicht, dass du mit mir über solches sprichst.« Ich habe dieses Verbot über 15 Jahre bis zu ihrem Tode respektiert, weil sie nie angezeigt hatte, dass sie ihre Meinung geändert hätte. Der Gedanke ans Sterben erfüllte sie wohl mit großer Angst; aber darüber zu sprechen schien ihr noch schlimmer – wenigstens mit mir; ich habe jedoch keine Hinweise bekommen, dass sie je mit anderen darüber gesprochen hätte.

Die nächsten zehn Jahre verlebte sei bei erstaunlich guter körperlicher Verfassung. Wohl war dann und wann eine kleine Operation zur Entfernung einer Metastase nötig oder eine Strahlen- oder sonstige Therapie. Aber in den Zwischenzeiten hatte sie eine recht gute Lebensqualität; ihre Ängste blieben ihr natürlich.

Nach Ablauf dieser zehn Jahre aber setzte der körperliche Verfall ein; ihre Kräfte ließen nach; zunehmend fiel ihr schwer, ihren kleinen Haushalt zu besorgen. Aber ihr starker Wille und die Angst vor jeglicher Veränderung ließen sie ausharren.

Nach weiteren vier Jahren erlitt sie eines Nachts einen schweren Schlaganfall. Die rechtsseitige Körperlähmung bildete sich rasch zurück, aber der totale Sprachverlust blieb ebenso wie die offensichtliche Unfähigkeit, ihre Umstehenden zu verstehen. Einfache Botschaften, die ihr mitgeteilt wurden, konnte sie erfassen. Alles aber, was nur ein wenig komplexer war, verstand sie nicht mehr. Dies nicht etwa, weil sie im Geiste verwirrt gewesen wäre; ihre Gedanken waren völlig klar bis zum letzten Tag. Nein, der schwere Hirnschlag, dem noch eine Reihe weiterer, kleinerer Attacken im Gehirn gefolgt waren, hatte ihre Kommunikations-Fähigkeit zerstört. Sie konnte nicht mehr erfassen, was man ihr sagte. Früher beherrschte sie vier Sprachen in Wort und Schrift, jetzt konnte man ihr eine bebilderte Zeitschrift verkehrt herum vorlegen, und sie bemerkte nicht einmal das. Die Feinmotorik ihrer Hände war schwer beeinträchtigt, sodass sie außer Stande war, weiterhin für sich selber zu sorgen. Ihre Wohnung im vierten Stockwerk in einem Haus ohne Aufzug nur schon zu erreichen, war undenkbar, geschweige denn, dort weiterhin alleine zu leben. So blieb nur das Pflegeheim.

Jetzt stoßen wir auf eine erste Gesetzmäßigkeit, die ich gerne aufzeigen möchte, die von überindividueller Gültigkeit ist. In meinen Seminaren, wenn ich die Leute einlade, sich mit ihren Ängsten, die sie vor ihrem eigenen Sterben haben, auseinander zu setzen, begegne ich immer wieder der Angst, am Lebensende nicht mehr selber über sich bestimmen zu können, mit anderen Worten, die Verantwortung für das eigene Leben nicht mehr selber wahrnehmen zu können und von fremden Entscheidungen abhängig zu werden.

Oft stehe ich unter dem Eindruck, dass uns das Alter irgendein Lebensthema, das wir noch nicht erledigt haben, sozusagen in Großdruckbuchstaben noch einmal vor Augen führt – natürlich immer eine Chance, einen bisher versäumten Schritt noch zu tun! Im Blick auf das Thema Verantwortung bedeutet das: Man kann die Verantwortung, die man im Leben zu übernehmen hat, auf zwei entgegengesetzte Arten verfehlen – die Polarität wirkt auch hier: Erstens kann man, wie wir eben sahen, ganz einfach versäumen, die Verantwortung für das eigene Leben zu übernehmen. Solche Menschen finden in der Regel immer jemanden, dem sie die Schuld anlasten können, wenn ihr Leben nicht nach ihren Wünschen und Vorstellungen verläuft. Man kann aber auch in das genaue Gegenteil verfallen und seinen Mitmenschen bei jeder passenden und vor allem bei jeder unpassenden Gelegenheit in ihr Leben hineinreden, sie sollten doch und müssten jetzt ... Mit anderen Worten geht es um die Abgrenzung, die nicht geleistet wird. Ein häufiges Beispiel für diese Schwierigkeit sind Eltern und ihre heranwachsenden Kinder. Aber solche Probleme begegnen uns auch sonst recht häufig.

Ich habe nie systematische Untersuchungen dazu anstellen können. Wenn ich aber in die Biografien der Menschen schaue, die am Ende ihres Lebens völlig hilflos von den Entscheidungen anderer abhängig sind, stoße ich recht häufig auf die Tatsache, dass genau diese Menschen in ihrem bisherigen Leben auf die eine oder andere Art immer schon Probleme mit Verantwortlichkeit hatten. Etwas vereinfacht, aber dennoch mit mehr als nur einem Körnchen Wahrheit sage ich daher jeweils in meinen Kursen: Die beste Prophylaxe (Vorsorge), am Lebensende nicht in eine solche Abhängigkeit zu fallen, ist, ab sofort in meinem Leben klare Verhältnisse bezüglich der Verantwortlichkeit zu schaffen. Für mein Leben bin ich selber verantwortlich und niemand sonst. Und umgekehrt: Ich bin für *mein* Leben verantwortlich und für keines sonst.

Einzig kleine Kinder können nicht die Verantwortung für sich selber wahrnehmen. Aber Vorsicht: Jugendliche wachsen schneller in ihre eigene Verantwortung, als manchen Eltern lieb ist ... Daneben gibt es alte und behinderte Menschen, die wegen irgendwelcher Gebrechen *einen Teil* ihrer Verantwortung nicht selber tragen können. Da müssen andere subsidiär (als Hilfestellung) einspringen; aber nur für den Teil, für den die Betroffenen tatsächlich auf eine solche Unterstützung angewiesen sind.

*

Kehren wir zu unserer Krebspatientin zurück. Angesichts ihrer schwer beeinträchtigten Kommunikations-Fähigkeit war es unmöglich, ihr im Gespräch zu erklären, dass realistischerweise nur noch der Eintritt in ein Pflegeheim infrage komme, und sie anschließend selber bestimmen zu lassen, in welches der möglichen Heime sie gehen möchte. Auch die Frage, welche Möbel aus ihrer Wohnung bereitgestellt werden sollten zur Einrichtung ihres Zimmers im Heim, konnte sie nicht mehr verstehen, nicht einmal, welche Kleider, welche Wäschestücke. Noch über die Taschentücher mussten ihre Angehörigen entscheiden: das Lebens-Thema Verantwortung in Großdruckbuchstaben ...

Nach einem weiteren Jahr im Heim erreichte mich in den letzten Vorweihnachtstagen plötzlich die Nachricht, es gehe ihr sehr schlecht, sie werde wohl schnell sterben. Wie sich herausstellte, setzte eine Lungen-Embolie ihrem Leben zuletzt – zu eben diesem Zeitpunkt doch unerwartet – ein Ende. Drei Tage vorher hatte ich sie noch besucht, und wir hatten zusammen einen kleinen Spaziergang außerhalb des Hauses gemacht. Also nicht das langsame Verlöschen, wie es uns oft bei Krebskranken begegnet, geschah, sondern gleichwohl nun ein abruptes Ende. Ich hatte hundert Kilometer im Auto zu fahren, bis ich bei ihr war, und ließ ihr ausrichten, dass ich käme. Aber sie mochte nicht warten. Als ich eintraf, war sie gestorben.

Zu billig wäre, einfach die »Heim-Atmosphäre« verantwortlich zu machen für die gedrückte Stimmung, die mir im Sterbezimmer entgegenschlug. Im Gegenteil: Die Kranke war trefflich versorgt gewesen. Aber jetzt lag eine belastende Schwere im Raum. Wenn die Verstorbene ganz ehrlich auf ihr Leben zurückschaute, konnte sie dieses nicht abschließen im Bewusstsein, ein erfülltes Leben gelebt zu haben. Und genau das stand in ihrem Gesicht zu lesen – eine der eher wenigen Verstorbenen, die zuletzt nicht doch noch Frieden oder wenigstens Entspannung im Gesicht zeigen. Eine Mischung von Resignation, Verbitterung und Traurigkeit schien aus ihren Zügen zu sprechen.

Der Arzt war eben bei ihr, um den Tod offiziell festzustellen, Schwestern besorgten noch dies und jenes, ein naher Angehöriger aus ihrer Familie war anwesend.

Weil ich die Verstorbene gut gekannt hatte und weil die bedrückte Stimmung überaus deutlich wahrnehmbar war, glaubte ich, ahnen zu können, wie schwierig diese Situation für sie selber sein musste. So bedankte ich mich beim Arzt und den Schwestern. Ich veranlasste sie, aus dem Zimmer zu gehen. Auch bat ich, dass man uns eine Weile ungestört lasse. Dem anwesenden Neffen erklärte ich, was ich zu tun beabsichtigte, und er äußerte den Wunsch dabeizubleiben. Ich ließ die Atmosphäre sich beruhigen und begann, wie oben geschildert, zu ihr zu reden. Ihrer Persönlichkeit entsprechend legte ich das Schwergewicht neben dem Licht auf die Ermahnung, die Schreckensbilder zu erkennen und zu durchschauen. Auch versuchte ich, sie zu beruhigen, dass sie ihr Leben so zurücklassen dürfe, wie es eben sei; es sei niemand da, der sie verurteilen oder bestrafen möchte.

Anderntags fuhr ich die hundert Kilometer wieder nach

Hause und machte täglich meine Licht-Meditation für die Verstorbene. Zwei oder drei Tage nach ihrem Tod traf ich mich mit der engsten Familie noch einmal bei ihr. Auch entfernter wohnende Angehörige wollten sich verabschieden. Als wir den Raum betraten, in dem sie im Sarge lag, traute ich meinen Augen nicht: Alle Schwere, alle Bedrücktheit waren aus ihren Zügen gewichen. Sie strahlte eine Ruhe und Würde aus, wie es beeindruckender kaum hätte sein können. Ob ich mit meiner Lichtarbeit ihre Seele erreicht hatte? Doch die Silberschnur zum Körper war noch nicht ganz aufgelöst; so schlug sich also das, was ihre Seele erfuhr, noch in ihrem Antlitz nieder.

Da sie kurz vor Weihnachten gestorben war, konnte der Abschieds-Gottesdienst erst nach den Feiertagen stattfinden; auch mit der Leichen-Verbrennung, die sie selber angeordnet hatte, musste so lange zugewartet werden. Zweimal überraschte sie mich noch in den folgenden Tagen.

Ich verbrachte die Nach-Weihnachtstage mit Freunden in den Bergen. Am ersten Arbeitstag nach Weihnachten herrschte strahlendes Wetter; wir machten eine Wanderung bei Sonne und Schnee. Ich ließ mich von der Schönheit der Natur begeistern und dachte in diesem Moment nicht an die Verstorbene, als – buchstäblich wie ein Blitz aus heiterem Himmel – mich ihr Gefühl von Panik überfiel, das sie immer ereilt hatte, wenn etwas Ungewohntes auf sie zugekommen war. Mir war sofort klar: Jetzt wird ihr Körper verbrannt – für sie eine unvertraute und daher beängstigende Situation. Zum Glück waren meine Freunde für diese Dimension der Begleitung aufgeschlossen. Ich erklärte ihnen, was ich wahrnahm, und dass wir ihr jetzt helfen müssten. Spontan waren sie einverstanden. Wir setzten uns vor eine nahe gelegene Hütte und führten für sie eine Licht-Meditation durch.

Zu einer weiteren Einsicht verhalf sie mir beziehungsweise sie bestätigte mir eindrücklich, was ich schon wusste. Es war ihr Wunsch, eine Abschiedsfeier »im engsten Familienkreis«durchzuführen und ihren Tod erst hinterher bekannt zu geben (eine Sitte, oder in meinen Augen eher eine Unsitte, die ich eigentlich nicht unterstütze – vgl. Looser, 1999).

Der Hintergrund ihres Wunsches war unter anderem der, dass sie aus einer weit verzweigten Familie stammte und zu vielen entfernteren Verwandten nicht eben ein herzliches Verhältnis hatte. Diese wollte sie bei ihrem Abschied nicht dabei haben. Doch nun war ihr Todestag so ungünstig gefallen, dass mehr als eine Woche bis zu ihrer Beerdigung verstrich. Die Stadt, in der sie ihr ganzes Leben verbracht hatte, ist klein und ihre Familie nicht ganz unbekannt. Und auf das perfekte und fehlerlose Funktionieren des so genannten Busch-Telefons muss jedes Telekommunikations- und Fernmelde-Unternehmen schlichtweg neidisch sein. Da gibt es weder Pannen noch Lücken im Netz, und schon am nächsten Morgen wusste das halbe Städtchen von ihrem Ableben. So ließ sich nicht vermeiden, dass eine ganze Reihe eben jener Verwandten, die sie eigentlich nicht dabei haben wollte, bei der Abschieds-Feier zugegen waren. Plötzlich während dieser Feier nahm ich sie – für mich wieder auf diese Weise völlig überraschend – wahr, diesmal mit dem Grollen, das mir vertraut war, dass man wieder einmal gegen ihren Willen entschieden hatte. Also immer noch das Thema Verantwortung! Ich versuchte ihr mitzuteilen, dass, wenn der Sterbetag so ungünstig liege, man Konsequenzen in Kauf nehmen müsse, die eigentlich nicht gewollt waren, und dass ich die Verantwortung für ihren Sterbetag und für die daraus sich ergebenden Folgen nicht übernehmen konnte noch wollte.

*

Aus dieser Episode wird eine weitere grundsätzliche Wahrheit erkennbar, die vielleicht in einer gewissen Spannung steht zu dem, was oben über die Bewusstseins-Erweiterung außerhalb des Körpers im Zusammenhang mit den lichterfüllten Nahtod-Erfahrungen gesagt wurde. Aber Sterben und Tod sind Phänomene, die unser Alltags-Bewusstsein so weit überschreiten, dass es uns wohl gar nicht möglich ist, geradlinig und spannungsfrei darüber zu sprechen, noch viel weniger, alles zu verstehen.

Dieser Groll, mit dem sie mich mitten in der Totenmesse überraschte, zeigt, dass wir Menschen, nicht bloß weil wir verstorben sind und unseren Körper verlassen haben, sozusagen automatisch zu Erleuchteten oder Heiligen oder Wissenden werden. Für die Tibeter ist das klar. Ihr ganzes Bemühen mit dem Totenbuch geht gerade dahin, den Zeitpunkt des Todes auch zum Zeitpunkt der Erleuchtung werden zu lassen. Erleuchtung bedeutet für das Bewusstsein einen viel größeren Schritt als der körperliche Tod. Den Tod erleiden wir – nach dem Glauben der Tibeter – unendlich viele Male, die Erleuchtung nur einmal, wobei dieser Schritt dem endlosen Vorgang von Sterben und Wiedergeburt gerade ein Ende setzt – wir sahen es. Im Tod bleiben wir zu allererst einmal wir selber. Wohl zeigen sich uns tiefe Zusammenhänge, bekommen wir Einblick in große Sinn-Dimensionen unseres Lebens. Das alles aber bietet erst *die Chance*, die Einladung, den Weg unserer geistigen Entwicklung fortzusetzen, stellt für sich allein noch nicht selber diese Weiterentwicklung dar. Fortgesetztes bewusstes Streben nach Wahrheit – so das östliche Verständnis – beziehungsweise das sich Hingeben an die göttliche Gnade – so die christliche Sicht – oder beides zusammen (Polarität) sind die Voraussetzungen dafür, dass die Entwicklung weitergehen kann.

Die Dame, die kurz vor Weihnachten starb, tat sich im Übrigen offenbar schwer, den Weg ins Licht zu finden, trotz der bestimmt schönen Erfahrung, die sich in ihrem Gesicht noch gespiegelt hatte. Ich machte in der Folge täglich die Licht-Arbeit für sie und spürte sie noch länger als drei Wochen, bekam wiederholt spontane Bilder ihrer Angst, sich diesem hellen Licht hinzugeben und in es einzugehen. Nach mehr als drei Wochen hatte sich das Bild plötzlich verwandelt, und sie zeigte sich mir auf der Lichtbahn.

Beispiel: Das schwere Loslassen eines Suizidenten von seiner Geliebten

Von Suizid war bereits kurz die Rede. Wenn hier noch der Bericht einer Erfahrung im Zusammenhang mit einer Selbsttötung folgt, so geschieht dies, weil auch daran ein Aspekt dessen deutlich wird, was ich mit Begleitung über den Tod hinaus meine. Dass der junge Mann durch Suizid gestorben war, ist nicht entscheidend. Wir hätten die gleiche Geschichte mit ihm auch erleben können, wenn er zum Beispiel durch einen Unfall gestorben wäre. Die folgenden Schilderungen dürfen also nicht zu dem Schluss verleiten, »den Selbstmördern«ergehe es »eben« so.

Ein junges Paar, beide etwa 30-jährig, besuchte einen Wochenend-Kurs bei mir: sehr zart fühlende Menschen, so dünnhäutig, dass eine Stimme in mir sich leise fragte – mehr vorbewusst, als dass es mir voll bewusst geworden wäre –, ob sie überhaupt lebenstüchtig seien, vor allem der Mann – Frauen sind ja in Wahrheit das starke Geschlecht ...

Die junge Frau hatte sich darauf für eine weitere Veranstaltung angemeldet, doch als es so weit war, erschien sie nicht. Die Nachfrage einer Mitarbeiterin des Veranstalters ergab bloß, dass »etwas Schlimmes« passiert sei, sodass sie nicht kommen konnte. Später, in einem ruhigen Moment, rief ich sie an und erfuhr eine schreckliche Geschichte: Ihr Partner war in einen schizophrenen Schub gefallen und hatte sich durch einen Sprung in die Tiefe das Leben genommen. Dieses

Ereignis lag erst wenige Tage zurück. Während unseres Gesprächs beschlich mich ein eigenartiges Gefühl. Dass die junge Frau tief traurig, erschreckt und erschüttert war, konnte nicht verwundern. Aber irgendetwas anderes belastete sie noch und drückte sie nieder, das ich im Moment nicht zu erfassen vermochte.

In meiner nächsten Meditation versuchte ich, mich mit der Situation zu verbinden, und mir wurde gezeigt, dass der junge Mann den Weg ins Licht nicht finden konnte, weil er seiner Partnerin helfen wollte, jedoch in der Erregtheit und Verwirrtheit seines geistigen Zustandes ihr nicht nur keine Hilfe war, sondern eben noch von ihren Kräften zehrte.

Ich rief die Frau wieder an und schlug ihr vor, zu mir zu kommen; ein Angebot, das sie gerne annahm, da beide Vertrauen zu mir gefasst hatten. Als wir ein paar Tage später zusammen einen langen Spaziergang machten, erzählte sie mir unter anderem, dass ihr Partner bei ihrer letzten Begegnung geäußert habe, er sei für sie alle – Partnerin, Familie – eine Last; ihnen allen würde es besser gehen, wenn er nicht mehr da wäre. Sie fand keinen Weg, ihm dies auszureden. Kurze Zeit später tat er den Sprung.

Das ergab einen Sinn zusammen mit der Mitteilung in meiner Meditation: Der Mann war sich sicher, seinen Nächsten eine Last zu sein und schaffte sich in der Überzeugung selber aus dem Weg, sie so von dieser Last zu befreien. Kaum war jedoch sein Körper tot, realisierte er, was er seiner Partnerin in Tat und Wahrheit angetan hatte, und wollte, liebevoll und feinfühlig, wie er war, ihr zu Hilfe eilen und sie unterstützen, wozu er aber in seinem Bewusstseins-Zustand nicht nur nicht in der Lage war. Sondern im Gegenteil: In seiner eigenen Bedürftigkeit schwächte er sie weiter. Ich schlug meiner Besucherin vor, dass wir zusammen eine Meditation machen wollten, um ihm zu helfen. Sie war einverstanden.

Zurück in meiner Wohnung führte ich sie zu dem Platz, an dem ich meine Meditations-Übungen zu machen pflege. Ich entzündete eine Kerze. Das Licht einer Kerze kann in einer solchen Situation hilfreich sein, weil es die Lichtbahn nach oben symbolisiert, um die es jetzt geht (wobei »oben« keinen geographischen Ort meint; aber es entspricht unserer beschränkten Vorstellung und unterstützt sie). Nachdem wir selber in die Ruhe gekommen waren und uns mit dem Licht verbunden hatten, begann ich, zu ihm zu sprechen.

In dieser besonderen Situation musste auch die Führung der Meditation besonders sein. Ich sagte ungefähr Folgendes: Es sei gut, dass er jetzt hier bei uns sei – wir waren beide überzeugt, seine Anwesenheit wahrzunehmen. Ich fuhr fort und sprach von der besonderen Todesart, die er gewählt hatte; das sei in Ordnung. Er dürfe sein Leben auf diese Weise beenden; wir würden ihn deswegen nicht verurteilen, weil wir wüssten, dass er auch in der Lichtwelt deswegen nicht verurteilt werde. Aber: Da er sich entschieden habe, dieses Leben zu beenden, müsse er nun diesen Schritt konsequent zu Ende tun. Sein Weg führe jetzt ins Licht ... Ich fügte ein paar Hinweise über das Licht an, wie wir sie schon kennen. Des Weiteren kam ich auf die Probleme seiner Partnerin zu sprechen: Wir verstünden, dass er ihr helfen wolle, das sei seine Liebe zu ihr. »Aber du musst wissen, dass du in deinem gegenwärtigen Zustand der ungeeignetste Helfer bist. Du bist für sie nicht nur keine Hilfe, sondern ganz im Gegenteil eine zusätzliche Last, indem du nämlich von ihren ohnehin geschwächten Kräften zehrst.« Ganz offen und ohne Beschönigung redete ich zu ihm. Er habe sich entschieden, setzte ich fort, dieses Leben zu beenden, also müsse er sich als Erstes in die Lichtwelt führen lassen und sich dort zurechtfinden. Wenn es später tatsächlich seine Aufgabe sei, seiner Partnerin ein geistiger Helfer und Begleiter zu werden, könne er zurückkommen, dann sei er ihr eine wirkliche Unterstützung. Abschließend halfen wir ihm durch unsere Visualisierung des Lichtweges, in die Lichtbahn zu kommen.

Als ich am nächsten Tag in meiner Meditation mich wieder mit der Situation zu verbinden suchte, schien mir, dass diese leichter geworden sei, dass die Trauer der Frau jetzt wirklich ihre Trauer war. Sie selber bestätigte mir ein paar Tage später: »Ja, er ist jetzt gegangen.« Auch in ihrer Wahrnehmung und in ihrer Empfindung hatte sich etwas verändert.

*

Wir können also durchaus etwas tun für unsere Verstorbenen, ihnen wirksame Hilfe auf ihrem Weg in die geistige Welt geben. Dabei stellt sich die Frage nach der Kompetenz der Begleitenden. Guter Wille allein ist zu wenig. Man kann das nicht einfach lernen. Es geht eher darum, schlummernde Fähigkeiten zu wecken und bewusst zu machen und Anlagen zu entfalten. Wenn ich in mein eigenes Leben schaue, erweisen sich unter anderem folgende Entwicklungen als bedeutungsvoll: meine jahrelange, tiefe Auseinandersetzung mit all den Fragen rund um das Sterben – auch um mein eigenes Sterben!; Auseinandersetzung auf geistiger Ebene durch die Begegnung mit Weisheitslehren verschiedenster kultureller Traditionen; Auseinandersetzung und Aufarbeitung aber auch meiner eigenen Ängste und Schatten – lange Jahre von Selbsterfahrung und psychologischer Schulung; im Weiteren meine jahrelange Meditations-Praxis als Ausdruck meines Suchens nach tiefen spirituellen Wahrheiten über den Menschen und sein Sterben; und schließlich all die Begegnungen mit Sterbenden und, in einer späteren Phase, mit Verstorbenen: All das ließ mich langsam in diese Materie hineinwachsen.

Ein wichtiger Schlüssel, denke ich, liegt in der Praxis der regelmäßigen Besinnung oder Meditation. Dabei geht es keineswegs nur um die klassischen Wege östlicher Meditation. Unsere westlichen Traditionen kennen ebenso Formen von Gebet und Besinnung. Entscheidend ist, dass ich meiner Bezogenheit zur transzendenten Welt Ausdruck verleihe und mir diese bewusst mache – möglichst regelmäßig. Dies kann man tatsächlich lernen. Wir treffen auf eine Vielzahl von Schulen und Methoden; die Aufgabe jeder und jedes Einzelnen besteht darin, herauszufinden, welche die richtige ist; das geschieht individuell. Des Weiteren kann man lernen, welches die wichtigsten Inhalte einer solchen Begleitung sind – so das Anliegen dieses Buches. Entscheidend aber für diese nachtodliche Begleitung bleibt die Bereitschaft, sich auf diese große und tiefe Wahrheit, die Teil unseres Lebens ist, einzulassen. Je verbundener ich selber mit der Lichtwelt bin und je mehr und tiefer ich meine eigenen Schatten angeschaut, akzeptiert und bearbeitet habe, umso mehr darf ich meiner eigenen Intuition vertrauen.

Lichtbegleitung für Sterbende vor dem Tod

Dieses Wissen kann ich auch umsetzen und anwenden in der Sterbebegleitung, also bevor die Menschen die Schwelle zur geistigen Welt überschreiten. Auch dazu möchte ich vorgängig einen grundsätzlichen Hinweis geben, um anschließend von Erfahrungen zu berichten.

Dank des Wissens- und Könnensstandes der modernen Medizin ist das Sterben junger Menschen im Vergleich zu früher seltener geworden; es sind heute oft alte bis sehr alte Menschen, die wir ins Sterben begleiten. Hilfreich ist, wenn wir einmal über die Generationen-Aufgabe nachdenken, die diesen Menschen gestellt war. Denn ich glaube, dass es solche Aufgaben, die einer bestimmten Generation zugedacht sind, gibt.

Bei den heute alten Menschen war dies eindeutig der Aufbau unseres materiellen Wohlstandes. Das wird mir bei meiner Arbeit in Deutschland besonders bewusst. Im Gespräch mit alten und sehr alten Leuten merke ich immer wieder, wie tief die Erfahrung des Krieges sie geprägt hat, aber auch – und darum geht es mir an dieser Stelle – die Erfahrung der totalen Zerstörung und großen Armut nach dem Krieg. Als die heute alten Menschen jung waren, »im Saft« wie wir sagen, lag ihre Welt in Trümmern. Man kann lange von Meditation und Rückzug in die Stille reden, wenn man kein Haus, keine warmen Kleider und nichts zu essen hat! Da bleibt einem nichts anderes, als eine Schaufel oder sonst ein Handwerks-Gerät in die Hand zu nehmen, mit dem Aufräumen anzufangen und den Wiederaufbau voranzubringen. Und wenn mir – zum Beispiel im Dom von Nürnberg anhand von Bildern aus dem Jahre 1945, die dort angebracht sind – das Ausmaß der Zerstörung bewusst wird, überkommt mich große Hochachtung vor diesen unzähligen Menschen, dass sie überhaupt noch den Mut hatten, nach allen Entbehrungen des Krieges neu anzufangen und aus diesen Trümmern wieder etwas entstehen zu lassen.

In der Schweiz waren diese prägenden Erfahrungen viel moderater. Da gab es praktisch keine Zerstörung, sehr wohl jedoch Armut, sowohl während wie auch nach dem Krieg.

Der Generation der heute alten Menschen war es also zugedacht, den Aufbau, den Aufschwung und schließlich den Wohlstand zu schaffen. Und sie haben ihre Aufgabe gut gelöst! Noch nie ging es so vielen Menschen so gut wie heute – eine Feststellung, die allerdings nur für die westliche Welt auf der nördlichen Hemisphäre gilt. Den Umstand, dass wir, Kinder und Enkel dieser tapferen Generation, mit deren Erbe nun teilweise verantwortungslos umgehen, dürfen wir nicht mehr jenen Schöpfern unseres Wohlstandes anlasten: Das ist Auftrag an uns!

Aber: Dieser Fleiß, diese Hingabe an den materiellen Aufbau haben ihren Preis. Viele Menschen dieser Generation haben sich mit ihrem Bewusstsein so tief in die Materie eingegraben, dass es ihnen jetzt schwer fällt, sich aus dieser Ebene wieder zu lösen. Schon lange nicht mehr hat sich eine Generation mit dem Sterben derart schwer getan wie die heute alten Menschen – natürlich gibt es hier wie überall Ausnahmen. Ich spreche von einem Trend, der jedoch deutlich ist. Den Eltern der heute alten Menschen fiel das Sterben im Durchschnitt leichter. Junge Menschen, ich denke zum Beispiel an Aids-Kranke, erleben auf ihrem Weg gewiss auch ihre Kämpfe und Probleme; das Sterben an sich aber fällt ihnen oft weit weniger schwer als alten und sehr alten Menschen. Die Auseinandersetzung mit den tiefen und letzten Wahrheiten, die im Sterben wichtig werden, kam bei der Generation der heute alten Menschen vielmals zu kurz, nicht selten wurde sie überhaupt ganz ausgeblendet. Es blieb keine Zeit und im Laufe der Jahre entstand auch kein Interesse mehr dafür. Das müssen wir im Bewusstsein haben, wenn wir die zwei nächsten Beispiele, von denen ich berichten möchte, näher anschauen, Beispiele, die vom schweren Sterben von Menschen der beschriebenen Generation erzählen.

Beispiel: Das absolute Minimum musste genügen

Eine Patientin, knapp achtzig Jahre alt, wurde mit metastasierendem Krebsleiden in großer Schwäche und schlechtem Allgemein-Zustand ins Krankenhaus eingewiesen. Niemand machte sich Illusionen, auch sie selber war klar informiert darüber, dass an Heilung, selbst an Besserung nicht mehr zu denken war. Sie kam ins Krankenhaus, um hier ihre letzten Wochen, höchstens noch wenige Monate, zu verbringen und dann zu sterben. Als Alleinstehende war es ihr nicht möglich, ihre letzte Lebensspanne zu Hause zu verleben. Sie gehörte offensichtlich der sozialen Oberschicht an und bezog ein privates Einzelzimmer.

Bei meinem ersten Besuch – während der ersten Zeit als Seelsorger, ich war noch recht unerfahren – machte sie mir mehr als deutlich, dass das, was ich im Krankenhaus verträte, sie überhaupt gar nicht interessierte. Mit anderen Worten: Von Religion oder Glauben wollte sie nichts wissen. Solches erlebte ich hin und wieder und machte jeweils auf der entsprechenden Karteikarte ein nur mir verständliches Zeichen und behelligte diese Leute nicht weiter mit meinen Besuchen. In diesem Fall aber sagte mir eine innere Stimme, ich solle die Patientin nicht völlig übergehen. So machte ich in größeren zeitlichen Abständen jeweils kurze Besuche bei ihr, fragte sie nach ihrem Wohlergehen, bekam eine völlig nichtssagende Antwort, sprach noch irgendeinen freundlichen Wunsch oder Gruß und verließ sie wieder. Das Ganze dauerte jeweils zwei oder drei Minuten. Nachdem sie die ersten Male bei meinem Erscheinen noch etwas misstrauisch die Stirn gerunzelt hatte, gewöhnten wir uns beide an diese Form von Begegnung; und als sie so viel Vertrauen zu mir gefasst hatte, dass sie gewiss sein konnte, von mir nichts »befürchten« zu müssen, war ihr diese Art von Kontakt offensichtlich recht. Je nach Zustand und Laune sagte sie mir sogar zwei oder drei Sätze darüber hinaus – aber sie blieb strikt bei belanglosen Freundlichkeiten.

Die Wochen zogen ins Land, und ihre Gesundheit verschlechterte sich zusehends; an unseren Begegnungen änderte sich nichts. Eines Tages erfuhr ich von der Schwester, dass ihr Zustand nunmehr nicht nur kritisch sei, sondern dass sie nach Meinung der Ärzte eigentlich seit ein paar Tagen tot sein müsste. Die Ärzte könnten sich nicht erklären, woher die Patientin angesichts ihres desolaten Befindens überhaupt noch die Kraft schöpfte, weiterzuleben.

Ich betrat ihr Zimmer und fand sie in tiefer Bewusstlosigkeit, wie man so sagt »nicht ansprechbar«. Von solch einem Befund lasse ich mich jedoch schon lange nicht mehr beeindrucken. Damit ist faktisch lediglich ein Zustand umschrieben, in dem die Kranken keine Kraft und Möglichkeit mehr haben, irgendein wahrnehmbares Zeichen oder Signal von sich zu geben. Über ihre Wahrnehmungs-Fähigkeit ist damit aber gar nichts gesagt.

Ich ließ mich also von dieser bemitleidenswerten Lage der Patientin nicht abschrecken und ging zu ihr hin. Natürlich durfte ich gerade jetzt nicht, da sie sich nicht mehr wehren konnte, länger bei ihr sitzen und ihr Dinge erzählen, die sie nicht hören wollte. Auch bei diesem Besuch war mir die Begrenzung von drei Minuten gesetzt. Ich stand also an ihrem Bett und sehr schnell glaubte ich zu spüren, dass irgendetwas sie am Leben hielt. Irgendetwas konnte sie nicht loslassen; irgendetwas aus ihrem Leben belastete sie noch; etwas war noch nicht abgeschlossen. Da ich aus ihrem Leben gar nichts wusste, musste ich es bei solch vagen Wahrnehmungen belassen. Aber diese reichten aus. Diese Begleitung fand statt, bevor ich Sogyal Rinpoche begegnet war, ich kannte die Licht-Meditation noch nicht. Ich stand bei ihr und redete zu ihr, so wie es mir spontan einfiel: Sie dürfe ihr Leben jetzt beenden, so wie es ist. Was auch immer in ihrem Leben vorgefallen sci, sic dürfe es jetzt gut sein lassen. Sie könne alles hier zurücklassen und mit der Gewissheit aus dieser Welt gehen, dass sie in der anderen Welt von einem wunderbaren Licht und von einer grenzenlosen Liebe empfangen werde. Seit ich die Lichtarbeit der Tibeter kenne, verweile ich nach solchem Reden noch ein paar Augenblicke still im Bewusstsein des Lichtes und stelle in meiner Visualisierung die Verbindung der Sterbenden zur ewigen Lichtquelle her. Dieses Mittel stand mir damals noch nicht zur Verfügung. So wandte ich mich zum Gehen und hatte nach drei Minuten das Zimmer wieder verlassen. Es war kurz vor Mittag. Am frühen Nachmittag starb sie still und ruhig.

*

Oft sind es diffuse Ängste, die Menschen zu dieser Verweigerungs-Haltung führen, die sie jedes Gespräch über geistige oder spirituelle Themen vermeiden lassen. Oft benutzen sie alle Reste ihrer Kraft, welche die Krankheit ihnen noch belässt, für den Widerstand – Widerstand sowohl gegen das Gespräch über das Sterben wie auch gegen das Sterben selber. Das kann für die Begleitung bedeuten, dass wir bis zuallerletzt warten müssen, bis die Sterbenden überhaupt keine Kraft-Reserven mehr haben, die sie noch in den Widerstand investieren könnten, bis sie fähig sind, die befreiende Botschaft überhaupt zu hören und anzunehmen. Es versteht sich von selbst, dass ich mich als Begleiter in solchen Situationen äußerster Zurückhaltung und Diskretion zu befleißigen habe. Das Verbot, Kranke von irgendetwas überzeugen zu wollen, ist hier besonders zu beachten.

Im Falle jener sterbenden Frau musste ich mich wirklich und wahrhaftig mit einem äußersten Minimum an spiritueller Begleitung zufrieden geben. Aber die göttliche Lebensmacht ist so gütig. Es hat gereicht!

Menschen, die in Unkenntnis über die Bedeutung dieses Lichtes auf ihren Tod zugehen – egal welcher Generation sie angehören – und die weder Bereitschaft noch Interesse zeigen, darüber irgendetwas zu erfahren, kann man auch anders führen, um ihr Bewusstsein an die »Qualität Licht« zu gewöhnen. Man spricht sie auf schöne Erfahrungen an, die sie mit Licht gemacht haben: das Strahlen des Weihnachts-Baumes, ein Feuerwerk an einem Feiertag, ein Sonnenaufgang am Meer oder in den Bergen usw. Es geht darum, sie für das Licht zu öffnen, sie sozusagen darauf einzustimmen. Zu diesem

Zweck sollten wir an schöne und erbauliche Erfahrungen bei Licht-Erlebnissen erinnern.

Beispiel: Den Sterbenden mit dem Licht vertraut machen

Ein Anruf aus Deutschland erreichte mich. Ein Mann, der schon wiederholt Seminare bei mir besucht hatte – in der Zwischenzeit waren wir Freunde geworden –, erzählte mir, sein 80-jähriger Vater liege im Krankenhaus; die Ärzte fänden seit ein paar Tagen, er sollte eigentlich sterben (können), aber irgendetwas hindere ihn offensichtlich an diesem Schritt; ob ich einen Rat wüsste oder helfen könnte. Ich hatte den alten Man nie gesehen und außer, dass er der Vater meines Freundes war und außer seinem aktuellen Gesundheits-Zustand wusste ich nichts über ihn. Ich versprach, mich der Bitte anzunehmen.

In meiner Meditation, als ich versuchte, mich mit der Situation zu verbinden, bekam ich gezeigt, dass der alte Mann – typisch für seine Generation, zumal als Angehöriger eines Volkes, das vom Krieg zutiefst in Mitleidenschaft gezogen worden war (die Frage der Kriegs-Schuld ist in einem solchen Einzelfall unerheblich) –, dass sich der alte Mann mit all den Fragen um Sterben und Tod nie beschäftigt hatte, also nichts von der Bedeutung des Lichtes ahnte. Von Menschen, die über ihre Nahtod-Erfahrungen berichten, wissen wir, wie unwahrscheinlich hell dieses Licht strahlt, so hell, dass man sich vor ihm sehr wohl auch fürchten kann; dies bestätigen uns Menschen mit erschreckenden Nahtod-Erfahrungen, aus denen gelegentlich auch Begegnungen mit Licht berichtet werden, eindrücklich. Genau das war es, was mir gezeigt wurde: In seinem Unwissen fürchtete der Sterbende das Licht. Diese Botschaft bekam ich unverändert dreimal im Laufe von zwei Tagen.

So rief ich meinen Freund wieder an. Der sterbende Vater lag in einer Stadt im Südwesten Deutschlands im Krankenhaus. Seine Tochter war bei ihm; seine Ehefrau war einige Jahre zuvor bereits verstorben. Der Sohn, der mich angerufen hatte, lebte im Rheinland. Er war eben daran, eine Partnerschaft mit einer Frau aufzubauen, die im Schwarzwald wohnte – und ich ungefähr in der Mitte der Schweiz. Alle die genannten Personen waren für diese Form spiritueller Sterbebegleitung aufgeschlossen. So verabredeten wir, dass wir uns, jeder für sich, in der Meditation mit dem Licht verbinden und dieses in unser Herz fließen lassen wollten, um es dann von unseren Herzen aus, sozusagen in homöopathischer Dosis, dem sterbenden alten Mann zu schicken.

Dieses Vorgehen war mir spontan gezeigt worden, und ich hatte keine Ahnung, ob es etwas bewirken würde. Alle waren einverstanden und bereit mitzuhelfen. Von allen Seiten bekam der Sterbende nun Licht in sanfter Form – und nach zwei Tagen starb er in Ruhe und Frieden.

*

Verwunderlich sind solche Begebenheiten nicht, wohl eindrücklich. Eines aber müssen wir klar vor Augen haben: Wenn ein sterbender Mensch sich schwer tut mit dem Sterben, lange zögert, diesen Schritt zu vollziehen, hilft es wenig, auf die gnadenlose moderne Medizin zu schimpfen – um die wir in anderen Situationen durchaus dankbar sind! –, weil das Hauptproblem in aller Regel nicht dort liegt. Das Hauptproblem ist irgendein Hindernis in der sterbenden Person selber. So ist es denn tatsächlich viel wirksamer, wenn wir die Schwierigkeit dort angehen, wo sie effektiv liegt. Dazu müssen wir uns vom rein materialistischen Denken verabschieden – auch als Sterbebegleiterinnen und Sterbebegleiter! Wie oft höre ich Menschen, die sich der spirituellen Dimension auch in der Begleitung durchaus geöffnet haben, über die Unmenschlichkeit unserer Medizin schimpfen – dabei bin ich der Letzte, der Auswüchse in Abrede stellen wollte. Aber diese Einengung unserer Wahrnehmung des Problems auf die materielle Ebene verhindert, dass wir die Schwierigkeiten am richtigen Ort erkennen und damit natürlich auch, dass wir wirksame Hilfe leisten können. Denn wenn eine Seele wirklich und wahrhaftig bereit ist, ihren Körper zu verlassen, kann kein Arzt und keine Maschine sie daran hindern, diesen Schritt zu tun. Niemand kann eine zum Gehen bereite Seele zurückhalten! Aber häufig zögern Seelen selber noch und schrecken aus vielerlei Gründen vor diesem Schritt zurück. In solchen Situationen können medizinische Interventionen sehr wohl erschwerend wirken und dieses Zögern verstärken. Als spirituelle Begleiter aber sollten wir nicht am Vordergründig-Materiellen hängenbleiben, sondern uns dem Wesentlichen zuwenden. Unendlich viel mehr als alle Diskussionen um das Abschalten eines Beatmungsgerätes, das Abbrechen einer Antibiotika-Therapie oder die Reduktion der künstlichen Ernährung – so sinnvoll das durchaus sein mag –, hilft meine Zuwendung zur Seele der sterbenden Person – in der liebevollen Absicht, einen Weg zu finden, ihr zur Bereitschaft zu verhelfen, ihren Körper zu verlassen. *Das ist effektive und segensreiche, spirituelle Sterbebegleitung!*

Der Gedanke an das Licht bei Abschieds-Feiern

Kehren wir zurück zur Seelenbegleitung über den Tod des Körpers hinaus. Sie ist für uns als Hinterbliebene ein Teil unseres Abschiedes von den Verstorbenen, Teil unserer Trauer und unseres Loslassens. In diesen Prozessen kommt der Beerdigungs-Feier eine besondere Stellung zu. In katholischen Ge-

genden wird diese Feier oft als Totenmesse vollzogen, wofür früher der lateinische Ausdruck »Requiem« verwendet wurde. In der Schweiz ist die schreckliche Bezeichnung »Abdankung« verbreitet. In der Regel wird dabei den Hinterbliebenen Trost gespendet, oft, in katholischen Feiern immer, für die Verstorbenen gebetet; man lässt die verstorbenen Personen in der Erinnerung noch einmal aufleben – nur zu ihnen selber, den Hauptpersonen, spricht niemand. Man tut so, als ob sie das alles nichts mehr anginge und nicht mehr betreffe. Dabei sind sie in aller Regel dabei! Ich habe sie oft gespürt, wahrgenommen oder auch gesehen.

Heute herrscht ein weit verbreitetes Unbehagen über die üblichen Formen von Abschieds-Feiern. Das Hauptproblem liegt meines Erachtens darin, dass oft so getan wird, als ob die Kirchen noch immer ein Monopol auf diese Anlässe hätten, eine Haltung, die durch das weitgehende Fehlen von Alternativen begünstigt wird. Da und dort entstehen zurzeit Initiativen von Bestattungs-Unternehmen, die neben der Regelung von Formalitäten und allen amtlichen Belangen auch Formen des Abschiedes anbieten, die abseits der ausgetretenen Pfade neue Wege suchen.

Die Ursache für das erwähnte Unbehagen mit traditionellen Formen ist wohl der Verlust der dominierenden Rolle der Kirchen im Leben vieler Menschen von heute. Im Moment des Sterbens und Abschied-Nehmens aber, dann also, wenn Menschen in der Regel sehr offen für tiefere Lebensdimensionen und spirituelle Fragen sind – leider dauern diese Momente der Offenheit oft nur kurz, bevor man wieder zum Alltag übergeht! –, wenden sich viele Hilfe suchend doch wieder an diese Kirchen, denen sie sich im Übrigen weit entfremdet haben. Das kann nicht gut gehen! Dementsprechend wird oft hinterher enttäuscht auf den Pfarrer und seine »ewig gleichen Sprüche« geschimpft. Andererseits verstehe ich auch die Klagen vieler Pfarrer, wenn diese sich beschweren, dass sie Menschen beerdigen müssen, von deren Existenz sie zum ersten Mal hören, wenn diese im Sarg liegen. Einem Bischof wird nachgesagt, dass er sich und seinem Ärger einmal in folgender Bemerkung Luft gemacht haben soll (er hatte dabei die Menschen im Auge, die als Erklärung für ihre Distanz zur Kirche beteuern, dass sie bei einem Spaziergang in der herrlichen Natur eines Waldes Gott mehr und tiefer erfahren als in einer Kirche): An diese Menschen gewandt, meinte er also, dass die Leute, die stets von ihrer Gottes-Begegnung im Wald schwärmen, sich bitte schön vom Förster beerdigen lassen sollten. Ja, so Unrecht hatte der Bischof damit vielleicht gar nicht. Mindestens interpretieren kann man diese Aussage in einer Weise, die durchaus Sinn ergibt: Eine Abschieds-Feier kann letztlich nur dann befriedigend ausfallen, wenn der Glaube, die geistige Ausrichtung derer, die die Feier gestalten, und derer, die daran teilnehmen, einigermaßen miteinander übereinstimmen. Allerdings ist auch zu sagen, dass es Pfarrerinnen und kirchliche Amtsträger gibt, die eine natürliche Begabung und zunehmend auch Ausbildungen haben und deren Feiern auch von kirchenfernen Trauernden sehr geschätzt und als Trost erfahren werden.

Ich denke, wir müssen und dürfen neue Wege suchen und finden und sollten dabei unsere ganze Kreativität einsetzen. Aber bitte immer so, dass es auch für die Verstorbenen stimmig ist. Eine 90-jährige Großmutter mit einem Pop-Konzert verabschieden, weil es die Enkel so mögen – das meine ich nicht. Am besten natürlich, wenn auch über den Abschied in den Familien und unter Freunden beizeiten gesprochen würde ...

Dazu eine kleine Episode: Als ich einem Freund von mir in mittleren Jahren bei einem Spaziergang erzählte, dass ich mich demnächst mit zwei mir nahen Menschen treffen würde, um meine Abschieds-Feier zu besprechen für den Fall, dass ich in absehbarer Zeit sterben sollte, meinte er, nachdem er sich von seiner Verblüffung erholt hatte, ja also, da wisse dann seine Frau schon, was richtig sei. Mein dringender Verdacht ist, dass eine solche Reaktion weit weniger mit Vertrauen in die Partnerin zu tun hat als mit der üblichen Verdrängung all dieser Fragen. Das muss und soll nicht so sein! – Als ob er meinen Argwohn bestätigen wollte, hatte sich mein Freund übrigens alsbald von seiner Frau scheiden lassen ...

*

Ich komme selber nicht oft in die Situation, eine Abschieds-Feier zu leiten, nicht zuletzt deshalb, weil ich, beruflich bedingt, viel auf Reisen bin und meine Lehr-Veranstaltungen langfristig geplant werden müssen. Gelegentlich ergibt es sich aber, dass ich diese Aufgabe übernehmen kann. In solchen Situationen habe ich kein fertiges Programm, das ich aus der Schublade ziehen kann und bei dem nur noch Name und Alter der verstorbenen Person angepasst werden müssen. Nein, ich setze mich dann als Erstes mit den Hinterbliebenen zusammen und gemeinsam planen wir die Gestaltung des Abschiedes. Mein Anliegen, das mir jeweils am Herzen liegt, ist die Zuwendung gerade auch zu den Verstorbenen. Ich möchte im Folgenden als Anregung von einem weiteren Beispiel erzählen:

Ein knapp dreißigjähriger Mann war an Aids gestorben. Ich hatte ihn nicht gekannt, wohl aber seinen Lebenspartner, mit dem ich Jahre zuvor einen Zivilschutz-Ausbildungs-Kurs besucht hatte. Bei dieser Gelegenheit waren wir miteinander ins Gespräch gekommen. Seither hatten wir nichts mehr voneinander gehört. Jetzt rief er mich an und erzählte vom Tod seines Freundes. Beide hätten keinerlei Kontakt zur Kirche, der Verstorbene hätte sich auch kein Grab gewünscht, sondern vielmehr, dass seine Asche in der Natur verstreut würde. – Wir sind in der Schweiz in der glücklichen Lage, dass hinsichtlich des Umgangs mit der Asche von Verstorbenen fast nichts verboten ist, im Gegensatz zu anderen Ländern, in denen diesbezüglich strenge Vorschriften bestehen. Er, der überlebende Freund, hätte eine Brücke über einen nahen Fluss ausgesucht, von der aus er gerne die Asche ins Wasser streuen würde. Darüber hinaus wünschten er und die Familie des Verstorbenen doch irgendeine Form von geistlicher Feier.

Kurze Zeit später kamen er und die Mutter des Verstorbenen zu mir. Sie hatten Bilder von ihm mitgebracht und erzählten mir aus seinem Leben und von seinem Sterben, sodass ich wenigstens eine Ahnung von seiner Person bekam. Ich war in der Zwischenzeit seit dem Telefon-Gespräch selber zu jener Brücke gefahren und hatte die Umgebung ausgekundschaftet und auch einen geeigneten Platz gefunden, nahe der Brücke und doch durch Bäume vor den Blicken allfälliger Passanten geschützt. Bei unserem Gespräch legten wir die Feier und ihren Ablauf fest. Mein Wunsch war, dass eine große Kerze mitgebracht würde, die neben der Urne auf die Erde gestellt und angezündet werden sollte.

Der Tag rückte heran, wir versammelten uns beim Fluss; schönes Wetter begünstigte unser Vorhaben. Wir waren nur eine kleine Gruppe, Familie und ein paar enge Freunde. Eine spontan sich ergebende praktische Notwendigkeit führte dazu, dass ich die Urne zum Platz der Feier tragen sollte; ich war dabei für einen kurzen Moment ganz allein. Ich drückte die Urne an mein Herz und begab mich in Richtung des Platzes – als plötzlich eine wunderbare Energie und intensivste Lebendigkeit über mich kamen, die mich beglückten und begeisterten; der unsterbliche Teil des Verstorbenen war ganz nahe, und liebevoll erklärte ich ihm, dass ich ihm meinen ersten und letzten Liebesdienst erweisen wollte.

Alle Anwesenden bildeten einen Kreis; in der Mitte standen die Urne und die brennende Kerze; rundherum war ein

Kranz weißer Rosen gebreitet, die Lieblingsblumen des Verstorbenen.

Ich begrüßte die Anwesenden. Die meisten von ihnen hatten sich offensichtlich bisher – wie man es heute oft antrifft – nie näher mit den Fragen rund um das Sterben und seine tieferen Dimensionen befasst; das war mir schon beim Vorgespräch mitgeteilt worden. So führte ich sie in eine ruhige und besinnliche Stimmung. Anstelle eines Lebenslaufes hatten wir uns etwas Persönlicheres ausgedacht. In den klassischen Lebensläufen, wie sie in solchen Situationen üblich sind und nicht selten von jemandem verlesen werden, der die Verstorbenen gar nicht gekannt hat, werden in der Regel allzu bekannte Begebenheiten aus dem Leben der Verstorbenen aufgelistet: Geburt, Schule, Beruf, Partnerschaft, Kinder – alles Dinge, die eh fast alle Anwesenden schon wissen. Anders, wenn etwa erwachsene Kinder oder heranwachsende Enkel der Verstorbenen sehr persönlich aus dem Leben ihrer Eltern oder Großeltern erzählen.

Wir hatten also für unsere Feier ein anderes Vorgehen gewählt. Ich lud die Leute im Kreis ein, frei und offen zu erzählen, wie sie zum Verstorbenen gestanden hätten und was er ihnen bedeutet hätte. Dieses Element einer Totenfeier ist so ungewohnt, dass man es den Trauergästen im Voraus ankünden sollte, sonst sind die meisten von der Spontaneität überfordert. Aber auf diese Weise erstand der Verstorbene in einer Lebendigkeit vor uns, wie es kein Lebenslauf je zu Stande gebracht hätte.

Ich fügte einige grundsätzliche Gedanken zum Sterben an. Dabei gestaltete ich meine Ausführungen im Bewusstsein, dass auch der Verstorbene mir zuhörte. Dann kam der eigentliche Abschied. Ich erklärte noch einmal, dass es der Wunsch des Verstorbenen sei, seine Asche der Natur zurückzugeben und dass sein Partner hierfür die Form des Streuens in den Fluss gewählt habe. Mit Nachdruck betonte ich, dass wir nur den sterblichen, den materiellen Teil des Toten in dieser Weise der Natur zurückgäben; der geistige Teil sei unsterblich und würde weiterleben. Alle Anwesenden wurden gebeten, eine weiße Rose zu nehmen, um diese dann, während die Asche nach und nach in den Fluss gestreut würde, mit dieser zusammen ebenfalls in den Fluss fallen zu lassen.

In einer kleinen Prozession folgten wir der Urne, die der Freund des Verstorbenen trug, auf die Brücke. Unterwegs musste die Mutter mir zuraunen, gleichzeitig traurig und glücklich: »Es tut so gut, in einem solchen Rahmen Abschied nehmen zu können.« Auf der Brücke wurde die Urne geöffnet und die Asche langsam in den Fluss gestreut, begleitet von den weißen Rosen, die der Fluss langsam mit sich wegtrug – eine ergreifende Szene.

Als wir zum Wiesen-Platz zurückkamen – das war meine Absicht –, brannte die Kerze noch immer. Ich nahm darauf Bezug und erinnerte daran, dass ich vorher gesagt hatte, wir würden nur den irdisch-materiellen Teil des Verstorbenen in den Fluss geben; sein Geist aber würde weiterleben. Das Licht der Kerze wurde nun zum Symbol für seine unsterbliche Seele. – An dieser Stelle wäre eine Licht-Meditation möglich gewesen. Angesichts der Fremdheit dieses Elementes für alle Anwesenden verzichtete ich darauf und sprach stattdessen von der Symbolik des Lichtes. Jetzt war der Moment gekommen, mich direkt an den Verstorbenen zu wenden. In der oben beschriebenen Weise sprach ich zu ihm vom Licht, vom Weggehen aus dieser Welt. Das Ganze mündete in ein Gebet, das ich mir spontan einfallen ließ, und das so in keinem Gebetbuch steht.

An die Anwesenden gerichtet fuhr ich fort, dass auch wir ihn loslassen, ihn in die geistige Welt entlassen müssten. Als äußeres Symbol für unser inneres Loslassen löschte die Mutter die Kerze aus. Auch das war vorher so abgesprochen worden.

Ohne große dramatische Szenen, aber mit viel Innigkeit und unter persönlicher Anteilnahme eines jeden wurde aus diesen einfachen Elementen, Ritualen und Symbolen eine schlichte, aber sinnerfüllte Feier, die uns erleben ließ, was Abschied bedeutet. Was dabei besonders hilfreich und tröstlich war: Die Anwesenden waren nicht nur zu einer stummen Konsumenten-Haltung verurteilt, sondern hatten Gelegenheit, aktiv am Geschehen teilzuhaben und ihren Beitrag einzubringen. Das meine ich, wenn ich sage, dass wir beim Gestalten einer Abschieds-Feier kreativ sein und ungewohnte Wege beschreiten dürfen.

Meditative Lichtarbeit: Abschließende Hinweise

Auf dem langen Weg der Auseinandersetzung, des Fragens und Antworten-Findens, den wir nunmehr gegangen sind, ist uns zunehmend bewusst geworden, welch große, ja entscheidende Bedeutung der Dimension des Lichtes zukommt. Von der Begegnung mit dem Licht ist die Mehrzahl der Menschen mit einer aufbauenden Nahtod-Erfahrung am meisten beeindruckt. Das Aufscheinen des klaren Urlichtes ist nach tibetischem Verständnis des Sterbens der Anfang und zugleich der Höhepunkt des Weges durch den Bardo.

Der Gedanke an das Licht trägt aber auch in den christlichen Traditionen herausragende Bedeutung. Wird doch etwa im katholischen Toten-Ritus wiederholt Gott gebeten »und das ewige Licht leuchte ihnen« (den Seelen der Verstorbenen). Zur Zeit der Wintersonnenwende, wenn das Dunkel am tiefsten ist, entzünden Christen die Lichter des Weihnachts-Baumes als Symbol des wiederkehrenden Lebens. In alten Kirchenliedern wird Gott verehrt als »Dreifaltigkeit, urewig Licht«; oder Christus wird gepriesen als »Morgenstern der finstern

Nacht, der die Welt voll Freuden macht ... du erleuchtest alles gar, was jetzt ist, sein wird und war.«

Schon im Alten Testament der Bibel, und damit dürfen sich unsere jüdischen und muslimischen Mitmenschen auch angesprochen fühlen, ist das Erscheinen Gottes, der Einbruch der Transzendenz in die Welt der Menschen, oft von Licht-Phänomenen begleitet: Gott erschien Mose im brennenden Dornbusch (Exodus 3,2–6); Gott offenbarte sich am Sinai dem Volke Israel »wie ein verzehrendes Feuer« (Exodus 24,17); und als schließlich Mose vom Berge wieder herunterstieg, auf dem er von Gott das Gesetz erhalten hatte, strahlte sein Antlitz, weil Gott zu ihm gesprochen hatte (Exodus 34,29).

Licht prägt das Erscheinen Gottes vor den Menschen. Licht ist die Qualität, in der der Mensch den Übergang von seiner gegenwärtigen Lebenswelt in die jenseitige, geistige erfährt. »Licht« ist also im Zusammenhang mit Sterben, Tod und neuem Leben keineswegs bloß eine »esoterische Mode« oder ein aus fernöstlichen Kulturen importierter »Gag«. Licht ist etwas Urmenschliches: Das Wissen um das Licht und seine tiefe Bedeutung im Zusammenhang mit diesem wichtigen Übergang schlummert in jedem Menschen. Licht berührt uns tief, spricht uns an und wird uns ein Symbol für Leben und Freude, die den Tod des Körpers überdauern.

Dieses Wissen um die Bedeutung des Lichtes begegnet uns heute bei vielen Menschen; zunehmend erkennen wir, wie wichtig, tröstlich und hilfreich, wie lebendig und Leben spendend das Arbeiten mit Licht erlebt wird.

Ich habe deshalb eine Besinnung entwickelt, die eine mögliche Form meditativer Lichtarbeit darstellt. Die Idee dabei ist, dass ich auf dieser sublimen Ebene einen Menschen ebenso liebevoll wie hilfreich begleiten kann. Das kann eine Person sein, die todkrank ist oder tatsächlich im Sterben liegt; aber auch jemand, der bereits starb und den ich auf dem Weg des Sich-Lösens aus der Materie, um in die Lichtwelt einzugehen, begleiten möchte. Mit entsprechenden Anpassungen kann diese Besinnung aber auch Menschen zugedacht werden, deren Lebensweg hier auf dieser Erde noch andauert. Voraussetzung ist – außer natürlich der Glaube, dass eine solche Übung an sich etwas Sinnvolles ist – nur die Bereitschaft, sich für etwa zwanzig Minuten in die Stille zu begeben.

Ich notiere nun eine »Standard-Version« dieser meditativen Lichtarbeit, und zwar sowohl in der Form, wie sie zur Begleitung von Sterbenden und Verstorbenen hilfreich ist, wie auch in jener Gestalt, die zur Begleitung von Menschen gedacht ist, die noch weiter auf dieser Erde leben werden. Die Übergänge werden benannt.

Diese Besinnung kann so übernommen und praktiziert oder frei variiert und konkreten Bedürfnissen angepasst werden. Auch dieser Text ist auf der schon erwähnten CD, die parallel zum Buch erschienen ist, von mir gesprochen.

Wer dem Text hier lesend folgt, möge sich Zeit nehmen, ihn besinnlich und ruhig auf sich wirken lassen und jedem Gedanken genügend Raum geben. Damit das Lesen nicht allzu schwer fällt, verzichte ich in der geschriebenen Form auf Wiederholungen, die in der gesprochenen Anleitung helfen, wichtige Gedanken zu vertiefen, um ihnen so die nötige Aufmerksamkeit zu geben.

Ich leite so an, dass eine Situation der Begleitung eines Menschen angesprochen ist, zu dem eine herzliche, auch emotional-liebevolle Beziehung besteht. Mit wenigen Modifikationen kann sie einer Situation angepasst werden, die weniger von Emotionen als vielmehr von respektvoller Distanz bestimmt ist, etwa im Rahmen einer beruflichen oder ehrenamtlichen Begleitung.

Schließlich sei hier noch die Mahnung ausgesprochen, nicht zu viel auf einmal zu wollen. Wenn ich diese Besinnung im Rahmen eines Seminars durchführe, erlebe ich, dass jemand sozusagen optimalen Nutzen aus der Gelegenheit ziehen und gleichzeitig einen Sterbenden und einen noch Weiterlebenden einschließen möchte. Die Erfahrung zeigt, dass das ungünstig ist, da beide Formen den selben ersten Teil haben. So führt die spätere Aufteilung zu »emotionalen Turbulenzen«. Am ruhigsten und damit hilfreichsten läuft die Besinnung ab, wenn sie *einer* bestimmten Person zugedacht wird.

* MEDITATION *

MEDITATIVE LICHTARBEIT: DIE ANLEITUNG

Licht für die meditierende Person

Setze dich bequem hin, lass deinen Atem frei fließen und finde zur Ruhe. Du kommst mit deinem Bewusstsein mehr und mehr zu dir selber. Konzentriere deine Aufmerksamkeit auf dein Herz; spüre bei deinem Herz-Chakra in dich hinein. Da entdeckst du in dir ein Licht; in deinem Herzen ist ein Lichtfunke. Es ist der Funke des göttlichen Lichtes, das in dir lebt.

Schenke diesem Lichtfunken deine ganze Aufmerksamkeit. Er wird größer und größer. Mit jedem Atemzug breitet sich das Licht von deinem Herzen in deinen ganzen Körper aus bis zu den äußersten Extremitäten. Mehr und mehr wirst du erfüllt von diesem Licht.

Konzentriere nun deine Aufmerksamkeit auf dein Kronen-Chakra, zu oberst beim Scheitel auf deinem Kopf. Und stelle dir einen Lichtstrahl aus den unendlichen Weiten des Kosmos vor. Dieser Lichtstrahl trifft auf dein Kronen-Chakra; das Licht verteilt sich und fließt wie bei einem Springbrunnen auf allen Seiten deines Körpers herunter; das Licht hüllt dich mehr und mehr ein. Es ist das Licht aus dem ewigen göttlichen Urgrund, das in diesem Lichtstrahl auf dich herabkommt.

Du stellst fest: Das Licht, das du in deinem Herzen entdeckt hast, und das Licht, das aus den ewigen kosmischen Weiten dich erreicht, haben dieselbe Qualität; beide sind das eine göttliche Licht, so wie es sich in dir und durch dich der Welt zeigen will. Dieses Licht in dir und das Licht um dich hat deine ganz eigene Schwingung und Helligkeit. Es schwingt so hoch und leuchtet so hell, wie es deine derzeitige Bewusstheit von deiner göttlichen Verbundenheit ausdrückt.

Das Licht aus dem Lichtstrahl hüllt dich mehr und mehr ein; es bildet einen Lichtmantel um dich. So bist du ganz erfüllt und ganz umhüllt von diesem ewigen göttlichen Licht. Diese Lichthülle aus kosmischem Licht gewährt dir absoluten Schutz. Nichts, was dir schaden könnte, kann dieses Licht durchdringen. Denn alles, was aus dieser Welt auf dich zukommt, das weniger hell ist und weniger hochschwingt als dein Licht, prallt an deinem Lichtschutz ab und kehrt, durch deine höhere Schwingung bereichert, zu seiner Quelle zurück.

Alles, was gleich hochschwingt wie dein Licht, ist dir verwandt und vertraut. Hier erfährst du Begegnung, Verstandensein, ein liebevolles Zusammen-Schwingen.

Alles, was heller leuchtet und höher schwingt als dein Licht, ist dir Unterstützung und Inspiration; hier wirst du angeregt, dich deines göttlichen Kernes, deines eigenen göttlichen Lichtes noch bewusster zu werden, deine göttliche Natur und deine Verbundenheit noch tiefer zu verstehen. Das wird dein eigenes Schwingen und Leuchten erhöhen.

Verweile einen Moment im Bewusstsein des göttlichen Lichtes, das dich erfüllt, und des göttlichen Lichtes, das dich umhüllt.

Licht für die begleitete Person

Stelle dir jetzt die Person vor, die du mithilfe dieser Besinnung begleiten möchtest. Wenn es jemand ist, der im Sterben liegt oder schon gestorben ist, liegt *er vor dir; wenn es jemand ist, der noch weiter auf dieser Erde lebt,* sitzt oder steht *er vor dir.*

Konzentriere deine Aufmerksamkeit auf das Herz dieser Person und erkenne in ihrem Herzen den Lichtfunken, den Funken göttlichen Lichtes, den auch sie in sich trägt. Stell dir vor, wie auch hier dieses göttliche Licht sich mehr und mehr ausbreitet, den ganzen Körper dieser Person bis in die äußersten Extremitäten zunehmend erfüllt. Auch diese Person ist erfüllt von göttlichem Licht.

Stelle dir jetzt vor, wie ein zweiter Lichtstrahl aus der ewigen göttlichen Heimat im weiten Kosmos kommt, ein Lichtstrahl aus derselben ewigen göttlichen Quelle wie jener, der vorher schon dich erreicht hat. Dieser zweite Lichtstrahl trifft den Menschen vor dir. Falls dieser vor dir sitzt oder steht, trifft er ihn beim Kronen-Chakra; falls er vor dir liegt, beim Herz-Chakra. Auch hier verteilt sich das Licht wie bei einem Springbrunnen und hüllt diesen Menschen mehr und mehr ein. Auch er ist jetzt erfüllt und umhüllt von göttlichem Licht. Auch ihm bietet diese Lichthülle Schutz. Nichts, was ihm schaden könnte, kann dieses Licht durchdringen.

Die Lichtbrücke von Herz zu Herz

Richte deine Aufmerksamkeit nunmehr auf dein Herz und das Herz der Person vor dir und stell dir vor, wie zwischen euren Herzen eine Lichtbrücke entsteht. Licht fließt von dei-

nem Herzen zum Herzen der Person vor dir; und Licht fließt vom Herzen dieser Person zu dir, zu deinem Herzen. Langsam baut sich diese Lichtbrücke zwischen euch auf; langsam wird eine tiefe Verbindung zwischen euren Herzen sichtbar und erfahrbar.

Es ist die Lichtbrücke der Liebe, die sich da aufbaut. Liebe: Wenn du diesem Menschen in Herzensliebe verbunden bist, falls er dir menschlich und persönlich nahe steht, ist diese Herzensverbindung auch von Emotionen, von emotionaler Liebe erfüllt. Wenn die Beziehung eine andere Qualität hat, mehr von Respekt als von Emotionen geprägt ist, ist es die Liebe, die aus einem tiefen Ja, aus einem bedingungslosen Ja zu diesem Menschen besteht, das dein Herz erfüllt. Wie auch immer eure Verbundenheit aussieht: Das, was als Liebe zwischen euch lebt, fließt über diese Brücke von einem Herzen zum anderen, ein deutlich wahrnehmbares Hin und Her, ein Geben und Empfangen. Licht fließt von deinem Herzen über diese Lichtbrücke zum Herzen des Menschen vor dir; und Licht fließt vom anderen Herzen in deines.

Bleibe einen Moment bei dieser Licht erfüllten und liebevollen Verbundenheit, die zwischen euren Herzen besteht. Nimm dieses Fließen hin und her wahr.

Begleitung für Menschen, die weiter in dieser Welt leben

An dieser Stelle trennen sich die Wege, je nachdem, ob du die Besinnung für jemanden machst, der im Sterben liegt oder schon verstorben ist, oder für jemanden, dessen Lebensweg in dieser Welt noch weitergeht. Ich führe zuerst die Besinnung für jene weiter, deren Person noch in dieser Welt leben wird.

Du siehst diese Person, wie sie vor dir sitzt oder steht, und nimmst die Lichtbrücke zwischen euren Herzen wahr. Falls sie sitzt, erhebt sie sich jetzt. Nunmehr siehst du mit deinem geistigen Auge ihren Lebensweg vor ihr als eine Lichtspur, die durch diese Welt führt. Du siehst diese Person und vor ihr ihren Lichtweg, den sie in dieser Welt noch zu gehen hat. Vor dir selber siehst du deinen eigenen Lebensweg, ebenfalls als Lichtspur; den Weg, den du in dieser Welt noch zu gehen hast.

Du siehst deutlich diese beiden Lichtspuren. Du erkennst, wie es Phasen und Zeiten gibt, da sind diese beiden Lichtspuren ganz nahe beieinander und laufen parallel; und du erkennst, wie es Phasen gibt, da trennen sich die beiden Spuren, und jede geht ihren eigenen Weg, folgt ihrer eigenen Bestimmung und Aufgabe. Dabei kann es sein, dass die beiden Lichtspuren in großer äußerer Distanz voneinander verlaufen.

Aber du weißt: Wie groß auch immer der Abstand zwischen euren Lichtwegen sein wird, die Lichtbrücke zwischen euren Herzen wird die Distanz überwinden. Kein Abstand in dieser Welt ist so groß, als dass er nicht von dieser Lichtbrücke überwunden werden könnte. Über diese Lichtbrücke bleibt ihr einander verbunden, egal wie weit ihr auch äußerlich voneinander getrennt sein mögt. Über diese Lichtbrücke kannst du dieser Person all deine Liebe schicken, kannst du ihr alle deine Wünsche und dein Wohlwollen, das du für sie empfindest, zukommen lassen. Über diese Lichtbrücke bleibt ihr miteinander verbunden, wie auch immer eure Lebensbahnen sich entwickeln werden.

Noch etwas: Beide seid ihr über euren Lichtstrahl mit der ewigen Quelle der göttlichen Liebe verbunden. Und da diese Quelle für euch beide dieselbe ist, seid ihr auch über sie miteinander verbunden. Und diese Verbundenheit ist unzerstörbar. Selbst wenn einst der Lebensweg in dieser Welt von ei-

nem von euch zu Ende geht, wird eure Verbundenheit in diesem ewigen göttlichen Urgrund erhalten bleiben.

Bleibe mit deinem Bewusstsein in dieser Verbundenheit und schicke dieser Person über eure Lichtbrücke all deine Liebe und all deine Wünsche, die du für sie in deinem Herzen trägst. Schicke ihr Licht auf ihren Lebensweg durch diese Welt.

Begleitung für Sterbende und Verstorbene

Ich führe jetzt die Besinnung weiter für jene, die sie für jemanden machen, der im Sterben liegt oder schon gestorben ist.

Du siehst, wie dieser Mensch vor dir liegt. Du nimmst die Lichtbrücke zwischen euren Herzen wahr und bist dir des Lichtstrahles bewusst, der dich über dein Kronen-Chakra mit der ewigen göttlichen Liebe verbindet. Du bist dir des Lichtstrahles bewusst, der den Menschen vor dir über sein Herz mit der ewigen göttlichen Liebe verbindet.

Geh mit deiner Aufmerksamkeit ganz zur Lichtbrücke der Liebe, die eure Herzen verbindet. Nimm das Fließen wahr, hin und her, zwischen euren Herzen. Mache dir bewusst: Es geht darum, dass du dich von diesem Menschen verabschiedest. Das heißt, du musst eure innerweltliche Verbundenheit auflösen. Die Lichtbrücke zwischen euren Herzen ist Ausdruck eurer innerweltlichen Verbundenheit; diese muss jetzt also aufgelöst werden.

Du nimmst diese Verbundenheit noch einmal wahr; spürst noch einmal, was dieser Mensch dir bedeutet. – Und jetzt beobachtest du, wie diese Lichtbrücke sich langsam auflöst, wie sie langsam dahinschmilzt. Das Fließen über diese Lichtbrücke kommt allmählich zum Stillstand; die Lichtbrücke wird dünner und dünner. Immer mehr löst sie sich auf; immer weniger ist noch von ihr zu sehen. So: Jetzt hat sie sich gänzlich aufgelöst. – Auf der innerweltlichen Ebene hast du diesen Menschen losgelassen.

Jetzt wirst du gewahr, wie das Licht, das diesen Menschen erfüllt und umhüllt, das göttliche Licht, das ihn geprägt hat, dieses Licht fließt langsam zum Herzen dieses Menschen. Mehr und mehr sammelt und konzentriert sich die Lebensenergie im Herzen dieses Menschen. Weiter siehst du, wie diese Energie langsam in den Lichtstrahl fließt, der aus dem weiten Kosmos diesen Menschen bei seinem Herzen trifft; wie diese Energie langsam diesem Lichtstrahl entlang nach oben fließt.

Immer mehr konzentriert sich alle Energie, die diesen Menschen erfüllte und belebte, in seinem Herzen; immer mehr zieht sich diese Energie in den Lichtstrahl zurück und fließt in diesem Lichtstrahl nach oben. Immer mehr zieht sich dieser Mensch aus unserer Welt zurück; immer mehr schickt er sich an, in die ewige göttliche Heimat zurückzukehren.

Du beobachtest, wie dieser Prozess sich vollzieht. Mehr und mehr fließt alle Energie, die diesen Menschen belebte, zum Herzen. Die Extremitäten sind schon leer; sie sind kalt und dunkel. Alle Lebensenergie sammelt sich im Herzen, um von dort über den Lichtstrahl ins ewige göttliche Licht heimzukehren.

Du spürst, wie es dir dabei geht; du spürst, dass da ein Abschied geschieht; du spürst aber auch, dass es ein Nach-Hause-Gehen in die ewige göttliche Heimat ist. Alles Licht, das einst den Körper dieses Menschen belebte, hat sich in seinem Herzen gesammelt; die letzten Lichtelemente fließen jetzt in den Lichtstrahl und nach oben.

Du stellst fest, dass es nunmehr nur noch eine leere Hülle ist, die da vor dir liegt. Alles Leben, alles Licht, alle Energie hat sich aus ihr zurückgezogen. Dieser Mensch vor dir ist jetzt gestorben.

Nunmehr beobachtest du, wie auch der Lichtstrahl sich zurück zieht aus dieser unserer Welt. Mehr und mehr weicht er zurück nach oben in Richtung des unendlichen Kosmos, in Richtung der ewigen Heimat. Auch dieser Lichtstrahl entschwindet langsam deinen Blicken, zieht sich mehr und mehr zurück.

Nun ist es soweit. Der Lichtstahl ist entschwunden. Der Mensch, dem du so viel Aufmerksamkeit geschenkt hast, ist jetzt wieder zu Hause; er ist geborgen im ewigen Grunde der göttlichen Liebe. Du spürst dein Herz und nimmst dort alles wahr, was dieser Mensch in dein Leben gebracht hat, wie er dich beschenkt und bereichert hat.

Auch bist du dir deines *Lichtstrahles bewusst, der dich über dein Kronen-Chakra mit der ewigen göttlichen Liebe verbindet. Du weißt, über diesen Lichtstrahl bist du weiterhin verbunden mit dem Menschen, den du soeben aus dieser Welt verabschiedet hast. Du weißt, es gibt eine Liebe, eine Verbundenheit der Herzen, die kein Tod zerstören kann. Ferner weißt du, dass, wenn einmal dein eigener Weg auf dieser Welt zu Ende geht, auch du in diese ewige, göttliche Heimat zurückkehren wirst. Dort werdet ihr einander wiederfinden, werdet ihr einander wieder begegnen; und ihr werdet wieder vereint sein.*

Für alle: Abschluss

An alle, sowohl jene, die diese Besinnung für jemanden gemacht haben, der noch weiter in dieser Welt lebt, oder für jemanden, den du aus dieser Welt verabschiedet hast:

Bleibe mit deiner Aufmerksamkeit bei der Wahrheit, dass die wahre Liebe zwischen zwei Menschen unzerstörbar ist, dass sie andauert, auch wenn Abschied und Tod eine äußere Trennung bewirken.

Zum Ausklang

Die uralte und stets neue Frage nach Gott

Es gibt kaum einen zweiten Begriff der menschlichen Sprache, der im Laufe der Menschheitsgeschichte so sehr missverstanden, missbraucht und pervertiert worden ist wie »Gott«. Wer oder was ist das eigentlich: Gott oder das Göttliche? – Eine Frage, auch sie so alt wie die Menschheit. Die Antwort-Versuche sind Legion, die Irrtümer ebenso. Im Namen Gottes wurden und werden Kriege geführt, Andersdenkende gefoltert und umgebracht, Kinder geschlagen ...

Lange währt auch die Geschichte des Aufdeckens von Missverständnissen über Gott beziehungsweise über diese göttlichen Kräfte. Manches, was wir heute als natürliches Phänomen erkannt haben, wurde einst als göttlich verehrt, zum Beispiel Blitz und Donner. Ein später Nachhall gerade dieses Beispieles findet sich in der alttestamentlichen Erzählung des Erscheinens Gottes vor dem Volk Israel am Sinai: Mit Blitz und Donner kündigte sich das Kommen Gottes an, und »das ganze Volk erbebte« (Exodus 19,16). Daneben vollzog die Bibel eine strikte Vergeistigung Gottes und setzte damit wesentlich neue Akzente. So wurden zum Beispiel Sonne und Mond, auch sie einst als göttliche Kräfte oder Götter verehrt, jetzt als Lampen verstanden, die Gott, nunmehr ein rein geistiges, jenseitiges Wesen, an den Himmel hängt: eine Entgöttlichung und Entzauberung der Welt zugunsten der Geistigkeit und Erhabenheit des einen und einzigen Gottes Israels (vgl. Genesis 1,16).

Jahrtausende später brachten die Naturwissenschaften genauere Kenntnisse und Erklärungen: Unser Sonnensystem wurde verstehbar; die Elektrizitätslehre erklärte das Phänomen der Blitze. Für das Göttliche blieb generell immer weniger Raum in der äußeren Welt.

Aber auch jenes zunehmend vergeistigte Gottesbild wurde der Kritik unterzogen. So zeigte die Psychoanalyse auf, dass sich viele Autoritäts-Projektionen darin festgesetzt hatten: Archetypen von Vater, König oder auch Priester und andere hinterließen ihre Spuren im männlich-patriarchalen Gottes-Verständnis der Ein-Gott-Religionen.

All diese Kritik konnte und kann Gott nicht abschaffen – wenngleich dies gelegentlich ihr erklärtes Ziel war. Ganz im Gegenteil verhilft sie uns dazu, unser Verständnis von Gott oder dem Göttlichen immer mehr zu reinigen von unnötigem Ballast, immer mehr zu klären, zum Wesentlichen vorzustoßen in unserer Erkenntnis, eher müsste man wohl sagen: in unserer *Erfahrung* des Göttlichen!

Wenn nun im Rahmen der Erforschung der Nahtod-Erfahrungen das Bild des zu Gericht sitzenden und strafenden Gottes, der die von ihm Verurteilten dem ewigen Höllenfeuer preisgibt, auch als archetypische Projektion entlarvt wird, wird ein weiteres Missverständnis über Gott enttarnt. Für solche Einsichten in Irrtümer über Gott können wir nur dankbar sein. Mit jedem geklärten Missverständnis wird uns die Größe und Unfassbarkeit dieser letzten Kraft deutlicher. Zuletzt werden wir uns der Tatsache bewusst, dass wir eigentlich überhaupt nichts sagen können, sondern nur staunen und stammeln und nach Worten ringen, ähnlich jenen Menschen, die von ihren Nahtod-Erfahrungen erzählen wollen. Dabei fallen uns Begriffe ein wie Liebe, Licht, endlose Geborgenheit ... Jetzt wird uns auch klar, dass es in unserem Leben eigentlich um nichts anderes geht, als diese Liebe weiterzugeben, als mit einem bedingungslosen Ja im Herzen unseren Mitmenschen und unserer Mitschöpfung zu begegnen, um so die göttliche Dimension in unserem Leben und mitmenschlichen Zusammenleben Wirklichkeit werden zu lassen.

Ein Blick in sehr verschiedenartige religiöse Traditionen zeigt eindrücklich, wie trotz aller tief greifenden Unterschiede in den Glaubenslehren die Mystiker überall eine sehr ähnliche Sprache sprechen. Typischerweise wurden und werden sie denn auch von den offiziellen theologischen Lehrern und religiösen Führern häufig genug bekämpft. Meister Ekkehart wurde vom römischen Lehramt ebenso bedrängt wie die Sufis von der hohen islamischen Geistlichkeit.

Die Mystik sucht Gott und die göttlichen Kräfte nicht in der Außenwelt, sondern sie erfährt sie im Innern des Menschen. Die Blickrichtung ist genau entgegengesetzt: Nicht nach außen, sondern nach innen wendet sich die Aufmerksamkeit, im bescheidenen Wissen, dass alles, was ich je in mir oder im Menschen generell entdecken und erfahren kann, immer nur ein schwacher Abglanz der wahren göttlichen Größe ist – aber eben doch ein Abglanz!

Nach innen also richtet sich der Blick. So soll denn am Ende unseres Fragens, Suchens und Erkennens eine ganz einfache, kurze Besinnung stehen. Ich wurde zu ihr angeregt, als ich vor ein paar Jahren am Einheitsfest der Religionen teilnahm, das jährlich auf der Schweibenalp im schweizerischen Berner Oberland stattfindet. Auf der Schweibenalp wird in wohl einmaliger Art versucht, die Einheit der Religionen zu pflegen und zu feiern, nicht im Sinne einer Gleichmacherei, sondern vielmehr eines gleichberechtigten Nebeneinanders zur gegenseitigen Befruchtung und Anregung. Dies geschieht im Wissen, dass auch die Religionen – um mein Bild ein letztes Mal anzuwenden – verschiedene Blickwinkel auf den einen Blumenstrauß der Wahrheit sind.

BESINNUNG: GOTT SUCHEN

Gott,

ewiger Vater – ewige Mutter.
Ich habe dich gesucht – lange gesucht.
Ich bin weit gegangen, dich zu finden.
Ich war bei Kraftplätzen und heiligen Steinen und habe dich gesucht;
aber ich habe dich nicht gefunden.
Ich war in den erhabensten Tempeln und habe dich gesucht;
aber ich habe dich nicht gefunden.
Ich badete im heiligen Ganges und habe dich gesucht;
aber ich habe dich nicht gefunden.
Ich war in den schönsten Synagogen und habe dich gesucht;
aber ich habe dich nicht gefunden.
Ich war in den mächtigsten Kirchen und Kathedralen und habe dich gesucht;
aber ich habe dich nicht gefunden.
Ich war in den größten Moscheen und habe dich gesucht;
aber ich habe dich nicht gefunden.
Ich pilgerte nach Jerusalem, nach Rom und nach Mekka und habe dich gesucht;
aber ich habe dich nicht gefunden.
Da wusste ich nicht mehr, wo ich dich noch suchen sollte, und wurde ganz still.
Und plötzlich, Gott, in dieser Stille, warst du da –
in der kleinen Muschel meines Herzens.

Verzeichnis der verarbeiteten Literatur

Atwater, P.M.H., Is There a Hell? Surprising Observations About the NDE; in: Journal of Near-Death Studies, Jahrgang 10, Nr. 3, Frühjahr 1992, 149–160

dies., Children and the Near-Death Phenomenon. Another Viewpoint; in: Journal of Near-Death Studies, Jahrgang 15, Nr. 1, Herbst 1996, 5–6

Bache, Christopher M., A Perinatal Interpretation of Frightening NDE's. A Dialogue with Kenneth Ring; in: Journal of Near-Death Studies, Jahrgang 13, Nr. 1, Herbst 1994, 25–45

Bayley, Lee, Nihilism and No-thingness in NDE. Referat am IANDS-Kongress 1996 in Oakland, Tonband-Protokoll

Brück, Michael von, Religion und Politik im tibetischen Buddhismus, Kösel Verlag, München, 1999

Bush, Nancy Evans, The Paradox of Jonah. Response to »Solving the Riddle of Frightening NDE's«; in: Journal of Near-Death Studies, Jahrgang 13, Nr. 1, Herbst 1994, 47–54

dies., Frightening NDE's. Referat am IANDS-Kongress 1996 in Oakland, Tonband-Protokoll

Canacakis, Jorgos, Ich sehe deine Tränen. Trauern, Klagen, Leben können, Kreuz-Verlag, Stuttgart, Berlin, 1987, 2. Auflage, 1988

ders., Ich begleite dich durch deine Trauer, Kreuz-Verlag, Stuttgart, Berlin, 1990

Dalai Lama, Tod und Unsterblichkeit im Buddhismus. Über die Buddha-Natur, Herder Spektrum 4555, Freiburg u.a., 1997

Eersel, Patrice van, Sterben – der Weg in ein neues Leben. Auf der Suche nach der jenseitigen Welt, Knaur TB 3977, 1981

Greyson, Bruce, Near-Death Experiences by Suicide Attempt. Lack of Influence of Psychopathology, Religion and Expectations; in: Journal of Near-Death Studies, Jahrgang 9, Nr. 3, Frühjahr 1991, 183–188

ders., Editor's Foreword; in: Journal of Near-Death Studies, Jahrgang 13, Nr. 1, Herbst 1994, 3
ders./Bush, Nancy Evans, Distressing Near-Death Experiences; in Zeitschrift: Psychiatry, Jahrgang 55, Februar 1992, 95–110
ders./Cooper, Sharon, Near-Death and OBE's in the Blind. A Study of Apparent Eyeless Vision; in: Journal of Near-Death Studies, Jahrgang 16, Nr. 2, Winter 1997, 101–147
Hampe, Johann Christoph, Sterben ist doch ganz anders. Erfahrungen mit dem eigenen Tod, Kreuz-Verlag, Stuttgart, Berlin, 1975
Irwin, Harvey J./Bramwell, Barbara A., The Devil in Heaven. A NDE with Both Positive and Negative Facets; in: Journal of Near-Death Studies, Jahrgang 7, Nr. 1, Herbst 1988, 38–43
ders./Kellehear, Allan, Five Minutes After Death. A Study of Beliefs and Expectations; in: Journal of Near-Death Studies, Jahrgang 9, Nr. 2, Winter 1990, 77–90
Jambor, Mishka, The Mystery of Frightening Transcendent Experiences. A Rejoinder to N.E. Bush and Chr. Bache; in: Journal of Near-Death Studies, Jahrgang 16, Nr. 2, Winter 1997, 163–176
Jankovich, Stefan von, Ich war klinisch tot. Der Tod – mein schönstes Erlebnis, Drei Eichen Verlag, Ergolding, 1984, 6. Auflage, 1993
Johannes vom Kreuz, Die dunkle Nacht, Herder Spektrum, Freiburg, Basel, Wien, 1995, 4. Auflage, 1999
Kast, Verena, Trauern. Phasen und Chancen des psychischen Prozesses, Kreuz-Verlag, Stuttgart, Berlin, 1982, 11. Auflage, 1990
Knoblauch, Hubert, Berichte aus dem Jenseits. Mythos und Realität der Nahtod-Erfahrung, Herder Spektrum, Freiburg, Basel, Wien, 1999
Kübler-Ross, Elisabeth, Interviews mit Sterbenden, Kreuz Verlag, Stuttgart, Berlin, 7. Auflage, 1973
dies., Das Rad des Lebens. Autobiografie, Delphi bei Droemer Knaur, München, 1997
Levine, Stephen, Who Dies? An Investigation of Conscious Living and Conscious Dying, Anchor Books, New York, 1982; Deutsch: Wege durch den Tod, Context Verlag, Bielefeld, 4. Auflage, 1997
Looser, Gabriel, Im Sterben die Fülle des Lebens erfahren. Ein Begleitbuch, Walter Verlag, Zürich, Düsseldorf, 1994, 6. Auflage, 1999

Moody, Raymond, Life after Life, Bantam, New York, 1975; Deutsch: Leben nach dem Tod, Rowohlt, Hamburg, 1977
Niemeyer, Anne, Einmal Hölle und zurück; zweiteilige Artikelfolge in Zeitschrift: Esotera, 1998, Nr. 5/98, 16-22 und 7/98, 22–27
Rawlings, Maurice S., Jenseits der Todeslinie. Neue klare Hinweise auf die Existenz von Himmel und Hölle, Verlag Christliche Buchhandlung, Baden, 5. Auflage, 1992
ders., Zur Hölle und zurück. Leben nach dem Tod – überraschende neue Beweise, C.M. Fliss Verlag, Hamburg, 2. Auflage, 1998
Ring, Kenneth, Den Tod erfahren, das Leben gewinnen. Erkenntnisse und Erfahrungen von Menschen, die an der Schwelle zum Tod standen, Bastei-Lübbe TB 60233, 1984
ders., Solving the Riddle of Frightening Near-Death Experiences. Some testable Hypothesis and a Perspective Based on an Course in Miracles; in: Journal of Near-Death Studies, Jahrgang 13, Nr. 1, Herbst 1994, 5–23
Saunders, Cicely, Hospiz und Begleitung im Schmerz. Wie wir sinnlose Apparatemedizin und ein einsames Sterben vermeiden können, Herder Spektrum 4213, Freiburg, Basel, Wien, 3. Auflage 1993
Schröter-Kunhardt, Michael, Nah-Todes-Erfahrungen. Psychologisch-biologische Grundlagen und Erklärungsansätze für ein Leben nach dem Tod; in Zeitschrift: Ars medici, Jahrgang 15, 1997, 868– 875
Serdahely, William J./Walker, Barbara A., The Near-Death Experience of a Nonverbal Person with Congenital Quadriplegia; in: Journal of Near-Death Studies, Jahrgang 9, Nr. 2, Winter 1990, 91–96
Sogyal Rinpoche, Das tibetische Buch vom Leben und vom Sterben. Ein Schlüssel zum tieferen Verständnis von Leben und Tod, Barth Verlag, Bern, München, Wien, 1993
Davon eine übersichtliche Kurzfassung von ca. 100 Seiten:
ders., Den Tod verstehen. Die wesentlichen Worte aus dem »Tibetischen Buch vom Leben und vom Sterben«, Barth Verlag, Bern, München, Wien, 1999
Das tibetanische Totenbuch. Ein Weisheitsbuch der Menschheit, Hrsg. W.Y. Evans-Wentz, Walter Verlag, Zürich, Düsseldorf, 1971, 8. Auflage, 1985

Das tibetische Totenbuch; neu übersetzt und kommentiert von Robert F. Thurman, Krüger Verlag, Frankfurt, 1996

Das Tibetische Buch der Toten. Die erste Originalübertragung aus dem Tibetischen, Hrsg. Eva und Gesche Lobsang Dargyay, O.W. Barth Verlag, Bern, München, Wien, 1999

Das illustrierte tibetische Totenbuch. Kommentierte Neuausgabe von Stephen Hodge und Martin Boord, Urania Verlags AG, Neuhausen, 2000

Walker, Barbara A./Serdahely, William J., Historical Perspectives on Near-Death Phenomena; in: Journal of Near-Death Studies, Jahrgang 9, Nr. 2, Winter 1990

West, Timothy, Divine Presence. Referat am IANDS-Kongress 1996 in Oakland, Tonbandprotokoll

Wiesenhütter, Eckart, Blick nach drüben. Selbsterfahrungen im Sterben, Furche Stundenbücher, Hamburg, 1974